Die vorliegende Geschichte »Stolpersteine. Einem Familiengeheimnis auf der Spur« beruht auf einer wahren Begebenheit.

Ein Ansatz

oder

Wie alles begann

Gera, alte Lützowstraße, 12. September 2007
Zu viert stehen wir auf dem Bürgersteig und schauen auf das gegenüberliegende, mehrstöckige graue Wohnhaus, welches er uns heute unbedingt noch zeigen will. Es ist das Haus seiner Kindheit, unbewohnt und dem Verfall ausgesetzt. Aber das scheint meinem Opa Horst nicht aufzufallen.

Begeistert erzählt er meiner Oma, meinem Vater und mir von damals. Er zeigt auf die Fenster der Wohnung seiner Pflegeeltern und erklärt die Anordnung der Räume, in denen sich ihr Leben vor vielen Jahren abspielte. Dann wandert sein Finger nach oben, auf das Stockwerk darüber. Dort lebte der Schlosser Eberlein mit seiner Familie. Die zwei Zimmer im Dachgeschoss hatte ein betagtes Fräulein gemietet. Sie hatte ihm immer heimlich Bonbons zugesteckt. Opa schildert uns detailliert die bunt gemischte Hausgemeinschaft, die sich über viele Jahre gut verstanden hatte.

Ich überquere die Straße und gehe auf das Haus zu. Mit etwas Mühe schaffe ich es, über den mannshohen Bauzaun zu sehen, der sich direkt an die Hauswand anschließt. Der Hinterhof ist winzig, nicht größer als ein Zimmer. In ihm hatten die Hausbewohner auch noch den Platz gefunden, Kaninchen zu züchten. Heute ist davon nichts mehr zu sehen. Alles ist verwahrlost und zugewachsen.

Ich gehe zurück zu den anderen. Opa hat sich vom Haus weggedreht und deutet auf den Weg, den er damals zur Schule gegangen ist. Neue Erinnerungen fallen ihm ein und er erzählt. Er kommt vom Hundertsten ins Tausendste. Und wir hören zu.

An diesem Nachmittag, bei unserer kleinen Rundreise an Orte seiner Vergangenheit, lebt Opa richtig auf. Ihm fallen immer wieder neue Geschichten ein. Manche hatte auch sein eigener Sohn, mein Vater Heiner, noch nicht gehört. »Das hast du ja

7

noch nie erzählt!«, höre ich ihn zum wiederholten Male sagen. Opa Horst geht darauf nicht ein und erzählt weiter.

Er hatte eine schöne und behütete Kindheit bei Familie Hellfritzsch. Was für ein Glück, dass gerade sie ihn als Pflegekind zu sich geholt und ihn später adoptiert haben. Opas leibliche Mutter, meine Urgroßmutter Frida, war eine alleinstehende und leider auch sehr arme Fabrikarbeiterin. Sie konnte ihren Sohn nicht großziehen. Das übernahmen die Hellfritzschs für sie. Frida hat ihn ein paar Mal bei ihnen besucht und Opa im Kinderwagen spazieren gefahren. Dann war sie krank geworden. Von Mal zu Mal wurde sie schmaler und schmaler. Irgendwann kam sie nicht mehr. Von der Jugendfürsorge erfuhren die Hellfritzschs, dass Frida gestorben war. Da war Opa nicht einmal zwei Jahre alt gewesen. Er selbst hatte an seine Mutter keinerlei Erinnerungen. Alles was er wusste, hatten ihm die Hellfritzschs erzählt.

Ich überlege, ob ich es wagen kann, ihn nach seinem leiblichen Vater zu fragen. Bisher hatte er sich beharrlich geweigert, eine Auskunft über ihn zu geben.

Opa erzählt unterdessen weiter. Gerade ist er bei seinen winterlichen Schlittenfahrten angekommen. Im halsbrecherischen Tempo war er als Kind mit seinen Freunden die Berggasse hinabgeschlittert. Lächelnd schildert er, wie viel Spaß die Jungen daran gehabt und was sie alles unternommen hatten, damit ihre Schlitten noch schneller fuhren. Als er seinen Bericht unterbricht, fasse ich all meinen Mut zusammen.

»Opa, erzähl mir etwas über deinen richtigen Vater!«, bitte ich ihn.

»Da gibt's nichts zu erzählen!«, so die knappe, brüske Antwort. Obwohl ich auf sie gefasst bin, zucke ich erschrocken zusammen. Zu diesem Thema will Opa sich einfach nicht äußern. Aber warum? Wer war dieser Mann? Weiß er nichts über ihn? Den letzten Gedanken verwerfe ich sofort. Mein Vater hatte mir erzählt, dass Opa ihm einmal einen Namen genannt hat. Vor langer Zeit.

Ich schaue meinen Vater an, der direkt neben mir steht. Er zieht seine Augenbrauen hoch und gibt mir damit zu verstehen, *dass es sinnlos ist, weiter zu bohren. Ich lasse trotzdem nicht locker. Ich bin viel zu neugierig.*

»Opa, ich weiß, dass du seinen Namen kennst. Vati hat gesagt, er heißt Winkelmeier oder so ähnlich. Kannst du mir nicht das erzählen, was du ihm erzählt hast?« Die Stille, die darauf folgt, ist kaum auszuhalten. Bin ich zu weit gegangen?

»Ich weiß nicht viel«, bricht Opa endlich das Schweigen. Mein Herz macht einen Sprung. Jetzt hatte ich ihn soweit. Er würde mir endlich etwas verraten.

»Mein leiblicher Vater hieß Wicklmair, nicht Winkelmeier. Irgendwann musste ich für die Schule einen Stammbaum erstellen. Da ich dafür einige Angaben über seine Familie benötigte, habe ich ihn einmal besucht. Es muss Anfang 1943 gewesen sein. Er wohnte in einem der Häuser in der Siedlung in Untermhaus. Er war kein Geraer. Ursprünglich kam er aus Bayern.« Dann ist er still. Ich wage nicht, etwas zu sagen, in der Hoffnung, dass er weiterspricht. »Das ist alles«, beendet er jedoch seine Ausführungen.

Wie war mein Urgroßvater so? Wie sah er aus? Ich habe noch viele Fragen. Aber ich merke meinem Opa an, dass er nicht bereit ist, weitere Informationen preiszugeben. Bevor ich noch etwas dazu sagen kann, ist er schon einige Schritte weitergegangen. Mein Vater folgt ihm.

Als beide außer Hörweite sind, nimmt Oma mich am Arm. »Als dein Vater geboren wurde, machte eine Hebamme eine merkwürdige Bemerkung über deinen Urgroßvater. Sie sprach davon, dass man ihn im Krieg verhaftet hatte. Aber warum – daran kann ich mich nicht mehr erinnern.«

»Weiß Opa wirklich nicht mehr?«, frage ich sie.

»Ich weiß nicht mal, ob er von der Verhaftung weiß. Ich habe es ihm jedenfalls nicht gesagt«, antwortet Oma.

»Warum nicht?«, frage ich.

Sie nimmt sich einen Moment Zeit, bevor sie antwortet: »Ich glaube, ich wollte ihn nicht traurig machen. Es reicht schon, dass seine Pflegeeltern immer gesagt haben, sein Vater wäre ein Taugenichts, über den es sich nicht zu sprechen lohnt.«

Als Oma mein ernüchtertes Gesicht sieht, fügt sie hinzu: »Sie wollten Opa damit sicher nicht wehtun. Sie haben ihn sehr geliebt. Aber ich weiß, dass ihn diese Sache trotzdem all die Jahre belastet hat.«

Wir gehen ein paar Schritte weiter. Dann wendet sich Oma wieder zu mir: »Lass die Geschichte auf sich beruhen. Es ist besser, nichts über diesen Menschen zu erfahren. Manche Dinge aus der Vergangenheit sollte man einfach nicht ans Licht holen. Wir wissen nicht, was dabei herauskommt.« *Dann hängt sie ihren eigenen Gedanken nach.*

Ist es wirklich besser, nichts zu wissen? Ich versuche mir vorzustellen, warum man meinen Urgroßvater verhaftet hatte. ›Im Krieg‹ *hatte Oma gesagt, also während der Zeit des Nationalsozialismus. Ob er den Nazis in die Quere gekommen war? Vielleicht als Widerstandskämpfer?*

Dann fällt mir ein, dass die Hellfritzschs meinem Opa gesagt hatten, dass sein Vater ein Taugenichts gewesen sei. Wahrscheinlich war mein Urgroßvater also doch kein Held, wie ich mir für einen kurzen Moment vorgestellt hatte, sondern ein gewöhnlicher Straftäter. Vielleicht ein Dieb. Oder etwas noch Schlimmeres? Das wäre natürlich nichts, was mein Opa gern erfahren würde. Aber ich will es jetzt wissen und so beschließe ich in diesem Moment, herauszubekommen, wer mein Urgroßvater gewesen ist und was er getan hatte. Nur für mich. Wenn die Tatsachen, die ans Licht kommen, wirklich so unerfreulich sind, muss ich ja niemandem davon erzählen.

Ich sortiere die Fakten in meinen Gedanken – Wicklmair, Siedlung Untermhaus, in Bayern geboren, Verhaftung. Zeitlich lässt sich auch alles eingrenzen. Damit kann ich meine Recherche beginnen. Gleich morgen werde ich eine E-Mail an das Geraer Stadtarchiv schreiben.

KAPITEL 1
1900-1943

Ein Zeichen aus dem Jenseits

Ich sitze auf dem Sofa, eingehüllt in eine Decke, vor mir auf dem Tisch steht ein Glas Rotwein. Den Laptop auf den Beinen surfe ich im Internet. Den ganzen Tag über hat es geschneit, inzwischen ist es dunkel geworden. Vor wenigen Tagen habe ich mich im Ahnenforschungsportal ›Ancestry‹ angemeldet. Hier kann man seinen eigenen Stammbaum einstellen und damit seine Vorfahren der ganzen Welt zugänglich machen. Das war aber nicht der Grund für meine Anmeldung auf dieser Website. Vorerst möchte ich hier nur nach Informationen zu meinen Vorfahren suchen.

›So einfach entdecken Sie Ihre Familiengeschichte!‹ erscheint in großen Buchstaben auf dem Bildschirm. Ich bin gespannt. Die Werbung des Portals offenbart mir, dass es neben den Stammbäumen auch Informationen aus Militärunterlagen, Volkszählungen, Auswandererkarteien, Adress- und Kirchenbüchern gibt. Perfekt. Je mehr Unterlagen ich durchsuchen kann desto besser.

Am Nachmittag waren mir beim Aufräumen des Arbeitszimmers Fotos in die Hände gefallen. Fotos, die meinen Opa, meine Oma und meinen Vater vor verschiedenen Gebäuden in Gera zeigen. Ich erinnerte mich an den einen Nachmittag, als wir zu viert in der Stadt unterwegs gewesen waren und uns Opa sein Elternhaus, seine Schule, die Weberei, wo er arbeitete und vieles mehr gezeigt hatte. Er hatte uns an dem Tag eine Menge Dinge aus der Vergangenheit erzählt.

Über vier Jahre sind seitdem vergangen. Damals hatte mir Opa Horst auch etwas über seinen leiblichen Vater mitgeteilt. Es war das einzige und letzte Mal gewesen, dass wir über meinen Urgroßvater gesprochen hatten. Ich weiß noch, dass ich kurze Zeit nach diesem Ausflug eine Anfrage an das Stadtarchiv Gera stellte. Ich bat um Informationen zu diesem Herrn Wicklmair, die ich auch kurz danach erhielt. Man hatte einen Emil Winkelmeier ermittelt, der in Weißenburg/Bayern geboren war. Ich war dieser Spur nachgegangen, stellte aber bald fest, dass er nicht der Mann sein konnte, nach dem ich suchte. Denn bis auf den ähnlich klingenden Nachnamen und dass er aus Bayern kam, stimmte nichts mit meinen anderen Hinweisen überein. Er war nicht mein Urgroßvater. Da mir das Stadtarchiv mit keinen weiteren Informationen behilflich sein konnte, hatte ich meine Nachforschungen ad acta gelegt.

Als ich heute die Fotos von unserem Ausflug sah, kam ich auf die Idee, dass ich nach diesem Herrn Wicklmair bei ›Ancestry‹ suchen könnte. Und nun sitze ich hier und klicke mich durch das Portal.

Im Suchfeld gebe ich den Nachnamen ›Wicklmair‹ ein. 18.862 Suchergebnisse werden gefunden. Wie soll ich denn hier den Richtigen herausfinden? Ich klicke ein paar Ergebnisse an. Den Nachnamen gibt es in jeder möglichen Schreibweise. Vor allem in Bayern ist er oft vertreten. Das hilft mir nicht weiter. Ich muss die Suche eingrenzen. Da ich aber weder Vornamen noch Geburtsort des Herrn Wicklmair kenne, ist das nicht möglich. Mir fällt ein, dass ich eine Meldung über historische Adressbücher im Portal gelesen hatte, die für einige Orte online einsehbar sind. Ein paar Klicks weiter bin ich auf der entsprechenden Seite. Ich habe Glück. Für Gera sind acht Bücher von 1914 bis 1942 eingestellt. Ich wähle das erste aus und blättere bis zum Buchstaben ›W‹ vor. Ich finde weder den Namen ›Wicklmair‹ noch ›Winkelmeier‹ verzeichnet.

Die nächste Stunde arbeite ich mich durch die folgenden Jahrgänge der Adressbücher, immer ohne Ergebnis. Im Buch des Jahres 1939 finde ich den vom Stadtarchiv ermittelten Emil Winkelmeier. Sonst niemanden, der in Frage kommen könnte.

Ich bin enttäuscht. Nun habe ich nur noch ein Buch vor mir. Das zweite Glas Wein neigt sich bedrohlich dem Ende. Kurz überlege ich, ob ich das Buch überhaupt noch durchsehen soll. Lust habe ich nicht mehr. Andererseits ist der Abend inzwischen fortgeschritten. Etwas anderes anzufangen macht keinen Sinn. Und außerdem, wenn ich jetzt nicht auch das letzte Buch

14

überprüfe, werde ich nie sicher sein, ob es nicht doch eine Information zu Herrn Wicklmair gibt.

Ich entschließe mich also, dass Buch durchzusehen. Als sich die Datei geöffnet hat, klicke ich wieder bis zum Buchstaben ›W‹. Ich gehe die Namen durch und bleibe plötzlich an einem Eintrag hängen, den ich vorher nirgendwo gelesen habe: ›Berthold Wicklmair, Arbeiter, Schafwiesenstraße‹.

Ich bin wie elektrisiert. Nach einem kurzen Moment der Starre laufe ich ins Arbeitszimmer und blättere in den Unterlagen, die ich als Hobby-Familienforscherin bereits gesammelt habe. Besaß mein Opa neben seinem Rufnamen nicht noch einen zweiten Namen? Er muss doch in seiner Geburtsurkunde eingetragen sein. Ich durchsuche den Ordner. Kurze Zeit später lese ich im Dokument seinen vollständigen Vornamen: ›Horst Berthold‹.

Im Stillen danke ich meiner Uroma Frida, dass sie so weitsichtig war, ihrem Sohn den Namen des Vaters mitzugeben. Es ist wie ein Zeichen über die Zeiten hinweg. Ich bin mir nun ganz sicher, dass der Arbeiter Berthold Wicklmair, der in Gera-Untermhaus, in der Schafwiesenstraße wohnte, mein leiblicher Urgroßvater war.

Nun probiere ich erneut die allgemeine Suche im Onlineportal. Durch die Angabe des Vornamens schränken sich die Treffer erheblich ein. Unter militärischen Unterlagen des Königreiches Bayern finde ich ihn schließlich, geboren 1902 in München – meinen unbekannten Urgroßvater Berthold Wicklmair.

Aus München kam er also. Eine schöne Stadt. Schlagartig habe ich den Stachus, das Hofbräuhaus und den Englischen Garten vor Augen. Ich frage mich, aus welchem Grund er von dort weggegangen ist. Und warum hatte er sich ausgerechnet in Gera niedergelassen? Mitte der Zwanzigerjahre dominierten Fabrikschornsteine das Stadtbild. Eigentlich kein Ort, für den man die bayrische Hauptstadt freiwillig verließ.

FAMILIE WICKLMAIR

München Schwabing, Zieblandstraße, Sommer 1913
Therese steht am Tisch in der guten Stube und faltet die frisch gewaschene Wäsche zusammen. Ihre geübten Hände bewegen sich flink. Plötzlich hält sie inne, holt eine Schere aus der Schürzentasche und schneidet ein loses Fädchen ab. Dann streicht sie den Stoff glatt und legt das gefaltete Wäschestück auf den entstehenden Stapel.

Während sie das nächste Kleidungsstück vom Haufen auf den Tisch zieht, fällt ihr Blick auf eine Scheibe im Stubenbuffet. Durch das einfallende Licht kann sie sich betrachten wie in einem Spiegel. Sie dreht den Kopf hin und her und mustert sich kritisch. Für Anfang dreißig sieht sie noch ganz passabel aus. Gut, sie ist nicht mehr so schlank wie vor der Geburt der drei Kinder. Aber ihr Gesicht ist hübsch und wenn sie lächelt, kann man das unbeschwerte Mädchen von einst erahnen. Das dunkle Kleid unter der gestärkten weißen Schürze und die hochgesteckten Haare bilden einen Kontrast zu dieser Unbeschwertheit und machen eine reife Frau aus ihr. Die ist sie ja aber schließlich auch.

Therese seufzt und streicht sich eine gelöste braune Haarsträhne hinters Ohr. Sie wendet sich einem großen Weidenkorb mit einem dicken weißen Kissen zu, der neben ihr auf zwei Stühlen steht. Als sie hineinblickt, muss sie lächeln. Wie klein doch Babys sind. Man vergisst es so schnell, wenn sie größer werden.

Im Korb liegt ihre Tochter Evi, die sie vor etwas mehr als einem Monat zur Welt gebracht hat. Sie schläft. Die kleinen Hände, zu Fäusten geballt, liegen neben dem Köpfchen. Die winzige Nase kräuselt sich, als ob die Kleine träumen würde.

Therese streicht vorsichtig über die hellen Haare. Evi wird sicher auch einmal so ein Blondschopf werden wie ihre siebenjährige Schwester Ida. Diese sieht mit ihren

16

geflochtenen hellen Zöpfen aus wie ein kleines Engelchen. Therese muss lächeln, als sie an Ida denkt. Ein Engel ist das Kind weiß Gott nicht. Sie hat so einen starken Willen, dass es manchmal schon an Sturheit grenzt. Den braucht sie natürlich auch, um sich gegen ihren elfjährigen Bruder Berthold zu behaupten. Der ist nämlich auch kein ruhiges Kind. Die Eltern haben es manchmal ganz schön schwer, vor allem wenn sich Ida und Berthold wieder einmal lautstark wegen einer Kleinigkeit in den Haaren haben.

Ida sieht ihrem Vater Anton sehr ähnlich. Zumindest sagen das alle. Therese kann diese Ähnlichkeit nicht erkennen. Wahrscheinlich sind ihr beide dafür zu vertraut.

Sie fischt gedankenverloren ein frisch gewaschenes Hemd ihres Mannes Anton aus dem Wäschehaufen. Während sie es rechtsherum dreht und beginnt, die Knöpfe zu schließen, tritt sie ans Fenster und blickt in den Innenhof. Sie sieht Berthold, Ida und die zwei Söhne der Grubers von obendrüber zusammen spielen. Die kleine Erna aus dem Hinterhaus ist auch dabei.

Therese ist froh, dass sie eine Wohnung im Vorderhaus anmieten konnten. Die Wohnungen sind größer und mehr Tageslicht kommt durch die Fenster.

Sie sieht, wie sich Berthold an die Teppichstange im Hof hängt und schaukelt. ›Er sieht seinem Vater ähnlich!‹, schießt es ihr durch den Kopf. Nicht Anton. In ihrem Leben gab es noch einen Mann, vor ihm. Als Berthold kurz zu ihr hochblickt und sie anlächelt, meint sie, direkt in die Augen dieses Mannes zu schauen. Ein Schmerz durchfährt ihre Brust. Dieser Mann war ihre erste Liebe gewesen, vielleicht auch ihre größte.

15 Jahre ist es nun her, dass Therese in die Stadt gekommen ist. Sie kann sich noch genau an diesen Sonntag im Juli 1898 erinnern. Es war ein heißer Sommertag, wie heute. Damals hieß sie noch Wicklmair, Therese Wicklmair. Ihr Vater war der Maurersepp aus Freising. In dem kleinen

Dorf hatte sie bis zu diesem Tag gemeinsam mit ihrer Familie in einem kleinen Haus mit Hof gelebt. Ihre älteren Brüder verdienten bereits ihr eigenes Geld und nun waren die Eltern der Meinung, dass auch sie in Dienst gehen sollte. Die Mutter sprach von Haushaltsführung und feiner Küche, die Therese erlernen würde. Und weil man gehört hatte, dass die Städter für ihr Dienstpersonal höhere Löhne zahlten als es auf dem Land üblich war, wurde eine Stelle als Dienstmädchen in der Stadt gesucht und in München Schwabing beim Milchgeschäftinhaber Liebich gefunden. Ein Bauer, der regelmäßig Milch ins Geschäft lieferte, hatte den Eltern den Tipp gegeben. Er hatte sie an besagtem Julitag auf seinem Pferdewagen mitgenommen.

Therese denkt an diesen Tag zurück. An jede Einzelheit kann sie sich erinnern, als wäre es gestern gewesen.

Verunsichert und verloren hatte sie sich gefühlt, als sie in ihrem schäbigen Kleid und mit einem kleinen Koffer vor dem mehrstöckigen Mietshaus in der Georgenstraße vom Bock geklettert war. Während der Bauer mit schnalzender Zunge die Pferde wieder in Bewegung setzte, stand Therese mit klopfendem Herzen auf der staubigen Straße und schaute auf das Haus. Hier also wohnte ihre neue Herrschaft. Und jetzt auch sie. Sie erkannte den kleinen Milchladen im Parterre. Ein ›Geschlossen‹-Schild hing an der Ladentür. Damals begann für Therese ein ganz neues Leben. Nicht nur die neue Anstellung, für die sie das erste Mal den elterlichen Hof verließ, brachte große Veränderungen mit sich. Sie tauschte auch das beschauliche Landleben mit der aufregenden Großstadt ein.

Zaghaft hatte sie an einer Wohnungstür im Treppenhaus geklopft. Sie hörte Schritte näherkommen. Eine ältere Dame mit grauen hochgesteckten Haaren öffnete die Tür. »Ja?«

»Guten Tag, ich möchte zu Liebichs, ich bin das neue Mädchen.«

»Du kommst spät, aber nun bist du ja endlich da. Komm

herein.«

Therese betrat die Wohnung. Vorsichtig stellte sie ihren kleinen Koffer in der Diele ab. Alles hier sah so modern aus. Ganz anders als in ihrem Elternhaus, wo sich auch öfter ein Huhn ins Haus verirrte oder der Vater mit dreckigen Schuhen über den immer sandigen Dielenboden stapfte.

Die ältere Dame, bei der es sich augenscheinlich um Frau Liebich handelte, sah sehr gepflegt aus. Sie trug einen dunklen Rock bis zum Knöchel und eine weiße Bluse, deren Kragen von einer goldenen Brosche zusammengehalten wurde. Frau Liebich war eine Frau weniger Worte und kam gleich zur Sache: »Du schläfst auf der Matratze in der Küche. Deine Sachen kannst du in dem Schränkchen unterm Fenster unterbringen.« Ihr Blick fiel auf den kleinen Koffer in Thereses Hand. »Ich hoffe, du hast noch ein weiteres Kleid und eine weiße Schürze dabei.«

Therese nickte und dachte an die Sachen, die noch im Koffer waren. Ja, ein Kleid war dabei, aber es war noch abgetragener als das, was sie gerade anhatte. Die Mutter hatte es ausgebessert und mit Stoffresten verlängert. Vielleicht würde ja die neue Schürze das Schlimmste verdecken.

Frau Liebich war indessen mit der Einweisung fortgefahren. »Wir erwarten von dir, dass du ordentlich im Haushalt und im Geschäft mit anpackst. Aufgestanden wird 5:30 Uhr in der Früh. Dann machst du als erstes Feuer und versorgst die Tiere hinten im Hof. 6:00 Uhr muss das Frühstück fertig sein. 7:00 Uhr öffnen wir das Geschäft. Der Rest wird sich finden. Ohne Erlaubnis verlässt du nicht das Haus. Sonntagnachmittag hast du frei. Dein Dienst beginnt morgen früh.«

Therese händigte ihr das Dienstbuch aus. Offiziell war sie nun das neue Mädchen bei den Liebichs.

Die Monate waren vergangen. Arbeit gab es für Therese

genug. Die erste Zeit fiel sie jeden Abend todmüde ins Bett. Mit der Zeit hatte sie sich an ihren neuen Lebensrhythmus gewöhnt. Sie freute sich auf jeden Sonntagnachmittag. Meist ging sie durch Schwabing spazieren, die letzten Monate auch zum Tanz. Hier traf sie auf andere Dienstmädchen und machte ihre ersten Männerbekanntschaften. Inzwischen kannte sie Schwabing und die angrenzende Maxvorstadt ganz gut. Besonders gern flanierte sie an ihren freien Nachmittagen durch die Theresienstraße. Hier wohnten viele Künstler, die sich in den örtlichen Lokalitäten trafen. Es gab immer etwas Interessantes zu erleben und nach jedem Besuch hatte Therese eine neue Geschichte zu berichten.

Als ihr ein Café-Inhaber aus der Theresienstraße eine kürzlich freigewordene Stelle als Magd anbot, hatte Therese nicht lange gezögert. Zu Hause in Freising sorgte die Entscheidung für gewaltigen Ärger bei den Eltern. Sie konnten mit der interessanten Künstlerwelt, von der Therese schwärmte, und mit den modern und ungewöhnlich gekleideten Damen, die im Café verkehrten, nichts anfangen. Ein lediges ›Madl‹ im Wirtshaus! Wohin das nur führen würde! Die Gefahren vorausahnend, mahnte die Mutter eindringlich, als sie sah, dass Therese nicht umzustimmen war: »Lass dir bloß kein Kind andrehen!«.

Das hatte sie auch nicht, jedenfalls nicht so, wie die Mutter es wohl gemeint hatte. Natürlich gab es Avancen der Gäste, aber Therese konnte inzwischen gut auf sich aufpassen. Sie war ein richtiges Münchner Großstadtmädel geworden, immer einen gepfefferten Spruch parat, wenn ihr die Mannskerle zu nahe kamen.

Thereses Gedanken wandern zum Oktoberfest 1901. Das war eine große Sache gewesen. Vor ihrem geistigen Auge sieht sie die vielen Menschen, die sich laut lachend auf dem Festplatz drängten.

Schon Tage bevor das Fest wie immer Ende September

startete, sprachen alle Leute nur davon. Das erste Mal lieferte das städtische Elektrizitätswerk Strom zu den ›Wiesn‹. Hunderte Buden und Fahrgeschäfte wurden durch eine elektrische Beleuchtung erhellt. Es war ein Funkeln und Glitzern in den Abendstunden, was man einfach gesehen haben musste.

Therese war an ihrem ersten freien Abend mit einer Freundin auf die Wiesn gegangen. Die Frauen hatten sich irgendwann im Gedränge aus den Augen verloren. Anstatt nach Hause zu gehen, war Therese allein dort geblieben. Sie konnte sich vom Gewimmel und von den Lichtern einfach nicht losreißen. Sie stand einfach da und beobachtete fasziniert die Menschen. Dabei hatte sie IHN kennengelernt: Franz, ihre erste große Liebe.

Therese muss lächeln, als sie an ihn denkt. Er hatte sie angesprochen. Was er gesagt hatte, weiß sie nicht mehr. Sie hatte ihn aber gleich sympathisch gefunden. Wie jung sie damals gewesen waren und wie unbeschwert. Sie hatten herumgealbert, waren mit den Fahrgeschäften gefahren, bis ihr Geld alle gewesen war. Vor allem der *Juwelenpalast* hatte es Therese angetan. Dieses Karussell mit dem außergewöhnlichen Namen hatte ihrer Meinung nach die besten Lichteffekte. Kniff man die Augen beim Fahren zusammen, sah man überall bunte Lichtpunkte tanzen.

Franz und sie lauschten der Musik der Kapellen und aßen Brathendl. Die konnte man auch zum ersten Mal an elektrisch betriebenen *Wiesnhendl-Braterei*-Buden kaufen. Es war eine spektakuläre Schau gewesen und man hatte sich ein bisschen wie in einem Zauberreich gefühlt. Vielleicht hatte auch das dazu beigetragen, dass sie sich Hals über Kopf in diesen jungen Mann verliebt hatte.

Gut sah er aus. Er war groß, hatte dunkle Haare und eindrucksvolle Augen. Er stammte aus Wien, was er durch seine eigenwillige Aussprache nicht verheimlichen konnte. Therese fand ihn faszinierend und komisch zugleich.

Franz war von Beruf Tapezierer, was mehr war als ein

›Tapezierer‹ in München. Ein Wiener Tapezierer kümmerte sich nicht nur um den Farbanstrich oder die Tapeten in einer Wohnung. Er sorgte auch für passende Gardinen, Polster und Überwürfe. Franz war für einige Zeit nach München zu Freunden der Familie gekommen, um hier zu arbeiten und Erfahrungen zu sammeln. Therese war stolz auf ihn. Sie fand, dass er etwas Besonderes war und man mit ihm mächtig ›Staat machen‹ konnte.

In den nächsten Wochen hatten sie sich jede freie Stunde getroffen, gingen sonntags zum Tanz.

Irgendwann stellte Therese fest, dass sie schwanger war. Die Eltern schlugen die Hände über dem Kopf zusammen. Die Mutter jammerte, dass sie das hatte kommen sehen. Der Vater verlangte, dass Therese sich von Franz trennte. Sie sollte einen ordentlichen katholischen, bayrischen Mann heiraten, der eine Familie versorgen konnte. Damals hatte das Therese natürlich nicht eingesehen, sie glaubte an ihre Liebe, daran, dass sie eine Chance hatten.

Ein verbitterter Zug wird inGhereses Gesicht sichtbar. Sie versucht, sich wieder auf die Wäsche zu konzentrieren. Als sie die Hose ihres Sohnes zusammenlegen will, sieht sie, dass er am linken Knie ein neues Loch hineingerissen hat. Sie legt die Hose zur Seite auf den Nähstapel. Sie wird einen Flicken draufnähen. Wahrscheinlich den letzten, denn schon jetzt ist die Hose Berthold viel zu kurz. Er braucht unbedingt eine neue.

Ghereses Liebe zu Franz hatte nicht gehalten. Kurz nach der Geburt ihres Sohnes Berthold war er nach Wien zurückgegangen, um seinen Militärdienst zu leisten. Franz versprach, so bald wie möglich wieder zurückzukommen. Therese war mit dem Kind allein, furchtbar allein. Vier Monate nach der Geburt bot ihr ein Wirt eine Anstellung als Magd an. Sie nahm an. Ging sie arbeiten, gab sie das Kind zu einer alten Frau in Betreuung. Manchmal ließ sie Berthold auch tagelang bei der Mutter in Freising.

Die Briefe von Franz, der beim Militär stark gefordert war, wurden spärlicher. Langsam war auch Therese zu der Überzeugung gekommen, dass ihre Familie Recht hatte. Ein Leben mit ihm war voller Schwierigkeiten. Sie hatte nach Wien geschrieben und die Verbindung gelöst. Doch so einfach war Franz nicht aus ihrem Leben verschwunden. Er schaltete das Amtsgericht München ein, um sich als Vater des Kindes legitimieren zu lassen. Mit Erfolg. Therese wurde vorgeladen und befragt und letztlich wurde im Geburtsregister ein entsprechender Vermerk gesetzt. Davon wusste ihr Sohn natürlich nichts.

Er wusste eigentlich gar nichts über seinen leiblichen Vater und das würde wohl auch so bleiben. Denn das war die Bedingung ihres Mannes Anton gewesen. Er war bereit gewesen, sie zu heiraten, sich auch um den Jungen zu kümmern, aber er wollte nicht, dass jemals über den anderen Vater gesprochen wurde. Und Therese hielt sich daran.

Bis vor Kurzem zumindest. Da hatte Berthold sie gefragt, warum sein Familienname ›Wicklmair‹ war, während die Eltern und die Schwestern ›Zellhuber‹ hießen. Therese hatte ihm gesagt, dass er zur Welt gekommen war, bevor sie Anton geheiratet hatte und dass dieser sein Stiefvater sei.

Natürlich kam die Frage, die daraufhin unvermeidlich kommen musste und vor der sie sich schon all die Jahre gefürchtet hatte: »Wer ist dann mein Vater?«

»Das ist nicht so wichtig! Wir sind jetzt eine Familie!«, hatte sie knapp geantwortet und sich weggedreht, damit der Junge nicht merkte, wie aufgewühlt sie war. Wider Erwarten hatte er es darauf beruhen lassen und war davongelaufen.

Therese legt die letzten Wäschestücke zusammen. Vielleicht schafft sie es noch, alle Sachen in die Schränke zu räumen, bevor die kleine Evi aufwacht und nach ihrer Milch verlangt. Das Baby wird schon unruhig. Leise nimmt Therese die gefalteten Wäschestapel und schleicht sich aus dem Zimmer.

FAMILIENPROBLEME

München Schwabing, Schleißheimer Straße, 4. Juli 1920
Anton Zellhuber ist wütend, so was von wütend. Der Junge hatte ihn wieder einmal zur Weißglut gebracht.

Anton versucht sich zu beruhigen. Behutsam gießt er sich einen Kräuterlikör ein. Dann nimmt er einen großen Schluck. Der Schnaps brennt, als er die Kehle herunter rinnt. Anton räuspert sich. Er gießt das Glas noch einmal voll. Während er die Flasche in den Stubenschrank zurückstellt, denkt er über die letzten Minuten nach.

Seine Frau Therese war mit den Töchtern in die Küche verschwunden, als er und Berthold begonnen hatten, sich lautstark anzuschreien. War es seine Schuld gewesen? Vielleicht hätte er sich nicht so leicht provozieren lassen dürfen! Der Junge schaffte es aber auch immer wieder! Aufmüpfig war er ja schon immer gewesen. Dieses Verhalten hatte er bestimmt von seinem leiblichen Vater.

Von dem hielt Anton gar nichts. Er hatte ihn zwar nie kennengelernt, aber er konnte sich vorstellen, was für ein arroganter Schönling dieser Franz gewesen war. ›Aus einer schönen Schüssel kann man nicht essen‹, hatte seine Mutter immer gesagt und natürlich war es auch in diesem Fall genauso gekommen.

Anton wusste, dass Bertholds leiblicher Vater gegangen war und Frau und Kind auf sich allein gestellt zurückgelassen hatte. Er verachtete ihn dafür. So etwas würde er nicht machen. Er wusste, wie man Verantwortung übernahm. Er hatte all die Jahre die Verantwortung für Berthold übernommen, die eigentlich dieser Franz hätte übernehmen sollen. Anton hatte sein Bestes getan, den Jungen erzogen und versucht, ihm einen festen Glauben zu geben. Aber manchmal konnte man wirklich meinen, ohne jeglichen Erfolg.

Anton schüttelt seinen Kopf, ohne es zu merken. Zorn wallt in ihm auf. Er trinkt einen Schluck vom Likör. Natürlich hatten auch die Umstände den Jungen verdorben.

Dafür konnte niemand etwas.

Bis zum Kriegsbeginn war der Berthold wenigstens einigermaßen in der Spur gelaufen. Als dieser 1914 ausbrach, war der Junge gerade zwölf Jahre alt gewesen. Alle Männer der Familie wurden sofort zum Militär eingezogen. Anton und Thereses Brüder mussten gleich an die Front. Da wenige Monate vorher bereits der Freisinger Großvater gestorben war, wurde Berthold über Nacht zum Mann im Hause. Mit zwölf! Kein Wunder, dass ihm dies zu Kopf gestiegen war. Auf der Straße erlebte er dazu noch die Kriegsbegeisterung der Leute und sog die Propaganda, mit der man diesen verdammten Krieg verherrlichte, in sich auf. Das hatte ihn verdorben, da war sich Anton sicher.

Er denkt an das erste Kriegsjahr. Einer von Thereses Brüdern fiel schon in den ersten Monaten. Auch Anton geriet bald in Gefangenschaft. Für die Familie galt er als vermisst. Monatelang wusste Therese nicht einmal, ob er überhaupt noch am Leben war. Die ganzen Kriegsjahre gab sie ihr Bestes für die drei Kinder. Therese ging arbeiten, um sie überhaupt irgendwie ernähren zu können. Sie hatte in dieser schweren Zeit einfach nicht die Kraft, auch noch einen aufmüpfigen, pubertierenden Jungen zur Räson zu bringen, der langsam aber sicher auf Abwege geriet.

Die Schule hatte für Berthold irgendwann keine Bedeutung mehr gehabt, er fühlte sich erwachsen und nahm sich Dinge heraus, die nie passiert wären, wäre Anton damals zu Hause gewesen. Er trieb sich auf der Straße herum, schwänzte die Schule. Sitzengeblieben war er, auch wenn er es wider Erwarten dann trotzdem geschafft hatte, die Schule mehr schlecht als recht abzuschließen. Einen Beruf hätte der Junge lernen müssen. Aber in Kriegszeiten gab es keine Ausbildungsplätze. Es war wichtiger, Geld zu verdienen, auf welchem Weg auch immer. Er nahm Gelegenheitsarbeiten an, blieb manchmal tagelang weg, traf auf ›merkwürdige Freunde‹.

Anton denkt zurück an die Zeit, als er aus der

Gefangenschaft heimgekehrt war. Im Herbst 1918 war es gewesen. Er hatte versucht, das Leben des Jungen wieder in geordnete Bahnen zu lenken. Berthold sah natürlich nicht ein, dass sich jemand in sein Leben einmischte. Aber Anton hatte es trotzdem getan. Durch Beziehungen hatte er es geschafft, dass Berthold die Berufsschule besuchen konnte. Doch statt dankbar dafür zu sein, schien es der Junge mit seiner Art darauf anzulegen, Anton immerfort zu provozieren.

Wie gerade eben. Berthold hatte die Stube betreten und dabei mit einem Brief gewedelt. Euphorisch verkündete er den Eltern, dass er zum Militär eingezogen worden war.

»Ich soll mich übermorgen in der Kaserne melden.« Dann hatte er sich direkt an Anton gewandt: »Jetzt kommen endlich einmal wahre Männer an die Waffen. Wir werden uns nicht so anstellen wie ihr.«

Einmal mehr spielte er auf den verlorengegangen Krieg an. Anton, der das Grauen des Krieges an vorderster Front erlebt und Kameraden hatte sterben sehen, war sofort in die Luft gegangen.

»Du hast keine Ahnung, was Krieg wirklich bedeutet, wie er Menschen zerstört. Red also nicht so dumm daher!« Berthold sah ihm direkt ins Gesicht und lachte abschätzig. »Ich hoffe, dass sie dir beim Militär Ordnung und Respekt beibringen und dein loses Mundwerk stopfen«, zischte Anton. Berthold hatte ihn daraufhin offen verhöhnt und Anton war kurz davor gewesen, ihm eine Ohrfeige zu verpassen. Natürlich wäre das dem Familienfrieden nicht zuträglich, dass wusste er. Aber die Hilflosigkeit, mit welcher er vor der Arroganz des Jungen stand, machte ihn rasend. Ein Wort hatte das andere gegeben. Schließlich hatte Berthold ihn stehengelassen und war gegangen.

Therese öffnet die Stubentür und tritt ein. Sie hatte alles mit angehört. »Ich will nicht, dass er Soldat wird. Ich bin froh, dass wir alle endlich wieder zusammen sind. Auch wenn ihr euch gerade nicht so gut versteht. Er ist doch mein Sohn.«

Anton stellt das Likörglas auf den Tisch und zieht sie in seine Arme. »Ich weiß. Aber der Krieg ist vorbei. Er wird nicht das erleben, was ich erlebt habe. Er wird wiederkommen. Es ist gut, dass er jetzt militärischen Drill zu spüren bekommt. Das wird ihm den Kopf zurechtrücken. Mach dir keine Sorgen.«

SACHEN PACKEN

München Schwabing, Schleißheimer Straße, Juni 1924

Was zu viel ist, ist zu viel! Berthold packt seine Sachen in den braunen Leinenrucksack. Er muss raus, hier und jetzt wird er verschwinden. Das hatte er schon öfter gesagt und hin und wieder auch probiert. Schließlich war er aber doch immer wieder zu seinen Eltern zurückgekehrt.

Aber diesmal, das schwört er sich, würde er nicht wieder angekrochen kommen. Diesmal würde er sich ein eigenes Leben aufbauen. Nicht so ein kleinkariertes, spießiges Leben, wie es seine Eltern führen. Nur Arbeit, Haushalt, Kinder – tagein, tagaus. Nein, er will Etwas erleben, das Leben genießen.

War er deswegen ein schlechter Mensch? Weil er etwas vom Leben haben wollte?

Berthold zieht die Schnur des braunen Leinenrucksacks zusammen und schließt die Schnallen. Ihm fallen die Worte seines Stiefvaters Anton ein und er spricht sie laut, mit monotoner Stimme, vor sich hin: »Man kann nicht nur so in den Tag reintrödeln, man braucht einen ordentlichen Plan und ein Ziel im Leben.« Er grinst zufrieden. Einen Plan hat er jetzt. Er wird nach Thüringen gehen. Vor ein paar Tagen erzählte ein Mann in der Wirtschaft unten an der Ecke, dass in einer Stadt namens Gera viele Fabriken gebaut worden waren und man jetzt dringend

Arbeiter suchte. Die nahmen dort fast jeden, egal mit welchem Berufsabschluss. Und ordentliches Geld soll es auch geben. Das gefällt Berthold besonders.

In der letzten Zeit war seine Arbeitssuche nicht sehr erfolgreich gewesen. Das gibt er zu. Seit seinem Militärdienst hatte er keine längere Anstellung gefunden. Er bekam manchmal eine Arbeit für eine Woche, wenn er Glück hatte auch einmal für vier. Länger nicht. Und das, obwohl er einen ordentlichen Beruf erlernt hatte. So, wie es Antons Wunsch gewesen war.

Die Lehre war seiner Meinung nach sinnlos gewesen. Die, die einen Beruf vorweisen konnten, waren in diesen Tagen ebenso arbeitslos wie Ungelernte. Berthold ist ausgelernter Maurer, aber er hängt nicht an dieser Arbeit. Er würde auch jede andere machen. Da ist er nicht wählerisch. Hauptsache er verdient endlich Geld und kann seinen Eltern beweisen, dass aus ihm etwas geworden ist. Er weiß, dass vor allem seine Mutter sich Sorgen macht. Wenn er sieht, wie sie wieder die Stirn in Falten legt, versucht er sie immer mit seinem Standardspruch zu beruhigen: »Mach dir keine Sorgen, Mutter. Ich schaff dass schon. Ich such mir eine Stelle und verdiene richtig Geld. Du wirst schon sehen. Und dann gehe ich mit dir schick aus.«

Berthold denkt an seinen letzten Versuch, Arbeit zu finden. Er hatte wirklich geglaubt, dass es etwas werden würde und hatte deshalb alles auf eine Karte gesetzt. In Starnberg baute man an dem neuen Undosa-Freibad. Mit dem Zug war er hingereist und hatte sich vorgestellt. Aber man benötigte keine Arbeiter mehr. Sein ganzes Geld war für die Hinfahrt draufgegangen. Er hatte nichts mehr übrig gehabt, um mit der Eisenbahn nach München zurückzukommen, geschweige denn, um eine Unterkunft für die Nacht zu bezahlen. Berthold hatte keine Wahl gehabt. Er schlief in einem Park unter freiem Himmel, bis die Polizei ihn aufgriff und wegen Obdachlosigkeit in eine Zelle sperrte. Tags darauf wurde sein Stiefvater Anton benachrichtigt. Er musste ihn abholen und für die Unkosten und die Rückfahrt aufkommen. Eine Gardinenpredigt über ein anständiges Leben ließ er sich natürlich nicht nehmen.

Was dachte sich sein Stiefvater eigentlich? Es war für Berthold schon demütigend genug gewesen, dass er ihn bei der Polizei hatte auslösen müssen. Und dann auch noch diese endlosen Vorträge.

Wie auch heute Morgen wieder. Berthold hat keine Lust mehr darauf. Es versteht ihn hier sowieso keiner. Und deshalb wird er weggehen.

Berthold zählt sein Geld. 25 Mark hat er noch. Das wird für eine Zugfahrkarte nach Gera reichen. Gera – er hatte erst einmal herausbekommen müssen, wo diese Stadt überhaupt lag. Noch nie hatte er bis dahin von ihr gehört. Jetzt würde er bald dort leben. Er ist gespannt. In einer Stunde fährt der Zug vom Hauptbahnhof. Er muss jetzt los.

Berthold zieht seine Jacke an und setzt den Rucksack auf. Im Flur steht seine Mutter, die kleinste seiner drei Schwestern, die einjährige Leni, auf dem Arm haltend.

»Wo willst du hin?«

»Arbeit suchen.« Er hat keine Lust auf lange Diskussionen oder Abschiedsworte. Er wird einfach gehen und sobald er etwas vorweisen kann, wiederkommen.

»Sei heute Abend pünktlich zu Hause, es gibt Pichelsteiner Eintopf!«

Er drückt seine Mutter flüchtig an sich und streicht Leni über die weichen Haare. Schnellen Schrittes verlässt er die Wohnung.

Die Mutter steht noch eine Weile hinter der Gardine am Fenster und blickt gedankenverloren ihrem Sohn hinterher, der aus dem Haus getreten ist. Er hat sie gedrückt! Das hatte er schon lange nicht mehr getan. Die Schritte, mit denen er die Straße entlangläuft, sehen zielstrebig aus.

Beim Anblick des braunen Leinenrucksacks dämmert Therese, dass sie die Suppe zum Abendbrot ohne ihren Sohn essen werden.

HERR TENNER

Die bayrische Gemeinde Dillingen hat mir geschrieben. Ich hatte das Standesamt um Kopien der Sterbeurkunden von Therese und Anton Zellhuber gebeten. Über die Münchner Meldeunterlagen konnte ich die Spur von Bertholds Eltern bis in diesen kleinen bayrischen Ort zurückverfolgen. Hierhin waren sie mit ihren drei Töchtern Evi, Ida und Leni 1945 gegangen, als München völlig zerstört und Wohnungen knapp waren.

Dass meine Anfrage erfolgreich war, weiß ich schon, als ich den Brief in den Fingern halte. Er fühlt sich dick an. Sicher enthält er mehrere Seiten. Neugierig reiße ich ihn auf. Im Brief befinden sich wirklich mehrere Schriftstücke. Ich breite alles vor mir aus. Neben dem Anschreiben der Gemeinde liegen zwei Sterbeurkunden in Kopie vor mir. Ich nehme die erste zur Hand und lese:

Der Pensionist Anton Zellhuber ist am 7. April 1957 um 15:30 Uhr in Dillingen in seiner Wohnung verstorben. Todesursache: Herztod. Eingetragen auf muendliche Anzeige des Alfons Tenner. Der Anzeigende ist bekannt und erklaert, dass er bei dem Tode zugegen war.

Ich widme mich dem anderen Dokument. Es ist die Sterbeurkunde von Therese:

Die Rentnerin Therese Zellhuber, geborene Wicklmair, ist am 26. Maerz 1970 um 21:05 Uhr verstorben. Eingetragen auf muendliche Anzeige des Maurers Alfons Tenner, persoenlich bekannt.

Ich bin überrascht, dass Therese bis 1970 lebte. Es hört sich so nah an. Kann es sein, dass sie so alt geworden ist? Ich überschlage im Kopf und errechne das schöne Alter von 88 Jahren. Das ist durchaus möglich.

Ich lese beide Sterbeurkunden noch einmal von vorn bis hinten genau durch. Mir fällt auf, dass ein Alfons Tenner beide Sterbefälle angezeigt hat. Der Name sagt mir nichts. Er scheint aber in einer engeren Beziehung zur Familie Zellhuber zu stehen. Ich überlege, dass Herr Tenner vielleicht noch leben könnte. Das muss ich überprüfen.

Im Internet finde ich einen alten Zeitungsartikel über den Dillinger Schützenverein, in dem ein Alfons Tenner erwähnt wird. Es wird berichtet, dass er seit über siebzig Jahren Mitglied im Verein ist. Ich überlege, wie alt Herr Tenner dann heute ist. Lebt er noch, muss er etwa neunzig sein. Ich klicke mich weiter durchs Netz und finde seine private Telefonnummer. Das Herz schlägt mir bis zum Hals. Ob ich ihn einfach anrufe? Sofort melden sich bei mir die ersten Zweifel. Wie erklärt man einem so alten Mann den Grund des Anrufes? Ich habe mich mit der Familiengeschichte beschäftigt. Für ihn werden meine Fragen vollkommen überraschend sein. Aber nicht anrufen, ist auch keine Lösung. Also Augen zu und durch. Mir wird schon etwas einfallen. Ich greife zum Hörer und tippe die Nummer ein. Es klingelt.

»Tenner«, eine Frau meldet sich und gibt auf meine Bitte das Telefon an ihren Mann weiter. Herr Tenner hört sich sehr bejahrt an. Ich spreche ganz langsam. Er ist natürlich überrascht, dass jemand nach so langer Zeit etwas über Familie Zellhuber wissen möchte. Ich merke, dass er versucht, sich zu erinnern, es ihm aber in diesem Moment sehr schwer fällt. Ich entlocke ihm nur, dass Therese seine Schwiegermutter war. Mehr fällt ihm nicht ein, es ist alles so lange her. Ich danke ihm, dass er sich Zeit genommen hat, mit mir zu reden, verabschiede mich und lege auf.

Auch ich muss mich erst einmal sammeln.

Hat er gesagt, dass Therese seine Schwiegermutter war? Langsam wird mir die Bedeutung dieser Tatsache klar. Herr Tenner hatte eine der drei Töchter von Therese und Anton geheiratet. Und ich hatte eben mit einer Frau Tenner gesprochen! War das seine Frau gewesen? Wenn sie wirklich eine Tochter *von Therese und Anton ist, dann kann sie mir doch viel mehr Auskünfte zu ihren Eltern und ihrem Bruder Berthold geben! Sollte ich einfach noch einmal anrufen? Ich zögere.*

Meine große Tochter kommt ins Zimmer. Sie sieht mich auf dem Stuhl sitzend, gedankenverloren ins Leere starrend, den Telefonhörer in der Hand. »Was ist los?«, fragt sie. Kurz erzähle ich ihr von den Tenners, meinem Anruf und der Vermutung, dass die Frau die Tochter von Therese und Anton ist. Und dass ich jetzt nicht weiß, ob ich die Tenners noch einmal belästigen könne.

Meine Tochter sieht in der ganzen Angelegenheit natürlich keinerlei Problem und verleiert wegen meiner Unschlüssigkeit bereits ihre Augen. »Ruf einfach noch einmal an! Dann weißt du wenigstens, voran du bist. Was kann denn schon Schlimmeres passieren, als dass die Leute genervt auflegen?« Sie hat Recht. Ich wähle die Nummer.

Diesmal nimmt Herr Tenner den Hörer ab und ich merke, dass er in den wenigen Minuten seit meinem ersten Anruf seine Erinnerungen sortiert hat.

»Nein, die Frau, mit der sie gerade gesprochen haben, ist nicht Thereses Tochter. Diese ist bereits verstorben. Ich habe noch einmal geheiratet. Sie sprachen eben mit meiner zweiten Frau«, teilt mir Herr Tenner mit. Schade!

»Aber mir ist inzwischen etwas eingefallen«, spricht er weiter. »Therese hatte wirklich einen Sohn. Ich glaube, sein Name war Berthold. Aber über ihn wurde in der Familie die ganzen Jahre lang nicht gesprochen. Meine erste Frau Leni war die jüngste der drei Zellhuber-Töchter. Sie ist erst in den Zwanzigerjahren geboren und war noch ganz klein, als der Bruder damals das Elternhaus verließ. Da nicht über ihn gesprochen wurde, wusste sie gar nichts von ihm. Erst als die Mutter im Sterben lag, begann diese plötzlich von ihrem Sohn Berthold zu erzählen. Wir waren alle überrascht. Er muss nach einem Streit verschwunden sein und hat nie wieder Kontakt zur Familie aufgenommen. Meine Frau Leni hat versucht, ihren Bruder ausfindig zu machen. Aber ohne Erfolg.«

Ich gebe Herrn Tenner meine Adresse. Er verspricht, noch einmal über alles nachzudenken und mir ein altes Foto von Therese zuzusenden.

Die Tür des Arbeitszimmers wird leise geöffnet und meine Tochter steckt ihren Kopf herein: »Und?«, fragt sie. »Hat er aufgelegt?«

»Nein, er hat sich nett mit mir unterhalten«, antworte ich.

»Ich wusste es!«, grinst sie und zieht den Kopf zurück. Sie wartet kaum mein »Danke« ab und schließt die Tür.

Drei Tage später halte ich einen schreibmaschinegeschriebenen Brief von Herrn Tenner in der Hand. Das erste, was mir aus dem Umschlag entgegenfällt, sind zwei vergilbte Schwarz-Weiß-Fotos aus dem Jahr 1955: Therese und Anton bei ihrer Goldenen Hochzeit. Auf dem einen Foto stehen sie allein, auf dem anderen mit ihren drei Töchtern, den Schwestern meines Urgroßvaters Berthold Wicklmair.

Ich schaue sie mir an. Sie lächeln mir aus den Fotos entgegen. Alle sind für diesen Tag schick herausgeputzt. Anton, ein stattlicher älterer Herr im dunklen Zweireiher. Therese im dunklen Kleid, die weißen, leicht gewellten Haare hochgesteckt. Das Jubelpaar trägt dasselbe kleine Sträußchen am Revers. Ihre Töchter sind junge, hübsche Frauen in eleganten Kleidern. Plötzlich haben alle für mich ein reales Gesicht – ein unglaubliches Gefühl. Eine ganz normale Familie, nur der Sohn fehlt. Hatte seine Mutter an ihn gedacht, als das Familienfoto entstanden war? Wie fühlt es sich an, wenn ein Kind verschwindet und man nie wieder von ihm hört? Ich denke an meine zwei Töchter. Dass sie aus meinem Leben verschwinden könnten – ein unvorstellbarer Gedanke.

EINE ANDERE FRAU

Gera, Februar 2012

»Sehr geehrte Frau Hellfritzsch, wir haben in unserem Archiv Unterlagen zu Ihrem Urgroßvater Berthold Wicklmair gefunden ···«

Diese wenigen Zeilen veranlassten mich umgehend, den nächstmöglichen freien Termin ausfindig zu machen, um das Stadtarchiv Gera zu besuchen. Für eine berufstätige Mutter mit schulpflichtigen Kindern ist es nicht einfach, sich kurzfristig freizunehmen. Aber heute ist es soweit. Auf Arbeit habe ich Urlaub eingereicht und mein lieber Mann deckt den nachmittäglichen Taxidienst zur Sport-AG für unsere jüngste Tochter ab. Es ist also alles geregelt und ich kann mich heute völlig der Familienforschung widmen.

Nach einstündiger Fahrt habe ich vor wenigen Minuten die Autobahn an der Ausfahrt Gera-Langenberg verlassen und fahre nun stadteinwärts die Berliner Straße entlang. Das Navigationsgerät sagt mir, dass ich am AOK-Gebäude nach links abbiegen soll. Ich fahre den Berg ein Stück nach oben und biege nach rechts in die Juri-Gagarin-Straße ein. Neben einem Matratzenladen finde ich einen Parkplatz am Straßenrand.

Nach wenigen Schritten stehe ich vor dem Geraer Stadtarchiv, einem roten Gebäude im Stil der Fünfzigerjahre. Sicherheit wird hier großgeschrieben. Ich komme nicht einmal bis ins Treppenhaus, muss gleich an der ersten Tür, die ins Gebäude führt, klingeln.

Nach kurzer Zeit öffnet eine Frau die Tür und bittet mich herein. Ich schließe meine Jacke und Tasche in einem Spind ein und betrete dann den Raum, der als Lesesaal oder besser Lesezimmer dient. Circa zwanzig Plätze gibt es hier für Besucher, die, wie ich, in alten Unterlagen stöbern wollen. Heute ist der Raum fast leer. Nur ein älterer Mann sitzt schweigend über alte Bücher gebeugt. Hin und wieder notiert er sich etwas auf seinem Block. Er nickt mir kurz zu.

Die blonde Archivarin tritt neben mich und erklärt leise: »Durch die weiteren Angaben zu Ihrem Urgroßvater, die Sie uns nachträglich gegeben haben, konnten wir noch einmal intensiver nachforschen. Und haben wirklich etwas gefunden, in einer Aktensammlung mit Anträgen zur Eheschließung.«

»Oh, meine Urgroßeltern wollten heiraten!«, stelle ich fest. Ich hatte mich schon gewundert, dass Berthold und Frida diesen Schritt anscheinend nie getan hatten. Aber wenigstens hatten sie es vorgehabt.

»Wir haben schon alle Unterlagen für Sie herausgesucht.« Die Archivarin lächelt und deutet auf einen kleinen Stapel Akten. »Sie können alles in Ruhe durchschauen. Falls Sie Hilfe brauchen, finden Sie mich im Nachbarzimmer.«

Ich setze mich an den Tisch mit den zugewiesenen Belegen. Es handelt sich um mehrere alte Aktenvorgänge, aus denen gelbliche Blätter hervorlugen. Vorsichtig löse ich den Strick und sehe die einzelnen Seiten durch. Das Papier fühlt sich alt und porös an, die Schrift auf den Seiten beginnt teilweise schon auszubleichen. Ich lese die Namen verschiedener Paare. Bis fast ganz hinten muss ich durchblättern, dann stoße ich auf Berthold Wicklmair.

Überrascht starre ich auf das Formular, mit dem jeder neue Vorgang in der Akte beginnt. Der Name der Braut, der hier in großen Buchstaben notiert ist, ist nicht der, den ich erwartet habe. Hier steht nicht meine Urgroßmutter Frida.

Hier ist eine andere Frau eingetragen: ›Anna Steiner‹! Mein Urgroßvater Berthold hatte also noch eine Beziehung zu einer anderen Frau und diese hatte er auch heiraten wollen!

Mitleid mit meiner Uroma Frida überfällt mich. Sie hatte ein Kind mit Berthold und er hatte sie offenbar verlassen. Eine alleinstehende Frau aus ärmlichen Verhältnissen hatte damals nicht viele Möglichkeiten. Kein Wunder, dass mein Opa Horst bei einer Pflegefamilie aufgewachsen war.

Dieser Berthold ist so ein Schuft! Ich bin empört. Er war wohl wirklich ein Taugenichts, ganz so, wie es die Pflegeeltern zu meinem Opa gesagt hatten. Ich atme tief durch.

Mein Blick fällt auf das Datum in der Akte. Im November 1935 haben die zwei den Antrag auf Eheschließung gestellt. Schlagartig macht sich Erleichterung in mir breit. Zu diesem Zeitpunkt war meine Uroma bereits verstorben. Sofort verzeihe ich Berthold in meinen Gedanken. Jetzt ist nichts gegen eine Eheschließung mit Frau Steiner zu sagen. Natürlich hätte er Frida trotzdem vorher heiraten können.

Ich schlage das Deckblatt des Vorgangs um. Es gibt nur einige wenige Blätter dahinter. Zuerst kommen Meldebescheinigungen der Brautleute, dann ein maschinegeschriebenes Gutachten des Gesundheitsamtes.

Ich kann nicht glauben, was ich dort lese. Es ist eine Frechheit. So etwas Menschenverachtendes dürfte sich eine Behörde heute nicht mehr trauen. Es ist nur logisch, dass nach dieser Einschätzung die Heirat nicht genehmigt wurde. Und so finde ich erwartungsgemäß in der Akte auch die offizielle Ablehnung der Heiratserlaubnis aus dem Jahr 1935, die damals durch das Standesamt verschickt wurde.

Ich blättere weiter. Es folgt ein handgeschriebener Brief von Frau Steiner, adressiert an den Führer! Sie hatte sich gegen die Entscheidung gewehrt. Richtig so, das macht sie mir gleich sympathisch. Ich muss lächeln. Sie scheint eine ganz taffe Frau gewesen zu sein. Ich widme mich ihrem Brief.

Beim Lesen der drei Seiten schwanke ich in meinen Gefühlen. Ich erfahre Dinge, die mich empören und mein Mitleid mit Uroma Frida aufs Neue schüren. Durch die persönlichen Worte lerne ich aber auch Frau Steiner kennen. Ich kann es nicht leugnen, sie wächst mir ans Herz. Die nächsten zwei Stunden lese ich alles mehrmals akribisch durch und mache mir Notizen. Noch nicht alles macht einen Sinn, aber ich habe viele neue Ansätze für eine weitere Suche.

Ratternde Maschinen

Es war kein Problem gewesen, in Gera eine Anstellung zu finden. In den vielen Textilfabriken wurden ungelernte Arbeitskräfte en gros gesucht.

Berthold ist nun seit mehr als einem Jahr in der Wollweberei Lummer, Bach & Ramminger in der Reichsstraße beschäftigt. Er ist zufrieden. Auch wenn er sich sein neues Leben in Gera ganz anders vorgestellt hatte. Besser natürlich. Inzwischen hat aber auch er begriffen, dass diese Vorstellungen jugendliche Flausen waren, die mit der Realität nichts zu tun hatten.

Manchmal denkt er an seine Mutter und Anton. In vielen Dingen, über die sie sich einst gestritten hatten, gibt er ihnen heute insgeheim Recht. Manchmal tut es ihm leid um die Worte, die er ihnen an den Kopf geworfen hat. Das Leben ist nicht so bunt und einfach, wie er dachte. Den Kontakt zu ihnen hat er noch nicht wieder aufgenommen. Dafür ist sein Stolz zu groß. Er wird es tun, wenn er sein Leben voll im Griff hat und sie zufrieden mit ihm sein können.

Die feste Anstellung in der Wollweberei hat Bertholds Leben grundlegend verändert. Die meiste Zeit verbringt er nun in der Fabrik. Der einzige freie Tag ist der Sonntag. Aber er beklagt sich nicht. Er wollte es ja so. Regelmäßig einmal pro Woche bekommt er Lohn ausgezahlt. Nicht so viel wie ursprünglich erhofft, aber er kann sich auf die wöchentliche Zahlung verlassen. Das ist ja schon mal etwas. Die Arbeitsbedingungen stehen zur Lohnhöhe jedoch in keinem Verhältnis. Sie sind, nüchtern betrachtet, miserabel.

In den großen Websälen ist jeder freie Platz mit mechanischen Webstühlen vollgestellt. So dicht, dass sich zwischen den Maschinenreihen jeweils nur schmale Gänge befinden, in welchen nicht einmal zwei Personen nebeneinande stehen können. Ein ohrenbetäubender Lärm hallt rund um die

Uhr durch die Hallen. Es ist immer so laut, dass man sein eigenes Wort nicht versteht. Dazu kommt die drückende, feuchtwarme, staubige Luft. Aber er ist jung und gesund, sodass ihm das nicht allzu sehr zu schaffen macht. Er hat sich erkundigt. In den anderen Fabriken sieht es nicht besser aus. Er kann also auch bei Lummer, Bach & Ramminger bleiben.

Neben der Arbeit hatte sich noch etwas in seinem Leben geändert. Er ist jetzt mit Frida zusammen und vor einigen Wochen sind sie Eltern einer Tochter geworden.

Frida Oettel steht an einem der Webstühle und versucht, einen Kettfaden einzuziehen. Eigentlich arbeiteten die Webstühle weitestgehend selbständig. Sie muss nur die Maschine mit Material bestücken und bei Störungen eingreifen. Wie jetzt, wo der Kettfaden aus der Öse gerutscht ist. Diese monotone Arbeit wird nur unterbrochen, wenn die Stoffbahnen fertig sind. Dann muss Frida die bis zu fünfzig Meter langen Bahnen vom Webstuhl lösen und in die Putzerei tragen. Kompliziert ist diese Arbeit nicht, aber trotzdem kein Zuckerschlecken.

Die Arbeiterinnen stehen stundenlang an den laut ratternden und klopfenden Maschinen. Frida macht das nichts aus. Sie ist froh, überhaupt eine Anstellung zu haben. Neben ihr arbeitet Bertha, mit der sie inzwischen befreundet ist. Bertha ist älter als sie, um die vierzig Jahre, verheiratet und hat drei Kinder im schulpflichtigen Alter, die sie tagsüber sich selbst überlassen kann.

Die Frauen waren sich im letzten Jahr nähergekommen, als Bertha bemerkte, wie sich Fridas Bauch rundete. Oft hatte sie geholfen, wenn Fridas Kraft aufgrund der Schwangerschaft zu Ende ging. Bertha hatte Mitleid mit der jungen zierlichen Frau gehabt, die viel zu dünn war, um den Anstrengungen einer Schwangerschaft zu trotzen. Ohne Bertha hätte Frida ihre Arbeit in der Weberei sicher schon verloren.

Inzwischen war Fridas Kind auf der Welt, ein kleines

Mädchen namens Luzie. Bertha kümmert sich immer noch wie eine Mutter um Frida.

»Warst du bei der Jugendfürsorge?«, fragt sie unauffällig, als der Aufseher den Frauen den Rücken dreht.

»Ja, ich war gestern da. Die Kleine ist immer noch im Heim. Sie suchen jetzt eine Pflegefamilie, die sie nimmt, bis ich sie wieder zu mir holen kann«, erzählt Frida.

»Kannst du sie sehen?«

»Bevor die Pflegeeltern sie abholen, kann ich noch einmal hinkommen. Danach kann ich sie auch besuchen, ich weiß aber nicht wie oft.« Frida hatte bis zum Tag der Geburt ihrer Tochter in der Fabrik gearbeitet. Bertha hatte ihr erklärt, dass man zum Ende der Schwangerschaft und als Wöchnerin laut Gesetz einige Wochen zu Hause bleiben kann. Frida hatte sich das aber nicht getraut. Man verdiente in dieser Zeit nichts und das, was man von der Fürsorge bekam, war viel zu wenig zum Leben. Außerdem konnte man von heute auf morgen seine Arbeit verlieren. Ganz sicher hätte sie eine Kündigung aus irgendwelchen Gründen bekommen, wenn sie sich die Wochen freigenommen hätte. Auch wenn es ihr vom Gesetz zustand.

Ein Mann mit einer Karre voller neuer Garnspulen kommt in den Websaal und verteilt sie an den Webstühlen. Bertha sieht, wie sich ein Lächeln in Fridas Gesicht schleicht und ihre Augen ihm sehnsüchtig folgen. Ab und an treffen sich seine Blicke mit denen von Frida und dann lächelt er zurück.

»Kümmert er sich um eine Wohnung?«, fragt Bertha und nickt in Bertholds Richtung.

»Ja, er hat gesagt, dass er etwas in Aussicht hat. Aber was, will er noch nicht erzählen«, antwortet Frida.

Bertha grummelt vor sich hin. Es gefällt ihr nicht, dass Frida von diesem Mann unehelich ein Kind bekommen hatte. Sie hätten erst heiraten und eine Wohnung suchen sollen. Das wäre der vernünftigere und für Frida sicherere Weg gewesen. Stattdessen hatte sich die junge Frau auf diesen armen Schlucker eingelassen und zuerst das Kind bekommen. Ohne Ehemann und eigene Wohnung und mit einer Arbeit, bei der sie täglich in der Fabrik erscheinen muss, ist Frida gar keine andere Wahl geblieben, als ihre neugeborene Tochter in die Obhut der Jugendfürsorge zu geben. Hoffentlich hält dieser Wicklmair wenigstens sein Wort und findet eine Bleibe. Nur so kann Frida ihre Tochter zurückholen.

In Fridas Blick erkennt Bertha, wie fest sie an diesen Mann glaubt. Sie hat Mitleid mit ihr. Frida hatte ihr erzählt, dass sie selbst nach dem Tod ihrer Mutter ins Heim gekommen war. Damals war sie gerade vier Jahre alt gewesen. Fridas Vater, auch ein Fabrikarbeiter, hatte sich nicht gekümmert, sie nie besucht. Mutterseelenallein und ohne Liebe war Frida aufgewachsen und hängte sich nun an jeden, der ihr etwas Zuwendung schenkte. Dieser Berthold Wicklmair hatte ein leichtes Spiel gehabt. Er sah gut aus, machte Frida kleine Geschenke und es dauerte gar nicht lange, bis es um sie geschehen war.

Frida liebt diesen Mann von ganzem Herzen. Bertha findet, dass er ein leichtsinniger Träumer ist. Ob er überhaupt Verantwortung für eine Frau und ein Kind übernehmen kann? Bertha zweifelt. Aber vielleicht irrt sie sich auch. Er ist ihr wahrscheinlich einfach nur suspekt, weil er keiner von hier ist. Aus Bayern kommt er, sonderbar. So schön ist Gera mit den vielen Fabriken nun auch nicht. Bertha hofft inständig, dass er Frida nicht das Herz brechen wird.

KANTINEN-BRUCH

Gera, Ostviertel, Nacht vom 2. zum 3. Juni 1928
Das Geld reicht schon wieder vorn und hinten nicht. Berthold hat Hunger und er sieht Frida an, wie auch sie leidet. In ihrer jetzigen Situation müsste sie für zwei essen, woran natürlich bei dem schmalen Haushaltsbudget gar nicht zu denken ist. Sie ist zum zweiten Mal schwanger, bereits im

fünften Monat. Ihr Bauch beginnt sich, mittlerweile für alle sichtbar, zu runden. Sie ist in keiner guten gesundheitlichen Verfassung, sieht erschöpft und grau aus. Trotzdem schleppt sie sich nach wie vor jeden Tag in die Fabrik, denn wenigstens sie hatte von ihnen beiden noch Arbeit. Er war bei der letzten Flaute rausgeflogen.

Man hatte die Kündigung mit einer dramatisch zurückgegangenen Auftragslage begründet. Vielleicht stimmte das sogar. Auch Berthold sieht, dass nicht nur bei Lummer, Bach & Ramminger entlassen wird, sondern Arbeiter in der ganzen Stadt ihre Anstellungen verlieren. Vor allem die Männer werden entlassen. Den Frauen braucht man nicht so viel zu zahlen wie ihnen. Was Frida als Ungelernte verdient, ist ein Witz. Kein Mann würde dafür arbeiten. In Berthold kriecht die Wut hoch. Der aufwendige luxuriöse Lebensstil der Herren Fabrikbesitzer ist natürlich gleich geblieben. Es ist so ungerecht.

Wer einmal auf der Straße sitzt, hat es schwer, wieder eine Anstellung zu finden. Jeden Tag spricht Berthold bei der Arbeitsvermittlungsstelle vor. Die meisten Tage wartet er dort umsonst, so wie viele andere auch. Sie bekommen immer dasselbe gesagt: Die wirtschaftliche Lage sei schlecht, es gäbe derzeit keine Stellen, sie sollten morgen wieder vorsprechen.

Es interessiert niemanden, dass das eigene Leben den Bach runtergeht. Heute Morgen war wieder die Miete für die kleine Kammer fällig gewesen, in der er und Frida mehr schlecht als recht zusammen hausen. Sie hatten das letzte Bargeld dafür zusammengekratzt. Frida und er wussten, dass es vor Ende der Woche kein neues geben wird. Bis dahin fehlt ihnen natürlich auch das Geld für Nahrungsmittel. Wie im letzten Monat wird Frida bei Bekannten schnorren müssen. Jetzt da sie schwanger ist, haben viele Mitleid und geben etwas kleines. Eine warme Mahlzeit am Tag bekommen sie in der Armenküche. Unzumutbare Zustände.

Aber Frida beschwert sich nicht. Das hätte sie nie im Leben getan. Sie bewundert Berthold, trotz allem. Warum, weiß er selbst nicht und manchmal macht ihn ihre Demut verrückt. Dann behandelt er sie grob und blafft sie an. Das ist unfair, das weiß er, aber er kann nichts dagegen tun.

Jetzt sagt Frida wieder nichts, blickt ihn nicht einmal an. Trotzdem oder vielleicht gerade deshalb fühlt er sich schuldig, denn eigentlich ist er ja der Mann, der die Frau versorgen sollte. Sind das nicht die Worte seines Stiefvaters Anton? Als dieser damals von Verantwortung sprach, hatte Berthold ihn nicht verstanden, nicht verstehen wollen. Heute kann Berthold diese Verantwortung fühlen. Und er weiß, wie schwer sie für einen werden kann, wenn man Steine in den Weg gelegt bekommt. Berthold hat seine Lektion gelernt.

Er denkt an das Versprechen, dass er Frida vor einem Jahr gegeben hat. Er hatte ihr geschworen, sich so weit zu etablieren, dass sie ihre Tochter zurückholen können, die inzwischen bei Pflegeeltern lebt.

Kaum etwas hat er jedoch bis jetzt erreicht. Sie leben in einer kleinen unbeheizbaren Kammer, haben nichts zu essen und er ist arbeitslos.

Berthold muss einen Weg finden, ihre Lage zu verbessern. So kann es nicht weitergehen. Wenn man ihm nicht die Chance gibt, sich mit ehrlicher Arbeit seinen Lebensunterhalt zu verdienen, dann wird er sich holen, was er braucht.

Er nimmt seine Mütze vom Haken und verlässt die Kammer. Auf der Straße atmet er tief durch. Die Luft ist noch warm vom Tag und verheißt eine Nacht, in der die Temperaturen nicht stark sinken.

Berthold läuft in Richtung Amthorstraße. Sein Ziel ist die Wärmehalle, die sich auf dem ehemaligen Kasernenhof befindet. Natürlich wird der Flachbau jetzt im Sommer nicht beheizt, aber die Armenküche ist in Betrieb. Und die wird rege genutzt. Berthold weiß, dass er hier auf Männer trifft, die in derselben Lage sind wie er – erwerbslos, auf der Suche nach einer kostenfreien Mahlzeit. Aber auch wenn sie nicht der Hunger antreibt, gehen viele hier auf einen Schwatz vorbei. Die politische Lage wird besprochen, man erfährt, welche Firmen wieder entlassen haben.

Ein Großteil der Männer gehört der Kommunistischen Partei an. Mit einigen hat sich Berthold angefreundet. Nach etlichen Gesprächen muss er zugeben, dass ihm der Klassenstandpunkt dieser Männer zusagt. Sie kämpfen gegen die Unterdrückung der Arbeiter und damit auch für ihn. Er überlegt schon seit geraumer Zeit, in diese Partei einzutreten, wird auch immer wieder darauf angesprochen. Ja, vielleicht sollte er wirklich dort mitmachen. Endlich eine Möglichkeit, sich gegen die Verhältnisse aufzulehnen. Aber nicht heute. Heute hat er etwas anderes im Sinn.

Als Berthold an der Wärmehalle ankommt, sieht er seinen Freund sofort. Max Kraft steht mit einigen Männern vor dem Eingang und raucht. Er ist größer als Berthold und hat seine Kappe tief über die blonden Haare ins Gesicht gezogen. Die beiden Männer verbindet nicht nur, dass sie aus Bayern hierher zugezogen sind, sie haben auch denselben Humor und verstehen sich ohne viele Worte.

Berthold lässt sich von Max eine Zigarette geben und stellt sich rauchend zu ihm. »Ich bin pleite. Ich brauche unbedingt Geld.«

»Wer nicht. Aber woher kriegen, wenn nicht stehlen?«, kontert Max mit Galgenhumor.

»Du sagst es! Wir müssen eben irgendwo einsteigen«, erwidert Berthold ernst.

Max raucht schweigend weiter. Er denkt über Bertholds Worte nach. Auch er hatte schon das eine oder andere Mal mit diesem Gedanken gespielt. Vielleicht sollten sie das wirklich tun. Sie dürfen sich eben nur nicht erwischen lassen! Auf keinen Fall werden sie in Wohnungen einbrechen. Aber wenn man in Kantinen oder Gartenlokale einsteigt, wenn nachts keiner da ist? Wem soll das schon schaden?

»Ich habe eine Idee!«, meint Max und bewegt sich einige Schritte weiter weg, um aus Hörweite der anderen Männer zu kommen. Berthold folgt ihm. »Du kennst doch den Sportverein auf den Hofwiesen, in der Nähe, wo ich wohne«, erklärt Max. »Die haben eine kleine Baracke, wo sie das Zeug von ihrem Verein unterstellen. Eine Kantine ist auch da. Für Essbares dürfte also gesorgt sein. Nachts ist dort nie jemand. Aus den Häusern ist die Baracke nicht einsehbar und das Türschloss wird nicht so schwer zu knacken sein.«

Als Berthold und Max später im Dunkeln die Kantine nach essbaren Dingen durchsuchen, sind sie enttäuscht. Ihre Ausbeute wird sie nicht lange satt machen: zwei Salamiwürste, eine Flasche Magenbitter, Zigaretten der Marke *Reemtsma* und *Greiling*.

Sie stöbern noch in den Sachen des Vereins und lassen zwei ältere Aktentaschen, ein Paar Fußballschuhe, einen weißen und einen roten Pullover und eine Hose mitgehen. Auch das kann man gebrauchen. Auf den Geschmack gekommen und nicht erwischt, fühlen sie sich sicher und werden in den nächsten Tagen wagemutiger.

Sie steigen in weitere Kantinen und Schuppen ein. Neben Zigaretten erbeuten sie auch Obst, Erdnüsse, Schokolade, Marmelade, Wurst und Schnaps. Ein paar Mal geht es gut. Doch die Geraer Polizei ermittelt schon seit Längerem gegen solche Diebesbanden. Berthold und Max sind nicht die einzigen, die diese Art von Raubzügen in Gera unternehmen und sie werden nicht die letzten sein, die so versuchen, sich Essbares zu beschaffen.

Die Geraer Polizei ist auf der Hut. Schon nach einer Woche gehen ihr Berthold und Max ins Netz. Am Morgen des 10. Juni 1928 können die braven Geraer Bürger in der *Ostthüringer Tribühne* lesen:

Ermittelte Diebesgesellschaft
In den letzten Wochen sind hier in Kantinen von Sportplaetzen, Lagerschuppen, Verkaufsbuden usw. eine groessere Anzahl schwere Einbruchsdiebstaehle ausgefuehrt worden. Jetzt ist es gelungen, die Taeter zu ermitteln und festzunehmen. Es handelt sich um junge Burschen, von denen einige von auswaerts hier zugezogen sind, welche die gemachte Beute zum Teil sofort fuer sich verwandten und den Rest vernichteten, um vor eventueller Entdeckung gesichert zu sein.

Der Richter vom Landesgericht, der die Strafsache verhandelt, sieht sehr wohl, dass die Motive der beiden Männer nicht vorsätzlich kriminell sind. Sie handelten aus der Not heraus. Aber auch er kann es drehen und wenden, wie er will. Nach dem Gesetz ist es schwerer Diebstahl, in abgeschlossene Gebäude einzudringen. Ob diese bewohnt sind oder nicht, spielt keine Rolle. Aber auf die Höhe des Strafmaßes kann er Einfluss nehmen und das tut er auch.

Berthold und Max bekommen neben mahnenden Worten eine Haftstrafe von drei Wochen auferlegt. Diese 21 Tage haben bittere Folgen. Frida muss die unbeheizte kleine Kammer, die sie und Berthold gemietet hatten, verlassen. Allein kann sie die Miete nicht aufbringen. Der Vermieter zögert nicht lange, eine schutzlose Frau ist schnell auf die Straße gesetzt.

KINDERSEGEN

Gera, Ostviertel, Ende November 1928

Anna, die zweite Frau in seinem Leben, ist auch schwanger! Diese Nachricht muss Berthold erst einmal verdauen. Sie hat es ihm vorhin gesagt. Seitdem läuft er durch die Straßen. Zwei Frauen und beide schwanger. Von ihm!

Fassungslos schüttelt Berthold den Kopf. So wollte er das nicht. Aber was wollte er schon? Ehrlich gesagt, hatte er sich dazu noch gar keine Gedanken gemacht.

Er sieht Frida vor seinem geistigen Auge. Hohlwangig, tiefe Schatten unter den Augen und einen dicken Bauch vor sich her tragend. Sie hat vielleicht noch einen Monat, bevor das Kind kommt. Sein Kind! Sie kann sich kaum noch bewegen. Obwohl es ihr schon seit Wochen nicht gut geht, arbeitet sie noch in der Fabrik.

Nachdem Berthold Ende Juli aus der Haftanstalt entlassen worden war, hatte er festgestellt, dass Frida nicht mehr in ihrer Kammer wohnte. Er hatte den Vermieter zur Rede gestellt. Aber der hatte nur gelacht. Er würde doch nicht auf sein Geld verzichten, hatte er geantwortet. Es gebe schließlich genug Leute, die eine Unterkunft suchen und auch bezahlen könnten.

Frida war die erste Zeit nach dem Rausschmiss bei ihrer Freundin Bertha untergekommen. Aber dort hatte sie nicht bleiben können. Die fünfköpfige Familie bewohnte selbst nur zwei Räume. Da gab es für Frida auf Dauer keinen Platz.

Berthold konnte sich lebhaft vorstellen, wie Bertha über ihn hergezogen war. Auch wenn sie Frida immer geholfen hatte, ihn hatte sie noch nie leiden können. Aus welchem Grund auch immer.

Als schließlich ein Platz frei wurde, zog Frida in das Gefährdetenheim für ledige Arbeiterinnen in die Harbourstraße. So stand sie wenigstens nicht auf der Straße. Hier teilte sie sich ein Zimmer mit mehreren Frauen, nur ein eigenes Bett und ein Spind standen ihr zu. Aber immerhin hatte sie ein Dach über dem Kopf.

Berthold selbst war die erste Zeit in einem Heim für Obdachlose untergekommen. Nachdem er wieder Arbeitslosenunterstützung erhielt, konnte er sich als Einlogierer bei einer Familie an der Häselburg einmieten. Hier hat er nun seinen Schlafplatz, muss aber tagsüber unterwegs sein. An eine gemeinsame Unterkunft mit Frida war erst einmal gar nicht zu denken. Er hat sie in der letzten Zeit nicht oft gesehen, manchmal tagelang nicht. Jetzt schämt er sich dafür.

Er biegt um die nächste Ecke. Auf der anderen Straßenseite sieht er einen bekannten Genossen. Er nickt dem Mann kurz zu. »Kommst du heute Abend?«, ruft der andere über die Straße. »Die Genossen treffen sich in Lindners Schankwirtschaft.« Berthold zögert kurz. »Ja, ich komme. Wir sehen uns dort.«

Berthold hatte es wahr gemacht. Seit gut vier Monaten ist er ein ordentliches Mitglied der KPD. Erst um die Zeit totzuschlagen, wenn die Arbeitsvermittlung ihm wieder nichts anbieten konnte, später aus Interesse und inzwischen aus Überzeugung. Immer öfter ist er bei den Treffen der Kommunisten dabei. Bei ihnen hatte er Anna kennengelernt.

Anna – sie war etwas jünger als er und hatte bereits einen Sohn. Der Vater des kleinen Ernst hatte sich aus dem Staub gemacht. Dieser Mann war es gewesen, der sie zu den Treffen der Kommunisten mitgenommen hatte. Jetzt, ohne ihn, kam sie immer noch.

Anna! Sie ist ganz anders als Frida. Sie sagt, was sie denkt, nimmt kein Blatt vor den Mund. Sie ist nicht sehr groß und hat ein hübsches Gesicht, das von dunklen Haaren umrahmt wird. Ihr Blick ist stolz, fast schon herausfordernd, und trifft Berthold bis ins Herz! Ihr körperliches Handicap sieht man nicht sofort und ist im ersten Moment überrascht, wenn sie sich bewegt. Man hat das Gefühl, dass irgendetwas mit ihrem Bein nicht stimmt. Auch wenn sie sich alle Mühe gibt, es zu verdecken, scheint sie es immer leicht hinterherzuziehen. Öfter wird Anna deswegen von den anderen geneckt. Anstatt verunsichert zu reagieren, findet sie immer selbstbewusst einen lockeren Spruch, um ihr Gegenüber in die Schranken zu weisen. Das hatte Berthold imponiert und er hatte begonnen, sich für sie zu interessieren.

Das Interesse war nicht einseitig geblieben. Anna und Berthold fühlten sich zueinander hingezogen, ganz so, als ob sie einfach zusammengehörten. Ein paar Mal hatten sie sich bei ihr getroffen. Am Anfang hatte Anna nichts von Frida gewusst. Dann hatte ihr jemand von der anderen, ebenfalls von Berthold schwangeren, Frau erzählt.

Berthold denkt daran, wie Anna getobt hatte. Von ihm trennen wollte sie sich. Nun ist es dafür zu spät. Das Ganze kann man nun nicht mehr ungeschehen machen.

Anna ist auch schwanger! Jetzt sieht sie die Sache natürlich anders. Sie kann keine Rücksicht auf Frida nehmen. Nun geht es auch um ihr Leben. Und sie will den Vater zu ihrem ungeborenen Kind.

Berthold läuft die Altenburger Straße hinunter. Er sieht nichts und niemanden um sich herum. Seine Gedanken wirbeln im Kopf. Was soll er tun? Er weiß, dass Anna ihn unbedingt an ihrer Seite haben möchte. Sie hat es ihm vorhin gesagt. Sie hat nicht gebeten, dass er bei ihr bleibt. Sie hat es nachdrücklich gefordert. Er soll sich von Frida trennen.

Er hat dazu nichts gesagt, war einfach fortgegangen. Er lässt sich nicht gern zwingen. Auch nicht von ihr! Andererseits kann er sich Anna aus seinem Leben nicht mehr wegdenken. Er will mit ihr zusammen sein. Ja, das will er. Da ist es doch eigentlich egal, wer den ersten Schritt tut.

Er bleibt stehen, atmet tief durch. Genau genommen ist es doch schon längst klar: er wird sich für Anna entscheiden. Frida wird schon irgendwie durchkommen.

Berthold macht auf dem Absatz kehrt. Er setzt sich wieder in Bewegung und geht die Altenburger Straße zurück.

Annas Vater öffnet die Wohnungstür. »Anna, es ist für dich«, ruft er nach hinten in die Wohnung, ohne seinen Kopf von Berthold wegzudrehen. Unverwandt schaut er ihm in die Augen. Dieser Blick sagt mehr als tausend Worte. Er weiß, dass seine Tochter wieder ein Kind unter dem Herzen trägt. Und er erwartet, dass Berthold dazu steht.

Was ist das für ein Taugenichts!

Gera, Lützowstraße, Oktober 1929

Als Elsa Hellfritzsch die Wohnungstür öffnet, ist sie betroffen. Die junge Frau, die vor ihr steht, sieht unglaublich schlecht aus. Elsa beobachtet schon seit geraumer Zeit, dass Frida hustet und immer dünner wird. Aber heute sieht sie regelrecht ausgemergelt aus. Schweißperlen stehen ihr auf der Stirn. Der Weg hierher muss für sie sehr anstrengend gewesen sein.

»Hallo Frida, sind die zwei Wochen schon wieder herum?«, versucht Elsa sich ihren ersten Eindruck nicht anmerken zu lassen.

»Ja, Gott sei Dank! Ich konnte es kaum erwarten! Darf ich mit Horst spazieren gehen?«, Frida lächelt sie an. Gern gibt Elsa den Jungen nicht aus den Händen. Sie muss sich immer noch daran gewöhnen, dass sie nur die Pflegemutter des Kleinen ist. Aber für die zweimal im Monat muss das sein. Diese Treffen wurden Frida, als leiblicher Mutter des Jungen, als Besuchsrecht eingeräumt. Und das nutzt sie auch. Pünktlich zur vereinbarten Zeit ist sie immer da. Sie ist zuverlässig. Das muss Elsa ihr lassen.

Sie holt Horst aus der Stube, zieht ihm ein Mützchen und eine leichte Jacke über und gibt ihn Frida. Zehn Monate ist er nun alt. Er verzieht die Mundwinkel und ist kurz davor zu weinen. Seine Händchen greifen in Elsas Richtung. Frida streicht ihm zärtlich über seine Wange und beginnt leise ein Lied zu summen. Der Junge hört sofort auf zu ningeln und schaut sie interessiert an. Das versetzt Elsa einen Stich. Warum fremdelt Horst nicht? Frida schafft es immer so schnell, ihn zu beruhigen.

Elsa kommt der Gedanke, dass sie gegen Frida nie eine Chance haben wird. Es ist, als ob es ein unsichtbares Band zwischen Mutter und Kind gäbe. Als sie sieht, wie Frida lächelt, als Horst an einer ihrer Haarsträhnen zieht, dreht sie sich weg. Kurze Zeit später, als sie den beiden hinterherblickt, wie sie zum Park laufen, ärgert sich Elsa über ihre Eifersucht. Sie sollte dankbar sein, dass sie und ihr Mann die Pflegschaft für das Kind bekommen haben. Wegen der zwei Besuche im Monat neidisch auf Frida zu sein, ist verrückt. Dass Frida nicht in der Lage ist, ihnen das Kind wieder wegzunehmen, sieht sie ja. Heute mehr denn je. Eigentlich hat sie sogar ein bisschen Mitleid mit der jungen Frau, die so schlecht aussieht.

Sie nimmt den Schlüssel vom Haken, zieht die Wohnungstür hinter sich zu und geht in den Lebensmittelladen gegenüber. Ihr kommt der Gedanke, Frida heute etwas Gutes zu tun.

Als Frida ihren Horst nach zwei Stunden wieder abgibt, fast Elsa sich ein Herz und spricht den Zustand der jungen Frau an.

»Frida, bist du krank? Du siehst gar nicht gut aus! Du bist so dünn! Und der Husten ist seit dem letzten Mal auch nicht besser geworden.«

»Nein, es geht schon«, wiegelt Frida ab. »Ich bin ein bisschen erkältet und erschöpft. Weiter ist nichts.« Anschauen kann sie Elsa bei diesen Worten nicht.

»Pass auf dich auf!« Elsa berührt Frida am Arm, um ihren Worten mehr Nachdruck zu verleihen. »Bevor der Winter kommt, solltest du es auskuriert haben.«

Frida tut, als hätte sie das nicht gehört. Sie lächelt Horst an und streichelt ihm über den Kopf.

»Ach, noch etwas«, sagt Elsa. »Auf der Fürsorgestelle werde ich immer gefragt, ob Horsts Vater wieder Arbeit hat. Die finden es dort nicht gut, dass sie den Unterhalt für die Kinder vorstrecken müssen. Hast du etwas von ihm gehört?«

»Nein, von ihm selbst habe ich nichts gehört. Eine Bekannte hat mir aber erzählt, dass er immer noch arbeitslos ist. Er bemüht sich bestimmt, Arbeit zu finden und dann wird er zahlen«, versucht Frida Berthold zu verteidigen.

»Dein Wort in Gottes Ohr. Ich glaube nämlich, die verlieren langsam die Geduld. Sie sprachen davon, Maßnahmen einzuleiten, was immer das heißt.«

Elsa findet es immer wieder erstaunlich, dass Frida nie ein schlechtes Wort über den Mann verliert, der sie und zwei Kinder sitzengelassen hatte. Sie holt einen Korb und streckt ihn Frida entgegen. »Ich habe dir etwas Brot, Eier und Äpfel zusammengepackt. Aber iss es allein und verteil es nicht. Du brauchst das, du musst wieder zu Kräften kommen! Bring den Korb das nächste Mal wieder mit.«

Später am Abend erzählt Elsa ihrem Mann Walter von Fridas Besuch. »Sie ist eindeutig krank, auch wenn sie es herunterspielt. Ich mach mir wirklich Sorgen.«

»Wird schon nicht so schlimm sein«, grummelt Walter vor sich hin.

Aber Elsa ist mit ihren Einschätzungen noch nicht fertig. Sie erzählt ihrem Mann, dass Berthold immer noch keine Arbeit hat. »Dieser Wicklmair ist wirklich ein Taugenichts. Lässt eine Frau mit zwei Kindern allein und kommt nicht mal für den Unterhalt auf. Ich könnte wetten, der will gar nicht arbeiten.«

Einige Tage später trifft Elsa auf der Pflegekasse die Pflegemutter von Horsts Schwester Luzie, dem ersten Kind von Frida und Berthold. Die Frauen müssen anstehen, denn heute sind mehrere Personen da, um sich das Pflegegeld auszahlen zu lassen. Sie nutzen die Wartezeit für ein kleines Gespräch. Bald kommt die Sprache auch auf den leiblichen Vater der Pflegekinder.

»Ich habe gehört, dass er immer noch mit dieser Anna Steiner zusammen ist, mit der er noch eine Tochter hat«, weiß die andere zu berichten.

»Na wenigstens steht er zu ihr«, meint Elsa. »Ich versteh bloß nicht, wieso er einfach keine Arbeit findet.«

»Na, das ist doch kein Geheimnis. Er macht gemeinsame Sache mit den Kommunisten. Ich würde mir auch niemanden in den Betrieb holen, der gegen alles ist, die anderen Arbeiter aufwiegelt und Streiks anzettelt. Letzten Samstag gab es eine Schlägerei nach einer Kommunisten-Veranstaltung! Da war er bestimmt auch dabei!«

Elsa schüttelt angesichts dieser Nachrichten den Kopf. Dieser Wicklmair ist einfach ein unmöglicher Mensch. Was soll sie Horst nur später über seinen Vater erzählen. Am besten nichts!

Ein säumiger Nährpflichtiger

Arbeitshaus Breitenau, 12. Juli 1930

Die Polizei hatte Berthold im Januar ins Präsidium auf der Zeppelinstraße einbestellt. Man warf ihm vor, dass der Staat sowohl für ihn als auch für seine drei unehelichen Kinder sorgen muss. Der Beamte zeigte ihm eine Aufstellung der Unterhaltskosten, die die Jugendfürsorge bereits vorgestreckt hatte, weil er nicht zahlen konnte. Der Mann hatte sich über das Blatt gebeugt und mit dem Finger auf die entsprechende Summe getippt. »Und das ist ja nicht alles!«, hatte er aufgebracht behauptet. »Dazu kommt noch die Stütze, die Sie selbst als Erwerbsloser bekommen. Die zahlt ja auch der Staat.« Der Polizeibeamte hatte sich wieder aufgerichtet und gefragt: »Wann gedenken Sie, den Kindesunterhalt zurückzuzahlen?«

Berthold hatte versucht, sich zu erklären. »Ich bemühe mich wirklich, eine Anstellung zu finden. Ich bin jeden Tag bei der Vermittlungsstelle! Aber es gibt einfach keine Arbeit!«

Aber das ließ der Beamte nicht gelten: »Erzählen Sie doch nichts! Natürlich bekommt man Arbeit, wenn man wirklich will. Machen Sie sich nichts vor. Sie sind faul, einfach faul!« Berthold wollte protestieren, aber der Mann schnitt ihm mit einer Handbewegung das Wort ab und redete weiter: »Wissen Sie, wie man Leute wie Sie nennt? – Arbeitsscheu! So werden sie genannt!«.

Dabei wusste der Beamte ganz genau, wie es in der Stadt aussah. Tausende Arbeiter waren arbeitslos. Die Schlange vor dem Arbeitsamt wurde immer länger. Es gab fast keine Anstellungen. Und die, die es gab, bekamen politisch aktive Arbeiter, wie Berthold, nicht.

Aber das interessierte hier nicht. Man hatte Berthold vor die Wahl gestellt. Entweder er bezahlte umgehend das Unterhaltsgeld für die Kinder an die Jugendfürsorge oder man würde ihn in ein Arbeitshaus einweisen. Berthold hatte, wie zu erwarten war, nicht zahlen können. Woher sollte er auch so viel Geld haben?

Die Polizei hatte die Drohung wahr gemacht und ihn in ein Arbeitshaus eingewiesen. Man hatte ihn nicht einmal mehr nach Hause gehen lassen, behielt ihn bis zum Abtransport im Präsidium. Dass er arbeiten sollte, schreckte ihn nicht. Er hätte mit Freuden jeden Job angenommen – in Gera, bei Anna. Aber man brachte ihn fort. Sperrte ihn weg wie den letzten Abschaum. Ohne Richterspruch. Eine zwangsweise Unterbringung, die die Polizeibehörde einfach so angeordnet hatte. In Deutschland durfte man das. Verdammte Zustände!

Ein knappes halbes Jahr war das jetzt her. Sechs lange Monate, die Berthold im Arbeitshaus Breitenau verbracht hatte. Noch fünf Tage, dann würden sich die Tore öffnen und er würde diesen schrecklichen Ort endlich verlassen.

Berthold steht auf der Wiese eines hiesigen Bauern und wuchtet das zusammengeharkte Heu auf den Pferdewagen. Die Mittagssonne knallt vom Himmel, keine Wolke ist in Sicht. Sein Arbeitshemd ist durchgeschwitzt und klebt am Körper. Eine Pause gibt es nicht. Gnadenlose Schinderei ist hier Alltag. Durchhalten. Nur noch fünf Tage, fünfmal schlafen.

Die ersten Wochen in Breitenau hatte Berthold sich furchtbar über seine Inhaftierung aufgeregt. Mittlerweile ist er nur noch froh, dass diese Zeit bald vorbei ist.

Das Arbeitshaus Breitenau, in der Nähe von Kassel, war damals vielen Menschen ein Begriff. Unheimliche Geschichten über die dortigen Zustände wurden erzählt. Allein die blanke Erwähnung des Namens jagte den meisten Menschen eine Gänsehaut über den Rücken. Auch Berthold hatte von Breitenau gehört und war deshalb überrascht gewesen, als er im Arbeitshaus angekommen war. So hatte er sich das berühmte Breitenau nicht vorgestellt.

Das Arbeitshaus befand sich auf einem alten Klostergelände und bestand aus mehreren Gebäuden. Dominiert wurde alles von einer massiven Kirche. Wie sich herausgestellt hatte, war er genau in dieser untergebracht. Das Kirchenschiff hatte man in der Mitte geteilt, ohne jeglichen Durchgang. Während die eine Hälfte, der Gemeinde gehörend, außerhalb des Arbeitshaus-Geländes lag und den Breitenauern als normale Kirche diente, wurde der andere Teil als Unterkünfte für die Häftlinge genutzt. Man hatte Etagen eingezogen und Zellen eingerichtet. Der Kirchturm diente als Treppenaufgang, von dem aus man die einzelnen Zellen erreichte.

So romantisch Berthold diese Unterkunft auf den ersten Blick erschienen war, als so unangenehmer hatte sie sich herausgestellt. Im Treppenhaus und in den Zellen herrschte immer die muffige, feuchtkalte Atmosphäre einer Kirche. Besonders in der kalten Jahreszeit fror man erbärmlich. Die Zellen waren mit einer Metalltür gesichert. Licht fiel nur durch ein kleines vergittertes Fenster im oberen Teil der Zellenwand. Schon bei kleinsten Vergehen gegen die Arbeitshausregeln wurde es durch die Wachmänner verdunkelt, um die Insassen in der Finsternis wieder gefügig zu machen. Bethold merkte bald, dass das Arbeitshaus den Gerüchten alle Ehre machte.

Die meisten Gefangenen waren aus demselben Grund wie Berthold hier. Sie waren ›säumige Nährpflichtige‹, eine merkwürdige Bezeichnung für jemanden, der aus einer Notlage heraus keinen Unterhalt zahlen konnte. Es gab aber auch völlig gestrauchelte Personen, zum Beispiel Obdachlose oder Prostituierte, die man wieder auf den richtigen Weg bringen wollte. Obwohl, auf den richtigen Weg gebracht werden, sollten letztendlich alle. Und zwar mit Arbeit.

Bei der Aufnahme in Breitenau hatte der Anstaltsleiter die Neuankömmlinge davon in Kenntnis gesetzt: »Sie werden hier arbeiten. Viel arbeiten. Wenn Sie unsere Anstalt verlassen, werden Sie als geläuterter arbeitshungriger Bürger wieder eine Bereicherung für die Gesellschaft sein.«

Berthold sieht in Gedanken den dicken Anstaltsleiter vor sich, wie er die Hände auf dem Rücken die Reihe der Häftlinge abschreitet und seine Ansprache hält. Wie ein König in seinem Reich, so hatte er ausgesehen.

Viel arbeiten mussten sie wirklich. Die Häftlinge wurden für die verschiedensten Tätigkeiten eingesetzt. In den Wintermonaten arbeiteten sie innerhalb der Anstalt. Jetzt im Sommer hatten die Bauern der Umgebung Arbeitskräfte angefordert. Und so war Berthold in den letzten Wochen meist draußen im Freien gewesen, bei Wind und Wetter.

Berthold denkt an die ersten Wochen im Arbeitshaus zurück. Er hatte mit der Enge zu kämpfen gehabt. In dieser Anstalt war alles kontrolliert, bestimmt, durchgeplant. Nie war man allein. Von fünf Uhr morgens bis zum Abend hatte man keine Möglichkeit auf Privatsphäre. Alle Annehmlichkeiten waren verboten. Da bildete schon der sonntägliche Besuch des Gottesdienstes eine herbeigesehnte Ablenkung.

Dazu kam der plötzliche Tabakentzug, der ihm als starkem Raucher sehr zu schaffen machte. Er war unruhig und gereizt gewesen, hatte Kopfschmerzen gehabt. Es gab Tage, da meinte er, es nicht mehr aushalten zu können. Mehr als einmal hatte er voll Schmerz, Wut und Hilflosigkeit in seiner Zelle Sachen herumgeschmissen oder gegen die Zellentür gehämmert, was eine sofortige Verschärfung seiner Haftbedingungen und der seiner Mitinsassen nach sich zog. Mit der Zeit war es besser geworden. Die Entzugserscheinungen und Kopfschmerzen hatten langsam nachgelassen. Als er wieder klar denken konnte, wurde ihm plötzlich bewusst, dass man hier versuchte, den Willen der Häftlinge zu brechen. Diese Erkenntnis ließ ihn innehalten und einen Beschluss fassen. Mit ihm würde man das nicht machen. Er begriff, dass jeder Widerstand ihn nur Kraft kosten würde und dass es klüger war, sich anzupassen, nicht aufzufallen. Er schaffte es, sich in sich selbst zurückzuziehen, ließ die Dinge geschehen, fügte sich. Die Anstaltsleitung war erwartungsgemäß zufrieden.

Jetzt sind es nur noch fünf Tage, die er durchhalten muss. Dann hat er es überstanden.

Berthold wirft die nächste Fuhre Heu auf den Wagen. Er freut sich auf Gera, auf Anna, auf ihre Tochter Gabi und den kleinen Ernst. Er wird etwas Anständiges essen. Keine Roggenmehlsuppe, Kartoffeln oder Graupen, davon hatte er hier weiß Gott genug. Er wird alleine durch die Straßen laufen, von niemandem beobachtet, niemandem Rechenschaft schuldig.

FRIDA IST NICHT MEHR

Gera, Ostfriedhof, Mitte August 1930

Berthold ist auf dem Schotterweg stehengeblieben. Er schaut auf das eingezäunte Rasenstück vor sich. Hier soll Frida beerdigt sein. So hatte es ihm der Herr in der Friedhofsverwaltung gesagt. Anonym natürlich, weil niemand das Geld gehabt hatte, eine ordentliche Beerdigung zu veranlassen. Frida selbst hatte die letzte Zeit auch nur von Stütze gelebt. Arm wie eine Kirchenmaus war sie gestorben. Eigentlich kann er es immer noch nicht fassen, dass sie nicht mehr da ist.

Gestern hatte er auf einer Arbeiterversammlung Fridas

Freundin Bertha getroffen. Er hatte sich bei ihr nach Frida erkundigt.

»Du weißt es noch gar nicht?«, hatte sie ihn mit Verachtung im Blick gefragt. »Frida ist seit zwei Monaten tot!«

Er war wie vom Donner gerührt gewesen. Bertha erklärte ihm, was passiert war: »Der Arzt sagte, es sei galoppierende Schwindsucht. Der Staub und die Hitze in der Fabrik waren Gift für Frida. Eine anständige Unterkunft hätte sie gebraucht. Vielleicht hätte man dann noch was machen können!«

»Wie ist sie gestorben?«, hatte er gefragt.

»Ein Bett wollte ihr natürlich niemand mehr vermieten. Zuletzt kam sie in einem Armen-Pflegeheim unter. Ich war zweimal die Woche bei ihr. Sie hatte hohes Fieber und am Ende konnte man sich kaum noch mit ihr unterhalten. Aber sie faselte nur von dir. Ich glaube, sie hätte dich gern noch mal gesehen!«

Mehr hatte Bertha gar nicht sagen müssen. Ihr stummer Vorwurf stand auch so im Raum. Er wusste, dass sie ihn verachtete. Dafür, dass er sich damals für Anna entschieden hatte. Dafür, dass er Frida alleingelassen und sie mit dieser Entscheidung ins Unglück gestürzt hatte. Als nicht verheiratete Frau mit zwei Kindern, die mit dem Vater der Kinder nicht mehr zusammen war, hatte sie für die anderen als ›liederliches Weibsstück‹ gegolten und war dementsprechend behandelt worden.

»Ich war weg aus Gera. Man hat mich in ein Arbeitshaus eingewiesen«, hatte er versucht, sich zu rechtfertigen. »Ich bin erst seit Kurzem wieder da.« Er hatte selbst gehört, wie hilflos das geklungen hatte. Bertha hatte sich einfach umgedreht und war weggegangen.

Nun steht er hier, an diesem Stück Wiese mitten im riesigen Ostfriedhof, um von Frida Abschied zu nehmen. Die Mütze in den Händen, mit gesenktem Kopf, versucht er sich an die Frida zu erinnern, die er damals in der Weberei bei Lummer, Bach & Ramminger kennengelernt hatte.

Ja, es hatte eine Zeit gegeben, da hatte er Frida wirklich geliebt. Sie hatten beide Arbeit gehabt. Das Geld hatte gereicht, um zu zweit über die Runden zu kommen. Dann hatten die Probleme ihre Liebe aufgefressen. Arbeitslosigkeit, Kinder, die man nicht behalten konnte, eine Wohnkammer, die man verloren hatte. Aber war das seine Schuld? Er ist wütend. Wütend auf die ganze Welt. Auf die Reichen, die immer reicher werden, während andere durch Arbeitslosigkeit alles verlieren. Darauf, dass Menschen wie er keine Chance bekamen, ein anständiges Leben zu führen. Und wütend auf sich selbst, weil er Frida nicht geholfen hatte.

Seine Finger haben sich fest in die Mütze gekrallt, die Fingerknöchel treten weiß hervor. Er weiß, dass er das hier nicht mehr ändern kann. Es ist endgültig. »Ruhe in Frieden, Frida!«, murmelt er. Dann dreht er sich um und geht den Schotterweg zum Friedhofstor zurück.

KAMPFBUND GEGEN DEN FASCHISMUS

Gera, Ostviertel, 26. Februar 1932
Gegen Abend kommt der kommunistische Kampfgruppenführer Pöschel zu Berthold und fordert ihn auf, mitzukommen. »Ich habe Meldung erhalten, dass etwas los ist. Komm, wir müssen die anderen noch zusammentrommeln.«

Was los ist, darüber schweigt er sich aus. Berthold verzichtet darauf, es zu hinterfragen. Er würde von Pöschel sowieso keine Antwort bekommen. Er nimmt seine Jacke und beide verlassen das Haus.

Innerhalb der nächsten Viertelstunde sammeln sie noch vier weitere Männer im Ostviertel ein. Alle schließen sich sofort und kommentarlos der Gruppe an, auch wenn einige Ehefrauen mit Kleinkindern auf den Armen den Männern hinterherschimpfen. Gerade tritt der letzte aus seinem Haus auf der Teichstraße. Pöschel versammelt die

Männer eng um sich. Er zieht einen kleinen Zettel aus der Tasche und faltet ihn auf. Jeder liest still die Botschaft:

Genosse!

Heute!
Du musst bis 1/2 8 Uhr mit Deiner Gruppe den Verbindungsmann an der Ostschule passiert haben.
Sturmbereit!
II. Kurier

Vernichten!

Während Pöschel den Zettel mit einem brennenden Streichholz anzündet und zusieht, wie die Flammen ihn langsam auffressen, fangen die Männer an zu spekulieren, was sie in dieser Nacht erwarten wird.

»Das ist bestimmt wieder so eine Nachtübung.«

»Oder wir sollen für irgendeine Veranstaltung den Saalschutz übernehmen, wie letztens bei den Ronneburgern.«

Dass die Kampfbund-Genossen jetzt noch nicht erfahren, was für diese Nacht geplant ist, ist eine neue Vorsichtsmaßnahme. Die Führung des Kampfbundes hatte beschlossen, alle Treffen kurzfristig und geheim zu organisieren, um Störungen und Übergriffe durch Nazis so weit wie möglich zu vermeiden.

Die politische Lage hatte sich in den letzten Monaten erheblich zugespitzt. Sie war das Ergebnis der wirtschaftlichen Talfahrt, auf der sich Deutschland immer noch befand. Die Industrie lag am Boden. Verunsicherte Investoren zogen ihr Geld zurück, Betriebe machten dicht. Es gab so viele Arbeitslose wie nie zuvor. Die Parteien stritten sich, wie man am besten aus der Krise kam. Notverordnungen statt demokratischer Entscheidungen waren keine Seltenheit. Zu jeder größeren Partei gehörten militärische Wehrverbände, die versuchten, die politischen Gegensätze mit Gewalt zu lösen. Vor allem das rechte Lager, die SA und Stahlhelmleute, wurden immer aggressiver. Es kam zu Straßen- und Saalschlachten. Auf die Polizei konnte man sich schon lange nicht mehr verlassen. Hilfe kam, wenn überhaupt, meistens zu spät. Manchmal hatte man sogar den Eindruck, dass die Polizisten mit den rechten Schlägern sympathisierten.

Nachdem Berthold einige solcher Auseinandersetzungen miterlebt hatte, entschloss er sich, dem Kampfbund gegen den Faschismus, der offiziellen Schutztruppe der Kommunistischen Partei, beizutreten. Der Schutz der Genossen war dort mittlerweile nicht mehr die einzige Aufgabe. Im Geheimen bereitete man sich durch Übungen und Ausmärsche auf den ›entscheidenden‹ Kampf vor. Bis dahin versuchte der Bund auf legalem Boden die Nazis zu bekämpfen. Oftmals starteten die Mitglieder abenteuerliche Aktionen, um Kundgebungen der NSDAP zu stören oder kommunistische Parolen unter die Leute zu bringen.

Während die Männer in Richtung Ostschule laufen, unterhalten sie sich über die Wahl des neuen Reichspräsidenten, die kurz bevorsteht. Der parteilose von Hindenburg hatte sich wieder aufstellen lassen, aber auch Hitler (NSDAP), Duesterberg (Stahlhelm/DNVP) und Thälmann (KPD) kandidierten.

»Die neuesten Gerüchte sagen, dass entweder Hindenburg oder Hitler das Rennen machen wird. Unser Thälmann wird es nicht schaffen.«

»Wir wählen ihn trotzdem«, meint Pöschel. »Wenn wir Glück haben, bekommt er noch Stimmen von den Sozis. Ich habe gehört, dass viele mit der Parteivorgabe, Hindenburg zu wählen, nicht einverstanden sind.« Nach kurzer Pause fügt er hinzu: »Aber der wäre immer noch besser als ein Nazireichspräsident. Der geht gar nicht!« Er deutet auf die NSDAP-Wahl-Plakate an der Hauswand, an der sie gerade vorbeilaufen: »Es ist unglaublich, wie viele auf dieses Geschmiere reinfallen.«

Es stimmt. Die gezielte Propaganda der Nationalsozialisten scheint Wirkung zu zeigen. Nachdem die bestehende Regierung es nicht geschafft hat, die Wirtschaftskrise zu stoppen, gleichzeitig aber die Arbeitslosengelder gesenkt und die Steuern angehoben und damit viele Menschen in die Verarmung getrieben hat, stößt Hitler auf immer mehr offene Ohren. Er wettert in gleicher Weise gegen Großkapitalismus, internationales Finanzjudentum, und gegen den Marxismus. Er macht sowohl das eine als auch das andere Lager für die Krise in Deutschland verantwortlich. Und seine Auftritte sind gut. Vor allem der Mittelstand und junge Wähler fallen auf seine Propaganda herein. Wie viele inzwischen schon mit den Nazis sympathisieren, konnten sich die Kommunisten bei Hitlers Besuch im letzten September in Gera anschauen. 13.000 NSDAP-Anhänger waren zum Gauparteitag durch die Stadt marschiert. Mit so vielen Menschen hatten die Genossen nicht gerechnet. Es hatte sie erschreckt und ihnen gezeigt, wie wichtig es ist, etwas gegen die rechte Flut zu tun. Der nächste Besuch Hitlers in Gera würde nicht so reibungslos von statten gehen. Das hatten sie sich geschworen.

»Es ist schon verrückt«, meint Berthold. »Ich bin zur Partei gekommen, um für Gerechtigkeit und bessere Bedingungen für die Arbeiter zu kämpfen. Und heute ist die wichtigste Aufgabe diesen braunen Abschaum zu bekämpfen.«

An der Ostschule angekommen, erkennt Berthold seinen Freund Max Kraft, der als Kurier für den Kampfbund tätig ist. Mit seinem Fahrrad lehnt er an der Hauswand der Schule und raucht. Berthold wird von der Gruppe losgeschickt, um mit ihm Kontakt aufzunehmen.

»Ihr müsst zum Ferberturm. Unser Mann steht am Fußweg, der zur Turmstraße führt«, weist Max den Weg zum nächsten Verbindungsmann. »Aber beeilt euch, ihr seid eine der letzten Gruppen. Es sind fast alle schon durch.«

»Weißt du, was los ist?«, fragt Berthold.

»Nein, keine Ahnung. Das wird erst auf dem Sammelplatz bekanntgeben!«

Der nächste Verbindungsmann schickt die Gruppe Richtung Leumnitzer Friedhof. Auf dem Weg dahin, kurz nach der Sandgrube auf einer Kirschplantage, ist der Sammelplatz. Als die Männer dort ankommen, sind bereits über 100 Kameraden da. Etwa die Hälfte formiert sich gerade in eine Marschkolonne. Als sie weg sind, richtet Kampfbundführer Koch das Wort an die übrigen Männer.

»Genossen, danke für euer Kommen. Wir führen heute eine Nacht-Felddienst-Übung durch.« Einige Männer schimpfen vor sich hin. Man hätte ihnen doch wenigstens andeuten müssen, was sie erwartete. Nun würden sie hier in ihren guten Sachen stehen und müssten doch garantiert durch den Dreck kriechen. Berthold hat diese Probleme nicht. Er ist in seiner alten Arbeitshose unterwegs. Es ist nicht schlimm, wenn diese dreckig wird. Er freut sich auf die Übung.

Schon ertönt der Befehl, in Kolonne anzutreten. Die Männer setzen sich in Bewegung. In Marschformation geht es Richtung Naulitz.

Vor den ersten Häusern des Ortes lässt man sie halten, um nähere Anweisungen zu geben: »Die Männer, die schon vorausgegangen sind, sind heute der Feind. Sie haben die Waldhöhe hinterm Ort Richtung Ronneburg besetzt. Ihr sollt sie angreifen und stellen!« Kampfbundführer Koch macht eine Pause, bevor er weiterspricht. »Wir bilden jetzt Patrouillen zu zwei oder drei Mann, die wir vorausschicken, um die Lage auszukundschaften. Freiwillige vor!«

Berthold zögert nicht lange und tritt einen Schritt aus der Kolonne. Er findet es besser, selbst aktiv zu werden, anstatt einfach nur Befehle auszuführen. Er wird mit Pöschel zu einer Patrouille eingeteilt. Während das Gros der Männer noch wartet, laufen die Patrouillen-Männer still an den Häusern von Naulitz vorbei bis zum Ortsende. Vor ihnen liegt in etwa 500 Meter Entfernung eine bewaldete Erhebung. Das muss es sein. Hier soll der Feind sich verstecken. Nichts ist zu sehen. Der Himmel ist bewölkt und so bleibt die Gegend dunkel.

Langsam schleichen die Männer weiter. Immer wieder werfen sie sich auf den kalten Ackerboden, um zu horchen. Bis auf 100 Meter pirschen sie sich an den Wald heran. Für einen kurzen Moment verziehen sich die Wolken. Im kalten Licht des Mondes wird der ›Feind‹, der auf der Anhöhe wartet, sichtbar.

»Ich geh Meldung machen, bleib du hier«, meint Berthold zu Pöschel, und kriecht so leise wie möglich wieder zurück. Die von der Patrouille zurückgelassenen Männer sind inzwischen bis zum Ortsrand entgegengekommen. Nach Bertholds Meldung lässt der Kampfbundführer sie nach rechts und links schwärmen und in Linie in gebückter Haltung zum Wald laufen.

Ein Ruf teilt die Stille der Nacht: »Im Sturm, marsch, marsch!« Die Männer toben in den Wald. Hin und wieder hört man ›Hurra!‹-Rufe, wenn sie wieder einen Feind mit der Hand berührt und damit gestellt haben. Nach einer halben Stunde ist der Gegner gefangengenommen. Durch ein Pfeifensignal wird die Nachtübung beendet.

Den Heimweg treten Berthold und Pöschel gemeinsam an. Pöschel holt eine Schachtel *Reemtsma* aus der Hosentasche und bietet Berthold eine Zigarette an.

»Die Lage wird für die Partei immer schwieriger. Wir geraten ganz schön unter Druck. Die Polizei ist hinter uns her. Letzte Woche wurde erst wieder ein Genosse verhaftet, der die *Fanfare* verkaufen wollte.«

Berthold hatte davon gehört. Die *Fanfare* ist die Zeitung des Kampfbundes. Jeder der Kameraden, der für ihre Verbreitung sorgt oder öffentlich mit der kommunistischen Partei sympathisiert, befindet sich in Gefahr.

»Ja, es ist eine Sauerei. Aber was erwartest du? Die Polizei schlägt sich immer mehr auf die Seite der Nazis. Wir müssen uns selbst stark machen. Diese Übungen wie heute sind wichtig, damit wir gerüstet sind, wenn es hart auf hart kommt.« Pöschel nickt. Sie rauchen schweigend.

»Hast du dir schon einmal überlegt, nicht nur Mitglied der KPD zu sein, sondern Funktionär in der Partei zu werden?«, lenkt Pöschel das Gespräch auf sein eigentliches Anliegen. Berthold schaut ihn verdutzt an. »Na ja, wir brauchen jetzt Leute wie dich«, erklärt Pöschel. »Jemanden, der keine Angst hat. Der einfach macht. Der kämpft, wenn es darauf ankommt. Überleg es dir. Sag mir Bescheid, wenn du dich entschieden hast.«

VERLOBUNG MIT HINDERNISSEN

Gera, Ziegelberg 2, Gasthaus Gambrinus, 2. Mai 1933
Die Stimmung der kleinen Gesellschaft im Gasthaus Gambrinus ist ausgelassen. Lebhaftes Stimmengewirr füllt den Raum und wird immer wieder durch klirrende Gläser und Gelächter unterbrochen. Zigarettenrauch hängt in der Luft. Heute gibt es etwas zu feiern. Anna und Berthold haben sich verlobt und aus diesem Anlass ihre engsten Freunde eingeladen. Max Kraft ist mit seinem Mädchen dabei und ein Genosse, den Berthold bei den Funktionärstreffen der kommunistischen Partei näher kennengelernt hat. Auch der Genosse hat seine Frau mitgebracht. Neben Anna sitzen Emma und Peter Kapp, ein Ehepaar aus der Nachbarschaft. Anna hatte sich mit Emma angefreundet. Da die Kinder der Kapps genauso alt wie Gabi und Ernst sind, gehen den beiden Frauen die Gesprächsthemen nie aus.

Es wird viel gelacht an diesem Abend und dem angehenden Brautpaar zugeprostet. Max hat seine neu erstandene Voigtländer Kamera dabei und schießt hin und wieder ein

Foto von der kleinen Gesellschaft. Die Freunde witzeln, dass seine Schnappschüsse bestimmt misslingen werden. Aber Max lässt sich dadurch nicht aus der Ruhe bringen.

Inzwischen hat sich der dicke Wirt zu ihnen gesetzt und erzählt aus seinem Leben.

»Noch eine Runde Herr Wirt, wir sitzen auf dem Trockenen!«, ruft Berthold in seine Richtung, als er bemerkt, dass sich die Gläser der anderen leeren.

Er legt seinen Arm um Anna und drückt sie an sich. Verlobt. Es hört sich so endgültig an. Aber es fühlt sich erstaunlich gut an. Es ist, als ob ein Stück in seinem Leben endlich am richtigen Platz ist. Und Anna ist glücklich. Natürlich werden sie für die Hochzeit erst noch etwas sparen müssen. Auch eine kleine Feier kostet schließlich Geld. Und das fehlt immer noch, denn Berthold ist nach wie vor erwerbslos. Er hält sich mit kleinen Gelegenheitsarbeiten über Wasser. Anna kann wegen der Kinder keiner geregelten Arbeit nachgehen. Sie sind noch zu klein. Anna, die gemeinsame Tochter Gabi und ihr Sohn Ernst aus ihrer ersten Beziehung, leben noch immer bei Annas Vater. Das ist keine Lösung auf Dauer. Auch deshalb wollen Anna und Berthold heiraten. Als Ehepaar ist es einfacher, eine Wohnung zu bekommen. Anna hat gehört, dass die Stadt jetzt neue, günstige Wohnungen in Untermhaus baut, die sie auch an Arbeiterfamilien vergibt. Sie machen sich Hoffnungen. Vielleicht haben sie ja Glück und können bald etwas anmieten.

Auch Emma und Peter Kapp wollen versuchen, in so eine Wohnung zu ziehen. Sie leben mit ihren Kindern bisher in einem Zimmer im Ostviertel. Die Frauen träumen schon von einem gemeinsamen Umzug. Es wäre doch schön, wenn sie weiter zusammen in der Nachbarschaft wohnen könnten.

Von den Gästen unbemerkt betritt ein Mann das Lokal und kommt an den Tisch. Die Runde verstummt. »Mensch Pöschel, schön dass du kommst. Setz dich zu uns!«, Berthold zieht ihm einen Stuhl heran.

»Nein, danke. Ich bin nur gekommen, um euch zu holen«, wendet sich Pöschel an die drei Genossen. »Wir haben eine außerordentliche Versammlung. Es ist etwas passiert.«

Schlagartig macht sich am Tisch Betroffenheit breit. Allen gehen die letzten Wochen durch den Kopf. Seit der Machtübernahme durch die Nationalsozialisten hatte ein regelrechter Terror gegen Andersdenkende begonnen.

Kampfbund und Kommunistische Partei waren inzwischen verboten, die SA zur offiziellen Hilfspolizei aufgestiegen. Kommunisten, denen man habhaft werden konnte, wurden gefoltert und in Gefängnisse verschleppt. Gut, dass die Geraer KPD-Führung schon im letzten Sommer beschlossen hatte, schrittweise in den Untergrund zu gehen. Es war die richtige Entscheidung gewesen, wie man jetzt wusste.

Erst gestern konnten es alle sehen. Die Nazis hatten versucht, den 1. Mai zu ihrem Feiertag zu machen. Das hatten die Kommunisten nicht zugelassen. In einer Nacht- und Nebelaktion hingen sie überall rote Fahnen auf – an den Hochspannungsmasten entlang der Elster, auf dem Schornstein der Färberei Hirsch, an hohen Gebäuden und Bäumen. Gera war erstrahlt im roten Fahnenmeer. Die Genossen wussten, dass sie Nazi-Gauleiter Sauckel durch diese Aktion einen Grund mehr geliefert hatten, gegen die ›rote Burg‹, wie er Gera nannte, vorzugehen. Und das wird er, mit aller Härte. Sie schweben alle in Gefahr.

Wortlos stehen die Männer am Tisch auf. Sie ziehen ihre Jacken an und verlassen mit Pöschel das Lokal.

Kurze Zeit später treffen sich die KPD-Funktionäre in der Wohnung eines Genossen, um die Lage zu besprechen. Heimlich und einzeln haben sie sich ins Haus geschlichen und das verabredete Zeichen an die entsprechende Wohnungstür geklopft. Nun sitzen sie nebeneinander und unterhalten sich leise.

»SA-Trupps haben heute das Gewerkschaftshaus in der Enzianstraße besetzt. Alle Gewerkschaftsbüros und das Zeitungs-Gebäude sind gestürmt worden«, bringt einer der Genossen die Männer auf den neuesten Stand.

»Auch in die SPD-Vorstandsräume sind sie rein. 15 Funktionäre wurden verhaftet.«

»Das das kommt, war zu erwarten«, kommentiert Berthold die Neuigkeiten. »Wir hätten früher etwas unternehmen müssen. Gemeinsam. Aber die Sozis müssen ja immer so stur sein. Die mit ihrer verdammten Stillhaltepolitik.«

»Auch wenn die SPD-Führung jetzt erst wach wird, es gibt doch schon einige, die mit uns kämpfen. Denkt doch mal an gestern. In Leumnitz hat ein Sozi eine rote Fahne am Schornstein der stillgelegten Ziegelei angebracht. Oder diese Flugblätter *Jung-Marxisten*, die gestern unter den Arbeitern verteilt wurde, die waren auch von den Sozialdemokraten«, meint Pöschel. »Sie sind also nicht alle so!«

»Es ist egal, ob die SPD mit uns gemeinsam kämpft oder sich zurückhält. Die Aktion der Nazis ist ein Angriff gegen die gesamte Arbeiterschaft«, bringt ein Genosse die Diskussion auf den entscheidenden Punkt. »Wir sollten irgendwie dagegenhalten. Wir können uns das auf keinen Fall gefallen lassen!«

Die Männer diskutieren bis spät in die Nacht die verschiedenen Möglichkeiten und deren vermeintliche Wirkungen, aber auch die Gefahren, denen sie sich damit aussetzen. Alles will gut durchdacht sein. Texte werden entworfen und immer wieder verändert. Schließlich kann man sich auf einige Entwürfe einigen und die Papiere werden vervielfältigt.

In der Morgendämmerung verlassen die Teilnehmer im Abstand von zehn Minuten die Wohnung des Genossen und gehen heimwärts. Jeder bemüht sich, möglichst kein Geräusch beim Gehen zu machen. In der Stille der nächtlichen Straßen ist das nicht so einfach.

In den nächsten Tagen findet man in Geraer Betrieben jede Menge Flugblätter, ausgelegt an Stellen, die die Arbeiter im Laufe des Tages passieren müssen – Treppenaufgänge, Umkleideräume, Toiletten. ›Nun erst recht: Kämpft mit der KPD!‹ und ›Schließt Euch zusammen gegen den Faschismus!‹ kann man auf ihnen lesen. Woher sie kommen, bleibt der Öffentlichkeit unklar.

DIE AKTE BEIM LANDESAMT FÜR RASSEWESEN

Radebeul, Ende Februar 2012
»Frau Hellfritzsch, wir haben bei den Unterlagen des Landesamtes für Rassewesen eine Akte zu Anna Steiner gefunden. Darin geht es um den Antrag auf Eheschließung zwischen ihr und Berthold Wicklmair«, tönt es aus dem Telefonhörer. Am anderen Ende spricht ein Archivar vom Staatsarchiv Weimar, der sich mindestens genauso über diesen Fund freut wie ich.

Im Stadtarchiv Gera war ich auf einen alten Briefwechsel der Geraer Behörden mit dem Thüringer Ministerium des Inneren gestoßen. Die Stadtarchivarin hatte mir daraufhin den Tipp gegeben, mich ans Staatsarchiv Weimar zu wenden, wo heute noch viele alte Unterlagen des Ministeriums aufbewahrt werden. Sie sollte Recht behalten, obwohl es am Anfang nicht danach aussah.

Die erste Antwort des Staatsarchivs war negativ. Zu einem Berthold Wicklmair war auch dort nichts zu finden.

»Gut, dass Ihnen noch der Namen der Frau bekannt ist. So konnte ich noch einmal danach recherchieren. Über sie habe ich eine Akte gefunden. Darin steht auch viel zu Ihrem Urgroßvater«, erzählt mir der Archivmitarbeiter. »Manchmal kommt man auch über solche Umwege zum Ziel. Sie werden staunen, was ich alles gefunden habe. Die beiden haben nicht nur einmal versucht zu heiraten. Es ist schon eine traurige Geschichte, was man damals mit den Menschen gemacht hat. Na ja, das müssen Sie selbst lesen. Und am Ende gibt's eine Überraschung für Sie, vermute ich jedenfalls.« Wir vereinbaren noch einen

Besuchstermin, dann lege ich auf.

Genial! Der Archivar hat etwas gefunden. Ich bin total gespannt und kann es kaum erwarten, die Unterlagen in die Hand zu bekommen. Zu welchem Bestand hatte die gefundene Akte gehört? ›Landesamt für Rassewesen‹ hatte ich mir während des Telefonates schnell auf die Schreibtischunterlage gekritzelt. Von dieser Behörde hatte ich noch nie gehört.

Im Internet finde ich einen interessanten Zeitungsartikel der Thüringer Landeszeitung, in welchem die Arbeit des Amtes im Dritten Reich näher beleuchtet wird. Ich erfahre, dass sich das Landesamt für Rassewesen mit der ›Sicherung der Erbgesundheit des deutschen Volkes‹ beschäftigte. Die Nazis hatten sich zum Ziel gesetzt, die Bevölkerung von kranken und fremden Erbanlagen zu befreien. Vor diesem Hintergrund schulten die Mitarbeiter des Landesamtes Ärzte, Lehrer und Polizisten zu Hitlers Rassenlehre. Sie lehrten rassehygienische Maßnahmen, die die weitere Fortpflanzung für nicht tauglich empfundener Menschen verhindern sollte. Das Landesamt in Thüringen sammelte Informationen zu solchen Menschen, zu Erbkranken, Homosexuellen, Kriminellen und Menschen mit psychischen Erkrankungen. Alles für eine ordentlich deutsche, gesunde Rasse.

Ich überlege, warum es in den Beständen dieses Amtes eine Akte von Anna Steiner gibt. Ich kann mir keinen Reim darauf bilden. Jetzt bin ich sogar noch gespannter, was ich im Staatsarchiv in Weimar Neues erfahren werde.

ENDLICH ARBEIT

Gera, Arbeitsvermittlungsstelle, Leipziger Straße 35 a, September 1935

Berthold läuft die Treppen der Arbeitsvermittlungsstelle herunter. Er kann es immer noch nicht glauben. Heute ist sein Glückstag. Der dicke, immer schwitzende Bearbeiter mit dem Oberlippenbart, der ihm sonst nur kurze Arbeitsangebote unterbreiten konnte, hatte heute eine Überraschung für ihn gehabt. Er hatte ihn als Arbeiter auf die Liste für den Autobahnbau gesetzt.

Berthold hat endlich eine richtige Anstellung! Er wird Lohn bekommen und das jede Woche! Anna wird Augen machen.

Dieser Autobahnbau ist ein riesiges Projekt. Direkt um Gera herum soll die Straße gebaut werden, zwei Spuren in jede Richtung. Dann brauchen die Autos nicht mehr die Landstraßen entlang zu zuckeln. Sie können schnell von einem Ort zum anderen fahren. Es ist schon eine tolle Sache. Und Berthold wird beteiligt sein. Er wird später sagen können, dass er mitgebaut hat.

Berthold sieht die fertige Straße schon im Geiste vor sich. Ein euphorisches Gefühl macht sich in ihm breit. Er ist stolz.

Man muss den Nazis wirklich zugutehalten, dass sie es schaffen, die Leute in Arbeit zu bringen.

Kaum ist ihm der Gedanke durch den Kopf geschossen, erschrickt er. Nein, so etwas will er nicht denken. Das wollen die verdammten Nazis doch nur. Auch die Kommunisten würden Arbeitsstellen schaffen, wären sie an der Macht. Nein, an den Nazis kann man nichts gut finden. Berthold hasst sie aus tiefstem Herzen. Der braune Terror gegen Andersdenkende ist zu gegenwärtig. Aber er wird die Arbeit beim Autobahnbau trotzdem annehmen. Diese Arbeit, die Hitler als sein heilbringendes Projekt für die Deutschen anpreist. Berthold braucht Geld für das Leben mit Anna und den Kindern. Außerdem kann er so nach außen ein unauffälliges, angepasstes Leben führen, rückt nicht in den Blickpunkt der Behörden. Ein Schutz für ihn als KPD-Funktionär, als der er immer noch illegal tätig ist.

Berthold nimmt die letzten zwei Treppenstufen mit einmal und läuft durch den breiten Durchgang des Vorderhauses, der auf die Straße führt. Er stößt die Eingangstür auf. Die warme Septembersonne scheint ihm ins Gesicht.

»Die Arbeit ist körperlich anstrengend«, hatte der Bearbeiter erklärt. »Man braucht Leute, die richtig anpacken können.«

»Kein Problem. Ich bin nicht zimperlich. Ich habe schon oft hart gearbeitet«, hatte Berthold geantwortet.

»Gut. Dann kommen Sie bitte in Arbeitssachen morgen früh 6:00 Uhr zum Hauptbahnhof. Ein Lastwagen wird alle Arbeiter dort abholen und zur Baustelle bringen.«

Berthold läuft die Leipziger Straße entlang, vorbei an einem Bäcker und an einem Blumenladen. Plötzlich hat er eine Idee. Er bleibt stehen, dreht sich um und betrachtet die Auslagen des Blumengeschäftes vor dem Laden. Er könnte doch zur Feier des Tages für Anna einen Blumenstrauß kaufen? So etwas hatte er noch nie gemacht. Für solche Ausgaben war bisher kein Pfennig übrig geblieben. Aber jetzt? Er würde in Kürze festen Lohn beziehen. Da konnte er doch ein paar Groschen opfern.

Er geht zurück und betritt den Laden. Überall stehen Vasen, die mit verschiedenen Blumen gefüllt sind. Die Namen der meisten kennt er nicht. Für was soll er sich bloß entscheiden? Sein Blick fällt auf ein kleines Sträußchen mit roten und rosa Röschen. Es steht direkt neben der Kasse. Das ist genau das Richtige. Dreißig Reichspfennige möchte die Verkäuferin dafür haben.

Als Berthold in die Schafwiesenstraße einbiegt, sieht er mehrere Kinder vor dem Haus spielen. Seit wenigen Wochen wohnen sie nun hier in Gera-Untermhaus. Es hatte geklappt. Auch ohne Trauschein hatte Anna eine städtische Wohnung zugewiesen bekommen. Diese war groß genug, dass er mit einziehen konnte. Es ist das erste Mal, dass er mit einer Frau und Kindern zusammenwohnt. Und es klappt ganz gut. Er genießt es, nach all den Jahren wieder in einer Familie zu leben.

Fünf Reichsmark Miete zahlen sie pro Woche. Bisher

hatten sie den Betrag gerade so aufbringen können. Das wird jetzt leichter werden.

Als er näher kommt, sieht er, dass die Kinder Verstecken spielen. Seine und Annas Tochter Gabi wird gerade zum Suchen bestimmt. Sie zählt laut bis zehn und weil sie mit ihren sechs Jahren noch nicht weiter kommt noch einmal von vorn. Ernst, Annas Sohn aus deren ersten Beziehung, verschwindet hinter der Hausecke. Er wird es seiner kleinen Schwester sicher nicht einfach machen, ihn zu finden. Als Gabi mit Zählen fertig ist, dreht sie sich um. Sie erblickt ihren Vater und winkt ihm zu. Dann ist auch sie fort, um Ernst und die anderen zu suchen.

Berthold betritt das Haus und geht die wenigen Stufen zur Wohnung hoch. »Ist jemand zu Hause?«, ruft er laut, als er die Wohnung betritt. Anna hört ihm gleich seine gute Laune an. Sie kommt aus der Stube. Ihre Augen werden groß, als sie die Blumen in seiner Hand sieht. Berthold hat sie inzwischen aus dem Papier genommen.

»Für mich?« Sie schaut ihn fragend an.

»Ja, für dich!« Er macht eine bedeutungsschwere Pause und schaut ihr direkt in die Augen. »Willst du mich immer noch heiraten?« Anna zieht die Augenbrauen hoch. Berthold kann die Neuigkeit keine Sekunde länger zurückhalten. »Das könnten wir jetzt. Ich habe eine feste Arbeit!«

Anna fällt Berthold um den Hals. »Na klar will ich dich immer noch!« Bisher fehlte ihnen doch nur das Geld, sonst hätte sie ihn schon viel eher geheiratet.

Bis spät in die Nacht sprechen die beiden über die Hochzeit. Welche Papiere brauchte man zur Anmeldung? Wo könnte man feiern? Es dürfte natürlich nicht so groß sein, aber feiern wollte man doch. Wen würde man einladen?

Das erste Mal seit Langem schmieden die beiden Zukunftspläne. Sie sind innerlich wie berauscht. Jetzt wird alles besser werden.

Gera, Gesundheitsamt, November 1935

Berthold und Anna stehen im langen Gang des Gesundheitsamtes Gera. Sie warten schon geschlagene zwanzig
Minuten. Wieso braucht dieser Arzt so lange? Vorhin hat
er sie beide ausführlich untersucht und gesagt, er würde sie
gleich wieder aufrufen.

Anna blickt aus dem Fenster in den kargen Hinterhof
des Gebäudes. Ein Schuppen steht dort. Ein paar Fahr-
räder lehnen an der Hauswand. Aber eigentlich sieht sie
nichts von alledem. Sie ist mit ihren Gedanken weit weg.
Wie einfach es gewesen wäre, wenn sie gleich im September geheiratet hätten. Aber sie hatten noch nicht alle Papiere zusammen gehabt und so konnten sie erst vor wenigen Tagen das Aufgebot bestellen.

Der Standesbeamte hatte ihnen erklärt, dass es seit Oktober ein neues Gesetz gibt, das ›Gesetz zum Schutze der
Erbgesundheit des deutschen Volkes‹. Danach müssen
sich Verlobte vom Gesundheitsamt bestätigen lassen, dass
sie gesund sind und kein Ehehindernis vorliegt. Erst dann
kann man heiraten.

Das war natürlich etwas für ihren Berthold gewesen. Er
hatte mit dem Standesbeamten Müller über die Sinnhaf-
tigkeit dieses Gesetzes diskutiert. Erfolglos. Die Gemü-
ter hatten sich hochgeschaukelt. Berthold wurde immer
unsachlicher, stellte irgendwann auch die Kompetenz des
Mannes in Frage. Herr Müller hatte sich zunehmend persönlich angegriffen gefühlt. Der Standesbeamte würde ihnen jetzt mit Sicherheit nicht mehr helfen. Und genau das
hatte er ihnen auch unmissverständlich gesagt. Bevor er
das Ehetauglichkeitszeugnis vom Gesundheitsamt nicht
in den Händen hielt, würde er sie nicht verheiraten.

Anna hatte tagelang mit Engelszungen auf Berthold ein-
geredet, bis er bereit war, mit ins Gesundheitsamt zu kommen. Und sie hatte ihm das Versprechen abgenommen,

dass er sich diesmal fügen und nicht wieder diskutieren würde.

Heute ist der Tag der Untersuchung. Getrennt hatte man sie begutachtet. Der Arzt hatte Anna eine Menge Fragen gestellt. Auch zu ihrem Bein, warum sie humpelte. Als Anna daran denkt, macht sich ein flaues Gefühl in ihrer Magengegend breit. Das wird schon nichts zu bedeuten haben, versucht sie sich zu beruhigen.

Eine Tür geht auf und Dr. Alt erscheint. »Sie können jetzt hereinkommen, ich bin so weit.« Berthold und Anna betreten sein Büro. Der eigentliche Untersuchungsraum, in welchem sie vorhin gewesen waren, liegt nebenan.

Dr. Alt setzt sich hinter seinen großen Schreibtisch. Anna und Berthold nehmen auf den Stühlen davor Platz.

»Ich mache es kurz«, beginnt der Arzt. »Ich kann Ihnen leider das Ehetauglichkeitszeugnis nicht ausstellen.« Er zieht einen Zettel mit Notizen zu sich heran. »Sie, Herr Wicklmair, sind grundsätzlich gesund. Auch wenn wir Ihren Lebenswandel, der aufgrund unehelicher Kinder und Straftaten deutliche antisoziale Verhaltensweisen aufweist, nicht gutheißen, würden Sie die Erlaubnis zur Eheschließung grundsätzlich erhalten.« Dann wendet er sich an Anna: »Bei Ihnen, Frau Steiner, liegt der Fall etwas anders. Aus unserer Sicht ist Ihr Hüftgelenksleiden ein genetisch bedingter Defekt.« Anna wird es ganz heiß. Der Arzt redet weiter. »Da wir nicht ausschließen könnten, dass dieser Defekt bei Ihren Nachkommen wieder auftritt, können wir Ihnen nach §1d das Ehetauglichkeitszeugnis nicht ausstellen.«

Anna hört diese Worte, hat aber das Gefühl, sie nicht zu verstehen. Ihr Herz schlägt bis zum Hals. In ihrem Kopf rauscht es. Sie schämt sich unglaublich. Sie ist also schuld. An ihr wird es liegen, wenn sie nicht heiraten können.

»Aber ihre zwei Kinder sind doch gesund!«, hört sie Berthold sagen. Für den Arzt ist das jedoch kein Argument.

»Das ist nicht ungewöhnlich«, meint dieser. »Nicht bei

jedem Nachkommen muss dieses Merkmal zutage treten. Aber es kann. Und darauf müssen wir doch nicht warten. Sie wollen doch sicher auch kein minderwertiges Kind!« Er macht eine kurze Pause, bevor er weiterspricht: »Es gibt aber eine Möglichkeit für Sie, das Ehetauglichkeitszeugnis zu erhalten.« Diese Worte holen Anna in die Gegenwart zurück. »Sie, Frau Steiner, stellen einen Antrag auf Unfruchtbarmachung. Wenn der Eingriff vollzogen ist, spricht nichts mehr gegen eine Heirat.« Er öffnet seine Schreibtischschublade und zieht ein Formular heraus, das er Anna zuschiebt. Dann reicht er ihr einen Stift. »Je eher Sie den Antrag ausfüllen, umso eher können Sie diese unerfreuliche Sache hinter sich bringen und heiraten.«

Anna greift nach dem Stift. Berthold hält ihre Hand fest: »Lass uns erst darüber nachdenken.« Sie kann ihn nicht ansehen.

»Was gibt es da nachzudenken?«, geht der Arzt ungehalten dazwischen. »Es ist Ihre Pflicht, unwertes Leben zu verhindern.«

Berthold will etwas erwidern, doch Anna hält ihn zurück. »Ich füll den Zettel gleich jetzt aus«, sagt sie mit tonloser Stimme zu ihm. Ihr ist das alles so unangenehm. Sie will diesen Makel nur loswerden. Mit eiskalten Fingern beginnt sie das Formular auszufüllen.

»Das ist die richtige Entscheidung, Frau Steiner«, redet der Arzt nun wesentlich liebenswürdiger auf sie ein. »Auch im Sinne der deutschen Volksgemeinschaft. Sie stellen sicher, dass Sie kein behindertes Kind zur Welt bringen, für das dann die Gemeinschaft aufkommen muss.«

Anna will nur noch weg. Mit Tränen verschwommenem Blick unterschreibt sie den Antrag und schiebt ihn zurück zu Dr. Alt.

ANNAS BRIEF AN DEN FÜHRER

Gera-Untermhaus, Schafwiesenstraße, 14. März 1936

An den Führer der Reichskanzlei
Heil Hitler!

Ich bin Mutter von zwei gesunden Kindern. Durch Arbeits-losigkeit in Not geraten, bin ich schon Jahre gezwungen, von Wohlfahrtsstütze zu leben. Ich habe meine Kinder ordentlich und sauber erzogen. Ich verkehre jetzt sieben Jahre mit mei-nem Bräutigam, mit welchem ich ein Kind von sieben Jahren habe. Er war auch dauernd erwerbslos, mit Unterbrechun-gen von wenigen Wochen. Seit September steht mein Bräu-tigam in Arbeit bei der Reichsautobahn in Trebnitz. Da er nun endlich festen Lohn bezieht, wollten wir nun heiraten. Mitte November gingen wir aufs Standesamt, wurden aber mit der Begründung abgelehnt, dass wir erst ein Ehetaug-lichkeitszeugnis vorlegen müssen. Deshalb ließen wir uns im Gesundheitsamt untersuchen. Meinem Bräutigam wurde bescheinigt, dass er gesund ist. Ich selbst habe ein Hüftge-lenksleiden, welches auf ein Verschulden des Arztes zurückzu-führen ist. Bei der Geburt wurde mein Bein etwas verzogen (Steißgeburt). Auf Drängen des Dr. Alt vom Gesundheitsamt musste ich einen Antrag auf Unfruchtbarmachung stellen. Man sagte mir, dass wir dann heiraten könnten. Dieser An-trag wurde vom Erbgesundheitsgericht überprüft und abge-lehnt. Die Ärzte waren nach Begutachtung meines Falles zu dem Schluss gekommen, dass es sich bei meinem Hüftleiden um keine Erbkrankheit handelt. Auch nach Hinzuziehung der Sippschaftstafel ergibt sich nicht, dass das in offenem oder verdecktem Erbgang auftritt. Es liegt nach Auffassung des Gerichts also keine erblich bedingte körperliche Erkran-kung vor. Deshalb hat das Gericht den Antrag abgelehnt. Diesen Beschluss wollte Dr. Alt vom Gesundheitsamt nicht gelten lassen. Er legte Beschwerde ein, worauf ein nochmali-ger Termin beim Gericht anberaumt wurde. Man teilte mir schließlich mit, dass der erste Gerichtsbeschluss aufgehoben sei. Auf Nachfrage beim Gesundheitsamt, warum man solche Anstrengungen betreibt, mich unfruchtbar zu machen, wurde

mir gesagt: »Na, Sie haben doch selbst diesen Antrag gestellt.«
Ich möchte hiermit sagen, dass Dr. Alt damals meine Not-
lage ausgenutzt hat und mich dazu gedrängt hat. Ich wur-
de durch geschickte Argumentation gezwungen, den Antrag
auf Unfruchtbarmachung zu stellen! Dass das alles auf
eine Schikane hinausgeht, beweist mir das letzte Schreiben
vom Gesundheitsamt. In ihm teilte man mir mit, dass jetzt
auch noch die Frage geprüft wird, ob ich an angeborenem
Schwachsinn leide! Da ich körperlich und geistig gesund bin,
verlange ich mein Recht. Dies steht mir als deutsche Frau zu.
Da mehrere Ärzte bestätigt haben, dass ich an keiner Erb-
krankheit leide, bitte ich den Antrag auf Unfruchtbarma-
chung zurückzuziehen und mir ein Ehetauglichkeitszeugnis
auszustellen. Da wir von den Behörden seit einem halben
Jahr immer wieder vertröstet werden, sehe ich mich gezwun-
gen, mich an den Führer der Reichskanzlei zu wenden, um
meine Notlage zu schildern, in der Hoffnung, dass Abhilfe
geschaffen wird.

In der Hoffnung keine Fehlbitte zu tun, bitte ich den Führer
der Reichskanzlei um Übernahme und Prüfung des Falles.

Achtungsvoll,

Anna Steiner
Heil Hitler!

Gesundheitsamt Gera

Gera, Gesundheitsamt, Mitte April 1936

Es klopft. Dr. Alt blickt von den Unterlagen auf, die er, an seinem Schreibtisch sitzend, gerade durchliest. »Herein!«

Die Tür öffnet sich und der Kopf seines Assistenzarztes erscheint. »Darf ich Sie kurz stören?«

»Natürlich. Immer herein mit Ihnen, Herr Kollege! Was gibt's?« Dr. Alt weist auf einen der Stühle vor seinem Schreibtisch. Der Assistenzarzt setzt sich und legt eine Akte vor sich ab.

»Es geht um den Fall Wicklmair-Steiner. Erinnern Sie sich? Sie hatten das Ehetauglichkeitszeugnis abgelehnt, wegen des Hüftgelenksleidens der Frau Steiner.«

»Ja, ich erinnere mich. Was gibt es da?«, fragt Dr. Alt.

Der Assistenzarzt berichtet: »Frau Steiner hat an den Führer geschrieben und sich beschwert. Sie schreibt, Sie hätten sie gezwungen, den Antrag zu stellen. Ein Erbleiden würde nicht vorliegen. Berlin hat den Fall an das Thüringische Ministerium des Inneren gegeben und die wollen jetzt von uns alle Unterlagen und ein Gutachten haben.«

Dr. Alt denkt kurz nach. »Mein lieber Kollege«, beginnt er dann. »Geben Sie an das Ministerium, was gewünscht ist! Ich bin überzeugt, die Herren werden unserer Argumentation folgen. Im Namen des deutschen Volkes sollten wir verhindern, dass aus der Verbindung Steiner-Wicklmair weitere Kinder hervorgehen, um die sich dann sowieso nur der Staat kümmern muss. So arm, wie die beiden sind. Und wenn wir das nicht über die körperliche Anomalie dieser Frau schaffen, dann werden wir ihr oder ihm Schwachsinn nachweisen. Irgendetwas wird schon zu finden sein. Wann ist der nächste Termin beim Erbgesundheitsgericht?«

Der Assistenzarzt schlägt die Akte auf. »Der 12. Juni 1936 ist anberaumt.«

»Bis dahin ist noch etwas Zeit. Wir werden uns entsprechend vorbereiten. Die Steiner wird sterilisiert. Dafür werde ich schon sorgen!«

Als der Assistenzarzt später die Unterlagen für das Ministerium in Weimar zusammenstellt, fällt sein Blick auf das Gutachten von Dr. Alt zu diesem Fall. Schnell überfliegt er die Zeilen.

··· Abgesehen von der bei Frau Steiner bestehenden angeborenen Hueftverrenkung handelt es sich um eine asoziale Psychopathin ···
Bei Berthold Wicklmair handelt es sich ebenfalls um einen schweren antisozialen Psychopathen. Wickl-

mair ist auch kein Mensch, dessen Fortpflanzung im Sinne des deutschen Volkes liegt. Im rassehygienischen Interesse gehoert er eigentlich auch sterilisiert. Er ist gegenueber Behoerden widerspenstig, verweigert Angaben. Ich habe in Muenchen jetzt seine Schulzeugnisse und die Sippschaftstafel angefordert. Sollte sich daraus der Verdacht begruenden, dass er an angeborenem Schwachsinn leidet, so werde ich auch seine Unfruchtbarmachung beantragen ⋯ Nach der Unfruchtbarmachung steht nichts dagegen, die Ehe zu genehmigen.

Harte Worte, denkt der Assistenzarzt, die so gar nicht zu den beiden Personen passen wollen, die er damals bei der Untersuchung gesehen hatte. Ja, sie waren arm, dass hatte man ihnen angesehen. Aber die Frau mit den dunklen Haaren hatte eigentlich einen sehr netten Eindruck gemacht. Sie war sehr aufgeregt gewesen. Der Mann hatte wirklich nicht viel geredet. Man hatte den Eindruck gewonnen, dass er diese Untersuchung nur widerwillig über sich ergehen ließ. Aber die beiden in dem Gutachten als Psychopathen hinzustellen? Na ja, der Chef wird schon wissen, was er tut. Schließlich hatte er in den letzten Monaten schon so viele Unfruchtbarmachungen durchbekommen.

Der Assistenzarzt klebt den Brief zu und schreibt die Adresse des Ministeriums mit ordentlichen Buchstaben auf den Umschlag. Er ist gespannt, wie man in Weimar entscheiden wird.

DER REICHSSTATTHALTER VON THÜRINGEN SOLL'S LÖSEN

Gera-Untermhaus, Schafwiesenstraße, Ende Juni 1936
Es ist unglaublich. Dieser Arzt vom Gesundheitsamt hatte es wirklich geschafft. Heute Morgen war mit der Post die Benachrichtigung gekommen. Das Erbgesundheitsgericht

hatte der Sterilisation zugestimmt. Anna soll sich melden, um einen Termin für den Eingriff zu vereinbaren.

Immer noch schlägt ihr das Herz bis zum Hals, wenn sie daran denkt. Tränen treten ihr in die Augen. Man bestimmt über ihren Körper, als ob er nicht ihr gehört. Berthold hatte ihr zwar versichert, dass es ihm nichts ausmacht. Er möchte kein weiteres Kind mehr haben. Aber Anna fühlt sich trotzdem minderwertig. Sie schämt sich so sehr. Was werden die Leute denken, wenn sich das herumspricht? Und es wird sich herumsprechen, da ist sich Anna sicher.

Im Gesundheitsamt hatte man von einem harmlosen Eingriff gesprochen. Inzwischen weiß sie, dass es sich um eine richtige Operation handelt. Immer wieder starben Menschen dabei. Was ist, wenn genau sie es nicht überlebt? Was wird dann aus den Kindern? Ihr wird ganz heiß. Nein, sie kann das nicht einfach so hinnehmen. Sie muss gegen diesen Beschluss vorgehen.

Bei dem Gedanken an die Kinder kommt Anna eine Idee. Vor Kurzem hatte sie doch irgendwo ein Foto des Führers mit dem Reichsstatthalter von Thüringen gesehen. Das Bild zeigte die beiden Männer im *Hotel Elephant* in Weimar. Adolf Hitler und Fritz Sauckel standen in der Mitte nebeneinander, um sie herum die ganze Familie des Reichsstatthalters. Acht Kinder hatte Anna gezählt. Das Jüngste hielt Frau Sauckel auf dem Arm. Vermutlich war der Reichsstatthalter sehr kinderlieb, bestimmt ein richtiger Familienmensch. Ob er Anna helfen kann?

Sie denkt an den Brief, den sie vor einiger Zeit an den Führer geschrieben hat. Der hatte leider nicht die gewünschte Wirkung gezeigt. Irgendein Beamter aus Berlin schrieb ihr lediglich, dass man der Entscheidung der örtlichen Behörden folge und nicht dagegen vorgehen werde. Hitler selbst hatte ihren Brief zweifellos nicht gelesen. Ihr Problem war sicher zu banal gewesen, um den Führer damit zu belästigen. Aber den Herrn Sauckel? Er liest möglicherweise die Briefe noch selbst, die an ihn gerichtet sind. Vielleicht sollte sie ihr Glück bei ihm noch einmal versuchen.

Anna schaut nach der Zeit. Es ist kurz nach zehn Uhr abends. Berthold hat die zweite Schicht, er wird erst in zwei Stunden zurück sein. Die Kinder schlafen tief und fest.

Sie sucht sich ein Blatt Papier und einen Stift und setzt sich an den Küchentisch. Wie soll sie nur beginnen? Sie dreht den Stift zwischen den Fingern. Am besten, sie redet nicht drum herum und schreibt gleich als erstes, was ihr Anliegen ist.

An den Reichsstatthalter Fritz Sauckel!

Unterzeichnete bittet um Befreiung des Gesetzes, betreffs der Eheschließung.

Da ich nach sieben Monaten Kampf bis jetzt immer noch nichts erreicht habe, bin ich gezwungen, Ihnen meine Notlage zu schildern. Im November vorigen Jahres wollte ich heiraten. Das wurde aber wegen meines Hüftleidens abgelehnt. Das Leiden ist auf ein Verschulden des Arztes bei meiner Geburt zurückzuführen. Es liegt also keine Vererbung vor …

Nun geht es wie von selbst. Anna schreibt die ganze Geschichte. Über das Gutachten, aufgrund dessen das Erbgesundheitsgericht die Unfruchtbarmachung schon in ihrem Sinne abgelehnt hatte. Und über die Bemühungen des Dr. Alt, sie zur Sterilisation zu zwingen.

… Der Arzt versuchte sogar mir Schwachsinn nachzuweisen, konnte mir aber damit nicht beikommen. Schließlich wurde jetzt vom Erbgesundheitsgericht aufgrund einer Röntgenaufnahme die Unfruchtbarmachung doch beschlossen, mit der Begründung, ich selbst hätte den Antrag gestellt. Das muss ich nochmals ganz entschieden ablehnen. Man hat mich damals ja dazu gezwungen, diesen Antrag selbst zu stellen. Doch nun, wo es feststeht, dass es keine Vererbung ist, will

man mich abermals dazu bringen. Ich bin 32 Jahre, während dieser Zeit in überhaupt keiner Behandlung wegen meines Beines gewesen …

Sie denkt daran, wie Berthold sich beim Gericht vor sie gestellt hatte. Darüber sollte sie auch schreiben:

… Mein Bräutigam hatte sich damals freiwillig für mich gemeldet, die Unfruchtbarmachung zu übernehmen, welches vom Gericht aber abgelehnt wurde, mit der Begründung, der Mann sei gesund und es läge nichts vor …

Anna hält inne und liest den Brief noch einmal durch. Sie schüttelt unmerklich den Kopf. Mit gesundem Menschenverstand war das alles nicht mehr zu begreifen.

Sie überlegt, wie sie den Brief beenden kann, denn eigentlich ist alles gesagt. Aber sie könnte noch schreiben, wie schwer es für eine unverheiratete Frau mit Kindern ist, wenn man bloß das Geld von der Stütze hat.

… Ich habe schon einen schweren Kampf mit meinen Kindern ums Dasein zu führen. Das Geld reicht hinten und vorne nicht. Oftmals gehen die Kinder, die mitten im Wachsen sind, hungrig ins Bett. Das tut einer Mutter weh. Warum wird einem das alles noch schwerer gemacht, indem man den Kindern versucht den Vater und Ernährer zu nehmen?

Unterzeichnete bittet Sie als deutsche Mutter, helfen Sie mir zu meinem Recht und befreien Sie mich von dem Gesetz, damit ich Ruhe und Frieden finde und bald heiraten kann.

In der Hoffnung keine Fehlbitte zu tun

Zeichnet achtungsvoll und mit deutschem Gruss

Anna Steiner

Ja, das ist gut. Sie legt den Stift weg und faltet die beiden beschriebenen Blätter zusammen. Morgen früh wird sie den Brief gleich zur Post bringen.

Acht Wochen später kommt die Antwort aus Weimar, auf die Anna sehnlichst gewartet hat. Nur eine Postkarte ist es dem Ministerium wert.

An Fraeulein Anna Steiner
Gera, Schafwiesenstr.

Gera, den 28.08.1936

Antrag auf Ehegenehmigung
Ihr erneuter Antrag auf Ehegenehmigung vom 25.6.1936 ist mir zur Erledigung uebergeben worden. Nachdem das Reichsministerium des Inneren in Berlin Ihren Antrag auf Genehmigung der Eheschliessung mit Berthold Wicklmair abgelehnt hat, kann ich in dieser Angelegenheit nichts mehr veranlassen.

Im Auftrag

Reichsstatthalter und Thueringer Ministerium des Inneren.

Und Frauen sollen doch heiraten!

Gera, Ebelingstraße, Fabrik Siemens & Halske, 11. August 1942
Mittagspause. Die Frauen sitzen im Pausenraum von Siemens & Halske und genießen die zwanzig Minuten, die ihnen noch bleiben, bevor sie wieder an die Arbeit müssen. Über drei Jahre ist Anna jetzt schon hier beschäftigt. Genau gesagt, seit 1938. Damals hatte Siemens & Halske das Elektronikwerk in der alten Schuhfabrik in der Ebelingstraße gegründet. Hunderte Arbeitskräfte waren eingestellt worden, unter ihnen auch Anna.
Im Werk werden Kondensatoren gefertigt, die für die

Rundfunk- und Fernmeldetechnik wichtig sind. Sehr wichtig sogar. Mit Kriegsbeginn wurde das Werk sehr schnell zu einem der bedeutendsten Rüstungsbetriebe in Gera.

Anna denkt zurück. Als sie hier anfing, hatte es noch viele Männer im Betrieb gegeben. Mit den Jahren waren es immer weniger geworden. Die meisten waren inzwischen an der Front. Ihre Arbeitsstellen hatten Frauen übernommen.

In Annas Brigade gab es mittlerweile gar keinen Mann mehr. Seit ein paar Monaten zog man nun auch zwangsverpflichtete Menschen aus dem Osten zur Arbeit heran. Es waren meist Russen. Auf ihren Jacken hatten sie einen aufgenähten Stofffetzen mit dem Wort ›Ost‹, weshalb die Geraer sie auch ›Ostarbeiter‹ nannten. Anna sah sie ab und zu von Weitem, wenn sie zur Arbeit kam oder wieder ging. Bisher hatte sie aber noch nicht mit ihnen zusammen gearbeitet.

Die Frauen sitzen im Pausenraum in Grüppchen beisammen. Einige haben sich etwas zu Essen mitgebracht, andere reden miteinander, wieder andere sitzen nur still da und starren vor sich hin. Anna nimmt sich eine Zeitung, die jemand auf einen Stuhl in der Ecke liegen gelassen hat und blättert darin.

›Sowjetflugzeug abgeschossen‹, ›Auch ein Baustein zum Sieg: Genügend Arbeitskräfte in der Landwirtschaft‹, ›Schmierpropagandisten hingerichtet‹ – liest sie die Schlagzeilen auf den ersten Seiten. Sie blättert weiter. Sie sieht Werbeanzeigen, das Programm der Wochenschau und Rezepte aus Ersatzsachen. In Kriegszeiten bekam man nicht mehr alle Originalzutaten zu kaufen. Die Zeitungen hatten sich in ihren Rezepten mittlerweile darauf eingestellt. Es gibt wenig, was Anna an den Artikeln interessant findet. Dann bleibt sie doch intensiver an einem Beitrag hängen. ›Die deutsche Mutter‹ steht in großen Buchstaben über dem Text.

Der Autor beschreibt darin den Wert einer deutschen

Mutter für das Vaterland. Er erklärt, wie wichtig es ist, dass deutsche Frauen heiraten und Kinder bekommen, die im Sinne des Führers fürs Vaterland erzogen werden. Ein Stich macht sich in Annas Brust breit. Sie und Berthold hatte man nicht heiraten lassen!

Anna kann sich noch gut daran erinnern, wie enttäuscht sie 1936 war, als sie die Absage des Reichsstatthalters erhalten hatte. Schließlich gab sie auf und unterzog sich im Mai 1937 dem operativen Eingriff. Damit war der Makel der angeblichen Erbkrankheit behoben, ein Ehetauglichkeitszeugnis hatte man ihnen dennoch nicht gegeben. Wie sie später erfuhren, hatte ihr Brief an den Reichsstatthalter dazu geführt, dass neben dem Ministerium des Inneren in Weimar auch noch das Thüringische Landesamt für Rassewesen einbezogen worden war.

Diese Beamten hatten sich aufgrund des Gutachtens des Gesundheitsamtes Gera gegen eine Genehmigung zur Heirat ausgesprochen. Aber nicht wegen Annas Hüftgelenksleiden. Für sie war die psychopathische Einschätzung durch das Gesundheitsamt viel maßgeblicher gewesen.

Anna und Berthold hatten beide uneheliche Kinder. Berthold war bereits wegen Diebstahl verurteilt worden. Man unterstellte ihnen einen verantwortungslosen Lebenswandel. Nach Meinung des Landesamtes für Rassewesen waren die beiden auf keinen Fall in der Lage, zusammen ein geordnetes Familienleben zu führen. Man hatte sie hingehalten. Die Ehe einzugehen, hatte man ihnen nie gestattet.

Resigniert legt Anna die Zeitung auf den Stuhl. Ein kurzer Sirenenton beendet die Pause und die Frauen gehen in den Werkraum zurück.

Anna setzt sich an den Werktisch und beginnt einen Teil eines Kondensators zu montieren. Ihre Gedanken machen sich selbstständig. Ob sie es noch einmal versuchen sollten? Immerhin war ihr letzter Versuch zu heiraten drei Jahre her. Sie hatte seit Jahren Arbeit, Berthold auch. Sie kommen immer pünktlich, erfüllen die Norm, sind nie krank. Sie führen ein ordentliches Familienleben. Man kann ihnen nichts vorwerfen.

Als der Krieg begonnen hatte, hatte Anna Angst gehabt, dass man Berthold wie die anderen Männer zum Militär einziehen würde. Aber man hatte ihn wegen seiner Haftstrafe als wehrdienstunwürdig ausgemustert.

Inzwischen arbeitet er als Wachmann bei der Geraer Wach- und Schließgesellschaft. Anna muss lächeln. Es ist eigentlich paradox. Ein ehemaliger ›Straftäter‹, der fürs Sterben an der Front nichts taugt, aber als Wachmann gut genug ist. Na ihr soll es recht sein. Sie ist froh, dass er zu Hause ist. Sie bekommt bei den anderen Frauen hautnah mit, was es heißt, die Männer oder Söhne an der Front zu haben. Diese permanente Angst und dann die Verzweiflung, wenn die Nachricht kommt, dass jemand gefallen ist. Nein, dann ist es ihr so lieber.

Angst hat sie trotzdem. Sie weiß, dass Berthold immer noch für die Kommunisten aktiv ist, aber sie hat keine Ahnung, was er wirklich tut. Er geht manchmal abends weg und kommt erst spät in der Nacht wieder. Sie stellt keine Fragen, er erzählt nichts. Das hatten sie vereinbart. Er hat gesagt, Nichtwissen wäre der beste Schutz für sie und die Kinder. Und bisher ist ja alles gut gegangen.

Sie schiebt ihre Bedenken zur Seite und denkt wieder an den Zeitungsartikel über die deutsche Mutter. Jetzt, wo sogar im Namen des Führers in Zeitungen aufgerufen wird, dass deutsche Frauen möglichst schnell heiraten und Familien gründen sollen, könnte man doch eigentlich noch einmal einen Antrag stellen.

Zu Hause setzt Anna ihren Plan in die Tat um und schreibt erneut einen Brief an den Reichsstatthalter Sauckel.

Gera, den 11. August 1942

Reichsminister des Inneren Statthalter Sauckel

Unterzeichnete bittet um Befreiung des Ehe-Gesundheitsgesetzes

Da ich mit meinem Bräutigam bereits 13 Jahre einen gemeinsamen Haushalt führe, auch unsere Kinder bis jetzt ohne fremde Hilfe großgezogen habe, denke ich doch bestimmt, dass man uns endlich oben genanntes gewährt. Ich stehe bereits das dritte Jahr in einem Rüstungsbetrieb, ebenso mein Bräutigam in einem Arbeitsverhältnis. Übrigens möchte ich auf zwei letzthin erschienene Artikel hinweisen, dass ehelos die wenigsten bleiben sollen! Weitere Gründe anzuführen halte ich für zwecklos, da man ja bereits unterrichtet ist.

Mit deutschem Gruss

Anna Steiner

Als Berthold von der Arbeit nach Hause kommt, ist er nicht begeistert von Annas Idee. Er weiß, dass Herr Sauckel, beziehungsweise dessen Ministerium, dies nicht nur als Bitte abtun, sondern ganz nach deutscher Gründlichkeit diese Angelegenheit wieder von vorn beleuchten wird, inklusive einer Vorladung und Begutachtung beim Gesundheitsamt. Wahrscheinlich wird man sie dann wieder ablehnen. Was sollte sich denn in der Zwischenzeit auch geändert haben? Er hätte Anna diese Enttäuschung gern erspart.

Aber das ist nicht der einzige Grund, weshalb er diesen Brief lieber nicht abgeschickt hätte. Sein Bauchgefühl sagt es ihm eindeutig. Unter den gegenwärtigen politischen Zuständen ist es nicht klug, bei Behörden mit irgendetwas auf sich aufmerksam zu machen, schon gar nicht, wenn man sich illegal für die kommunistische Partei betätigt. Doch es ist zu spät. Anna hatte Gabi mit dem Brief bereits zur Post geschickt. Sie werden nur abwarten können.

DER STANDESBEAMTE HERR MÜLLER

Gera, Markt 6, Standesamt, 3. November 1942

Sie klopfen an die Tür des Standesbeamten Müller. »Herein!«, ruft dieser von drinnen. Anna und Berthold drücken die Klinke herunter und betreten den Raum.

»Wir möchten unser Aufgebot bestellen. Die Genehmigung zur Eheschließung vom Ministerium des Inneren liegt uns vor.« Damit schieben sie das Schreiben, dass sie vor wenigen Tagen erhalten haben, über den Tisch. Die Freude darüber ist beiden anzusehen. Anna hat sich bei Berthold eingehakt und legt ihren Kopf demonstrativ lächelnd an seine Schulter, ganz so, als wolle sie dem Standesbeamten Müller zeigen, dass sie es doch noch geschafft haben.

»Ich weiß. Ich habe Sie schon erwartet. Den Vorgang mit allen Akten habe ich schon bekommen«, antwortet Herr Müller ungerührt.

»Dann werden Sie uns sicher sagen können, was so plötzlich zu der Entscheidung geführt hat, dass wir jetzt heiraten dürfen.« Berthold traut dem Ganzen noch nicht recht.

Der Standesbeamte blättert die Akte durch. »Die erneute Einschätzung des Gesundheitsamtes Gera kennen Sie ja. Nachdem die Unfruchtbarmachung von Frau Steiner erfolgt ist, spricht aus deren Sicht nichts mehr gegen eine Heirat. Das Ministerium des Inneren und das Landesamt für Rassewesen führen weiterhin in der Entscheidungsbegründung an, dass Sie beide seit mehreren Jahren in einem gemeinsamen Haushalt leben, nicht auffällig geworden sind und den Willen haben, sich sozial einzuordnen. Und dass Sie trotz Ablehnung weiter als Paar zusammenlebten.«

›... den Willen haben, sich sozial einzuordnen ...‹, Berthold ist drauf und dran eine bissige Bemerkung zu machen. Er spürt den Druck von Annas Hand an seinem Arm, die ihn versucht zurückzuhalten. Er schweigt, für sie.

»Gut«, meint der Standesbeamte Müller, da niemand mehr etwas sagt. »Haben Sie alle Papiere mit?«

»Ja, wir haben alles dabei. Können wir gleich einen Termin für die Trauung festlegen?«, fragt Anna, die gern sofort geheiratet hätte.

»Ich muss die Papiere natürlich erst noch prüfen. Da Herr Wicklmair ein gebürtiger Münchner ist, kann das ein bisschen dauern. Ich werde mich erst noch mit den dortigen Behörden in Verbindung setzen«, antwortet Herr Müller jetzt wieder überaus freundlich. Schließlich waren die beiden nun wieder geachtete Mitglieder der deutschen Volksgemeinschaft. »Ich melde mich bei Ihnen.«

Es dauert länger als gedacht. Das Jahr 1942 geht zu Ende. Silvester stoßen Anna und Berthold auf das kommende Jahr an, in der Hoffnung, sich nun endlich das Jawort geben zu können. Doch es kommt anders als gedacht.

Am 10. Februar 1943 erscheint Berthold abermals beim Standesbeamten Müller. In der Hand hält er die Bescheinigung, die ihm die Erlaubnis, Anna zu heiraten, wieder entzieht.

»Was soll das heißen: ›Die Genehmigung zur Eheschließung wird entzogen‹?«, donnert Berthold los. Der Standesbeamte Müller starrt ihn mit kaltem Blick an, als will er in den wenigen Sekunden herausbekommen, ob dieser wirklich ahnungslos ist oder nur so tut.

»Sie sind Halbjude, Herr Wicklmair!«, antwortete er schließlich herablassend. »Wussten Sie das nicht? Ihr Vater hat den mosaischen Glauben. Hier, ich kann es Ihnen zeigen. Das Amtsgericht München hat es mir bestätigt!« Damit hält er Berthold die Urkunde unter die Nase. Und wirklich, da gibt es einen Eintrag, der bestätigt, dass sein leiblicher Vater Jude ist:

Koenigliches Amtsgericht Muenchen —

29. Januar 1903 —
Der ledige Tapezierer Franz Rubin aus Wien, mosai-
scher Glauben, hat sich zum Vater des von der Therese Wicklmair am 4. August 1902 geborenen Kindes
Berthold bekannt.

Die Buchstaben verschwimmen vor Bertholds Augen.
»Nein, davon hatte ich keine Ahnung!«, antwortet er er-
schüttert. Unfähig noch etwas zu sagen, dreht er sich um
und bewegt sich in Richtung Tür.

»Sie werden von uns hören, Herr Wicklmair!«, ruft ihm
der Standesbeamte mit einem süffisanten Lächeln nach.
»Bestimmt sogar, ganz bestimmt!«

Herr Müller ist mit sich und der Welt zufrieden. Gut,
dass er der Abstammung des Wicklmair noch einmal
nachgegangen ist. Als korrekter deutscher Beamter hatte
er einen Fauxpas aufdecken können, der selbst dem Reichs-
sinnenministerium nicht aufgefallen war. Das zieht bestimmt eine Belobigung nach sich. Stolz und mit auf dem
Rücken verschränkten Händen tritt er ans Fenster seines
Amtszimmers. Er sieht diesen Wicklmair das Haus verlassen und mit schnellen Schritten quer über den Markt da-
voneilen. Er blickt ihm nach, bis er in der Großen Kirch-
straße verschwunden ist.

DAS GIBT'S DOCH NICHT!

Staatsarchiv Weimar, Marstallstraße, März 2012
Als ich die Ablehnungsschreiben der Behörden zum Antrag auf
Heiratserlaubnis in den Händen halte, bin ich mindestens so
überrascht wie Berthold es Anfang 1943 gewesen sein muss.
Er war also Halbjude! Und hatte es, laut einer Mitteilung des
Standesbeamten an das Ministerium des Inneren, nicht einmal
gewusst.

Kurz lasse ich diese neue Erkenntnis sacken. Was hat Berthold damals gedacht? Es muss doch ein Schock für ihn gewesen sein. Er wusste sicher, dass man die meisten Juden schon aus Gera weggebracht hatte. Ob er Angst hatte? Ich hätte sie gehabt.

Dass er Jude war, gibt seiner Geschichte eine ganz neue Wendung. Ob die Nazis auch ihn in ein Konzentrationslager deportiert hatten? Mir fällt die Verhaftung ein, über die Oma damals gesprochen hatte. Den Grund hatte sie mir nicht sagen können. Bertholds ungeahnte jüdische Abstammung könnte der Anlass gewesen sein. Ich muss lächeln als mir einfällt, dass ich damals auch in Erwägung gezogen hatte, auf die Geschichte eines Verbrechers, vielleicht sogar eines Mörders zu stoßen. Was für eine verrückte Idee. Sein Verbrechen hat vermutlich einfach nur darin bestanden, Halbjude gewesen zu sein.

Mir wird klar, dass mir das einen ganz neuen Weg offenbart, weiter zu recherchieren. Ich weiß, dass man nach dem Krieg vielerorts versucht hat, die Juden, die dem Holocaust zum Opfer gefallen waren, zu erfassen. Es gibt Gedenkbücher, Datenbanken und die große Gedenkstätte Yad Vashem in Israel.

Kurz halte ich inne. Ein neuer Gedanke schießt mir durch den Kopf. Damit bin auch ich jüdischer Abstammung! Ich rechne kurz durch, welchen Mischlingsgrad ich nach den Nürnberger Rassegesetzen gehabt hätte. Berthold war Halbjude, mein Opa Vierteljude, mein Vater Achteljude, ich Sechzehnteljude. Das wäre natürlich nicht mehr wirklich jüdisch, aber immerhin. Irgendwie macht mich meine neue jüdische Abstammung auch etwas stolz.

Später am Tag rufe ich meinen Vater an. Ich hatte meine Nachforschungen natürlich nicht für mich behalten können. Schon vor einigen Wochen hatte ich ihm erzählt, dass ich zu Berthold recherchiere. Er hatte kein Problem damit, im Gegenteil, er fand das Ganze inzwischen mindestens ebenso interessant wie ich.

Vater wusste, dass ich heute das Staatsarchiv in Weimar besuchte und war schon ganz gespannt, die Neuigkeiten zu erfahren. Am Telefon berichte ich ihm von der neuen Wendung in der Lebensgeschichte seines Großvaters.

»Das gibt's doch nicht!«, höre ich seine Stimme aus dem Telefon. Genau das hatte ich kurz vorher auch gedacht! »Lass mich kurz nachdenken«, fährt er fort. »Wenn er Halbjude war, bin ich ja Achteljude!« Ich muss schmunzeln. Er macht genau dasselbe wie ich. Erst einmal nachrechnen, was man nach der Sippschaftstafel noch für einen jüdischen Anteil hat. Verrückt. Dann redet er lachend weiter: »Ich habe immer gehofft, dass du mit deiner Ahnenforschung einmal Ritter, Grafen oder berühmte Persönlichkeiten findest, mit denen wir verwandt sind! Aber ein jüdischer Familienteil ist eigentlich auch ganz interessant.«

Wir reden noch ein bisschen darüber, was damals passiert sein könnte und kommen bald zu der Frage, was aus dem jüdischen Teil der Familie in Wien im Dritten Reich geworden ist. Hatten sie den Holocaust überlebt? Hatten sie sich retten können oder waren sie alle ums Leben gekommen? Gibt es noch Nachkommen, mit denen man sich heute noch austauschen kann? Ich beschließe, auch ein paar Nachforschungen zu ihrem Schicksal anzustellen.

Plötzlich wird mir etwas klar: Wenn sie alle in der Nazizeit umgekommen sind, wie es mit vielen jüdischen Familien passiert ist, dann sind wir die einzigen Überlebenden der Familie Rubin. Dann sind es auch nur wir, die ihre Geschichte erzählen und damit verhindern können, dass sie endgültig ausgelöscht werden.

KAPITEL 2
JÜDISCHE WURZELN
1900-1941

Die Familie Rubin

Wien, Schellhammergasse, Silvester 1899/1900

Die Familie Rubin ist um den großen Tisch in der guten Stube versammelt. Das Familienoberhaupt, Vater Moritz, hat wie immer seinen Platz am hinteren Tischende eingenommen. Zufrieden betrachtet er seine Lieben, die sich angeregt unterhalten.

Ein Lächeln schleicht sich in sein Gesicht. Gewohnheitsmäßig, und ohne es selbst zu bemerken, streicht er sich über seinen Backenbart, der längst nicht mehr so dunkel wie in seiner Jugend ist. Er trägt ihn wie ihn sein Kaiser Franz-Joseph trägt. Die Wangen zugewachsen und beide Seiten durch einen Oberlippenbart verbunden, bei welchem er die Bartspitzen zwirbeln kann. Moritz findet, dass ihm der Bart ausgesprochen gut steht, fast noch besser als dem Kaiser. Natürlich würde er diese kleine Eitelkeit vor niemandem zugeben.

Sein Blick wandert über seine Kinder und bleibt an Josefa hängen, die zu seiner rechten Seite Platz genommen hat. Ein warmes Gefühl durchfährt ihn, auch nach all der Zeit noch. Seine Frau. Das ist seine Frau. Er legt seine Hand auf die ihre und drückt sie leicht.

Moritz ist ihr unendlich dankbar für all die gemeinsamen Jahre. Sie hatte ihm und den Kindern immer ein gemütliches Heim geschaffen. Sie hatte sich beständig um alle häusliche Dinge gekümmert, während er zuerst als Hausierer, der Bücher und andere Druckerzeugnisse an Haustüren verkaufte, später als Handelsagent unterwegs gewesen war. Und obwohl Josefa die Familien-Zügel immer fest in der Hand hielt, war sie eine stille Frau, die sich nie in den Vordergrund drängte.

Auch an ihr sind die Jahre nicht spurlos vorbeigegangen. Sie hat die fünfzig überschritten, ihr Haar ist ergraut und sie ist etwas fülliger geworden. Aber die Herzenswärme, die man schon immer in ihrer Nähe spürte, strahlt sie auch heute noch aus.

Neben ihr sitzt der jüngste Sohn Franz. Der 18-Jährige wohnt immer noch daheim. Aber nicht mehr lange. Franz wird demnächst seine Tapezierer-Lehre abschließen und Vater Moritz plant, ihn in die Welt hinaus zu schicken. Der Junge soll Erfahrungen sammeln, bevor er sesshaft wird. Gestern hatte Moritz seine Frau in seine Pläne eingeweiht.

Sie hatte nichts gesagt, aber Moritz hatte gespürt, dass es ihr schwer ums Herz geworden war. Sie sollte ihren Jüngsten gehen lassen. Das fällt wahrlich keiner Mutter leicht. Aber es muss sein. Es ist wichtig für einen Mann zu lernen, wie man sich in der Welt behauptet. Sein Sohn weiß von den väterlichen Plänen freilich noch nichts.

Moritz sieht, wie Franz seinen älteren Bruder Gustav am Arm fasst und aufgeregt auf ihn einredet. Wieder einmal fällt ihm auf, wie ähnlich sich die beiden sehen. Die dunklen Haare, die Nase, die, betrachtet man sie im Profil, etwas zu groß für das Gesicht scheint, und das Blitzen in den Augen – die Ähnlichkeit ist unverkennbar. Und doch könnten seine Söhne unterschiedlicher nicht sein.

Während man Franz, den Praktiker, immer hemdsärmelig antrifft, ist der 22-Jährige Gustav heute wieder schick im Anzug erschienen. Er hatte eine kaufmännische Lehre absolviert und ist seit Kurzem in einer kleinen Firma im Kontor angestellt. Die Eltern sind sehr stolz auf ihn. Er verdient in der neuen Stellung gutes Geld und kann nun für sich selbst sorgen.

Aus ihm ist wirklich etwas geworden. Schon in der Schule hatte sich abgezeichnet, dass Gustav ein Händchen für Zahlen hat und ihm das Schreiben und Lesen keine Probleme bereitet. Dafür hatte Vater Moritz regelmäßig die Geduld verloren, wenn er Gustav dabei zusah, wie dieser etwas reparierte. Der Junge hatte zwei linke Hände. Aber schließlich muss nicht jeder einem handwerklichen Gelderwerb nachgehen. Dass der kaufmännische Beruf, den die Eltern für Gustav bestimmt hatten, das Richtige gewesen war, zeigte sich darin, wie dieser jetzt in seiner

Tätigkeit aufging.

Die Runde am Tisch komplettieren darüber hinaus noch zwei weitere Personen. Es sind die Tochter des Hauses, Adela, und der angehende Schwiegersohn Johann Leitner.

Adela, mit ihren 24 Jahren die Älteste der Rubin-Kinder, lebt mit Johann in dessen kleiner Stube ein paar Gassen weiter, hier im selben Bezirk. Er verdient, wie Vater Moritz, seinen Lebensunterhalt als Handelsagent. Obwohl Moritz und Josefa aus diesem Grund nichts gegen diese Beziehung einwenden können, stehen sie der Wahl ihrer Tochter Adela skeptisch gegenüber.

Johann Leitner ist nicht Jude wie sie, sondern Katholik. Das ist für die liberal eingestellten Eltern zwar gewöhnungsbedürftig, aber noch kein Drama. Der angehende Schwiegersohn scheint jedoch andere moralische Werte zu pflegen als die Familie Rubin. Schließlich hatte er bisher noch nicht die Absicht geäußert, Adela zu ehelichen und das, obwohl sie bereits sein Kind unter dem Herzen trägt. Und wenngleich Moritz Johann gegenüber schon mehrmals diesbezüglich eindeutige Bemerkungen gemacht hatte, entzog sich letzterer immer wieder seiner Verantwortung.

Die Eltern beruhigt letztendlich nur der Gedanke, dass Adela wenigstens eine abgeschlossene Berufsausbildung als Näherin hat. Auch wenn sie derzeit nicht arbeitet, würde sie sich ernähren können, falls die Beziehung mit diesem Leitner nicht von Bestand ist.

Aber am heutigen Abend sollen solche Themen nicht auf den Tisch kommen das hatten Moritz und Josefa besprochen. Heute Abend wollen sie man das alte Jahrhundert verabschieden und das neue begrüßen, sehr wohl um die Besonderheit dieses Ereignisses wissend.

Die Familie ist dafür extra zusammengekommen, obwohl die Juden das christliche Fest Silvester eigentlich nicht feiern. Würde der Rabbiner davon wissen, wäre er bestimmt nicht begeistert. Moritz kann sich lebhaft vorstellen, was er ihnen vorhalten würde. Dass das Fest auf den Papst Silvester I. zurückgeht, der zu Lebzeiten versucht hatte, den Juden das Wohnrecht in Jerusalem zu entziehen. Und dass zu Silvester regelmäßig Juden in Pogromen getötet worden waren. Aber all das ist lange her und auch die Juden leben mittlerweile wie die Christen nach dem gregorianischen Kalender. Man macht nach ihm seine Geschäfte und auch sie werden morgen den ›1. Januar 1900‹ in die Briefköpfe schreiben.

Und diesmal ist es wirklich etwas Besonders. Ein ganz neues Jahrhundert beginnt. Die Familienmitglieder waren daher übereingekommen, den Abend gemeinsam zu verbringen. Natürlich plante man kein rauschendes Fest, wie es mancherorts angekündigt war, aber man wollte das Ereignis auch nicht einfach so verstreichen lassen.

Am späten Nachmittag hatten sie sich getroffen, um vor dem Essen noch gemeinsam einen Spaziergang zu unternehmen. Der Tag war mild, sodass die Runde, die sie wählten, etwas größer ausfallen konnte. In den Straßen und Gassen gab es jede Menge zu sehen. Hunderte Menschen waren unterwegs. Sie lärmten und lachten und steckten mit ihrer Feierlaune jeden an.

Wieder in der elterlichen Wohnung angekommen, wurden die Kerzen angezündet und Josefa tafelte auf. Es gab *gefilten Fisch*, nach einem alten Familienrezept zubereitet. Moritz hatte dafür extra einen besonders großen Karpfen beim Fischhändler auf dem Markt erstanden. Das war gar nicht so einfach gewesen, denn die Nachfrage nach Karpfen schien in diesen Tagen auch bei den Christen ungewöhnlich hoch.

Nach dem Fisch servierte Josefa noch eine große Terrine *Scholet*, einen herzhaften Eintopf mit Bohnen, Graupen, Rinderzunge und hart gekochten Eiern. Es war köstlich wie immer. Und wie immer hatten die jungen Männer gegessen, bis nichts mehr da war. Moritz muss lächeln, als er daran denkt: ›Naja, sie sind jung. Sie können es gebrauchen.‹

Nun sind alle satt und zufrieden und im Schein der Kerzen hat sich eine leichte Schläfrigkeit breitgemacht.

Moritz lehnt sich zurück und zieht eine goldene Taschenuhr aus seiner Weste. Sie liegt schwer in seiner Hand. Die Uhr hat er vor Jahren von seinem ersten selbstverdienten Geld gekauft. Sie hat ihn immer zuverlässig begleitet, in allen Höhen und Tiefen seines Lebens.

Als der Deckel aufspringt, sieht er, dass das neue Jahr in etwas weniger als zehn Minuten beginnt. Es wird Zeit, dass er als Familienoberhaupt noch einmal das Wort ergreift.

»Ich möchte noch kurz ein paar Worte sagen«, wendet er sich an seine Lieben. Am Tisch wird es still. Alle blicken den Vater an. »Ich freue mich, dass wir heute hier zusammengekommen sind, um den Jahrhundertwechsel gemeinsam zu begehen. Ich möchte diesen Moment nutzen, um innezuhalten und zurück zu blicken«, er macht eine Pause. »Ich denke, wir können dankbar sein, was uns das Leben bisher beschert hat. Als ich vor über einem Vierteljahrhundert in diese Stadt kam, hatte ich nichts als die Hoffnung auf ein besseres Dasein.«

Das war nichts Neues für Franz, Gustav und Adela. Seit ihrer frühesten Kindheit erzählte ihnen der Vater immer wieder, welchen ärmlichen Verhältnissen er entstammte und wie er es geschafft hatte, dass sie nun ein gutes Leben führen konnten. Obwohl sie es schon hundert Mal gehört hatten, dachte in diesem Moment keiner daran, den Vater zu unterbrechen.

»Auch heute sind wir nicht reich, aber wir können zufrieden sein. Wir sind gesund, wir haben alles, was wir brauchen. Ihr habt ordentliche Berufe erlernt und verdient euer eigenes Geld. Vor einem halben Jahr sind wir in diese schöne Wohnung gezogen. Für Mutter und mich ein Glücksfall. Wir fühlen uns hier sehr wohl.«

Moritz blickt Josefa an, die ihrerseits ihren Mann

anlächelt und ihm zunickt.

»Die Weichen für das neue Jahrhundert sind gestellt. Es wird schöne Ereignisse geben, auf die wir uns freuen dürfen. Adela wird mit Gottes Hilfe ihr erstes Kind zur Welt bringen.« Moritz sieht, wie Johann den Arm um seine Tochter legt, und sie an sich zieht.

»Franz wird seine Lehre beenden. Er wird nach München zu meinem Freund Holsten gehen und in dessen Malerfirma mitarbeiten. Dort kann er berufliche Erfahrungen sammeln.« Franz blickt den Vater überrascht an. »Was?«, entfährt es ihm. Er hört zum ersten Mal davon. Alles scheint schon beschlossen und organisiert zu sein. »Lass uns das später besprechen«, besänftigt Moritz ihn. Dann fährt der Vater fort:

»Gustav, du wirst dich in deiner Stellung beweisen können. Mutter und ich sind überzeugt, dass du das mit Bravour machen wirst.« Er lächelt seinem Sohn aufmunternd zu. »Für uns alle wünsche ich mir, dass Gott auch im neuen Jahrhundert seine Hand schützend über uns hält. Friede und Glück sei unserer Familie beschieden!«

Nach einem kurzen Gebet erheben sich alle vom Tisch und stellen sich um den Vater. Franz füllt noch einmal die Gläser auf. Moritz hat die geöffnete Taschenuhr in seiner Hand liegen. Als der große Zeiger auf die zwölf rutscht, klirren die Gläser aneinander. Ein ›Frohes neues Jahr‹ wünschen sich die Rubins und umarmen sich. Aus den Nachbarwohnungen sind Jubelschreie und lautes Gelächter zu hören. Das neue Jahrhundert hat begonnen.

DIE EINBERUFUNG

Wien, Schellhammergasse, 10. März 1902
»Was denkst du, wie es mit der Frau und dem Kind weitergehen wird?«, fragt Josefa ihren Mann, der sich im Sessel sitzend hinter seine Zeitung zurückgezogen hat.

Franz hatte ihnen gestern eröffnet, dass er im Sommer Vater werden würde. Sie waren völlig überrascht gewesen, denn der Junge hatte bisher in seinen Briefen aus München mit keiner Silbe eine Frau erwähnt.

Seit sich die erste Aufregung bei Josefa gelegt hat, geht ihr der Gedanke nun nicht mehr aus dem Kopf. Sie stellt sich vor, wie es für diese Frau sein muss, zu wissen, dass der Vater ihres ungeborenen Kindes wahrscheinlich für längere Zeit zum Militär eingezogen wird. Und obwohl sie sie nicht kennt, tut sie ihr leid.

Franz war gestern aus München zurückgekommen. Seit vielen Monaten das erste Mal. Wie hatte sie sich darauf gefreut, den Jungen wieder in die Arme zu schließen. Sie hatte ihren Franzl so vermisst.

Moritz und sie waren extra zum Bahnhof gegangen, um ihn abzuholen. Josefa hatte es vor Aufregung kaum aushalten können. Als der Zug schnaufend und quietschend, von einer Dampfwolke begleitet, im Bahnhof einfuhr, hatte sie angestrengt versucht, in den vorbeihuschenden Fenstern ihren Franz zu erkennen. Viele Leute waren ausgestiegen. Dann hatte sie endlich den Jungen im Trubel der Menschenmenge entdeckt. Er sah irgendwie anders aus. Das war ihr gleich aufgefallen. Er war so erwachsen geworden. Daran würde sie sich erst noch gewöhnen müssen. Aber sie freute sich so, dass er endlich wieder daheim war.

Am Abend hatte Franz den Eltern dann erzählt, dass es in München diese Frau gibt, in die er sich verliebt hatte. Sie war schwanger von ihm. Das Kind, ihr Enkelkind, würde im August zur Welt kommen.

Josefa hatte im ersten Moment nicht gewusst, ob sie sich freuen sollte oder nicht. Es war ein komisches Gefühl, zu wissen, dass ihr Franzl mit einer Frau zusammen war, die sie nicht einmal kannte.

Therese Wicklmair hieß sie wohl. Sie war nicht jüdisch. Moritz hatte angesichts dieser Tatsache schwer geschluckt, aber nichts dazu gesagt. Warum konnten sich ihre Kinder keine Partner aus der eigenen Religion suchen? Schon Adela musste sich ja unbedingt an einen katholischen Mann binden. Aus Sicht der Eltern belasteten die verschiedenen Religionszugehörigkeiten eine Partnerschaft neben den üblichen Alltagsproblemen nur noch zusätzlich. Auch so war es nicht einfach, über viele Jahre eine gute Ehe zu führen. Aber ihre Erfahrungen wollten die Kinder nicht hören, das wusste sie.

Diese Therese in München gehörte dem katholischen Glauben an. Josefa hatte Franz gefragt, wie deren Eltern zu ihrer Verbindung stehen. Er hatte erzählt, dass sie nicht begeistert sind und ihrer Tochter von einer Ehe mit ihm abraten. Josefa war wütend geworden. »Wir sind doch keine Menschen zweiter Klasse, nur weil wir jüdisch sind!«, hatte sie geschimpft.

Franz hatte sie beruhigt. Er meinte, er und Therese würden auch ohne Zustimmung ihrer Eltern heiraten. Heiraten? Hier hatte sich Moritz, der bis dahin ganz still gewesen war, ins Gespräch eingeschaltet. Er hatte Franz dargelegt, dass die Hochzeit warten muss, wenn sich bei der Musterung herausstellt, dass er wirklich Wehrdienst leisten soll.

Die Musterung. Sie ist der Grund, warum Franz überhaupt nach Wien zurückgekehrt ist. Nicht alle jungen Männer werden zum Militärdienst eingezogen, sondern nur die, auf die das Los fällt. Und Franz hatte es erwischt. Heute muss sich sein Jahrgang in der Roßauer Kaserne einfinden. Sollte er für tauglich befunden werden, wird Franz mindestens drei Jahre von Therese getrennt sein. Eine lange Zeit. Die arme Frau.

»Wie es mit ihnen weitergeht?«, fragt Moritz, der seine Zeitung inzwischen auf die Knie hatte sinken lassen. »Ich denke, sie wird in München bleiben. Dort ist ihre Familie. Was soll sie auch hier? Uns kennt sie nicht und Franz kann hier auch nicht bei ihr sein.« Bevor Josefa noch irgendetwas erwidern kann, hören sie, wie sich der Schlüssel in der Wohnungstür dreht. Kurze Zeit später steht Franz bei ihnen in der Stube.

»Für tauglich befunden!«, ist das Einzige, was er sagt. Wie ihn das innerlich bewegt, sehen ihm die Eltern an. »Wann ist die Einreihung?«, fragt der Vater. »Am 1. Oktober«, antwortet Franz. Enttäuschung schwingt in der Antwort mit, obwohl er selbst nicht wirklich mit einer Ausmusterung gerechnet hatte. Er ist normal gebaut und gesund. Was sollte da schon passieren?

»Dann kannst du noch zur Geburt des Kindes in München sein«, versuchen die Eltern ihn zu trösten. »Ja, aber was wird danach?«, fragt Franz. »Auch die Zeit wird vergehen.«, antwortet der Vater. »Sieh es als Gottes Prüfung an. Wenn sie die Richtige ist, übersteht ihr diese Zeit.«

Josefa sieht den gequälten Gesichtsausdruck ihres Sohnes und dreht sich weg. In ihrer Brust schlagen zwei Herzen. Natürlich hat sie Mitleid mit ihrem Sohn, der so leidet, weil er die Frau und das dann geborene Kind verlassen muss. Aber Franz wird ab Oktober wieder in Wien sein. Er wird zwar in einer Kaserne leben. Aber in ihrer Nähe!

»Wann wirst du zurück nach München fahren?«, fragt Moritz. »Ich will so schnell wie möglich zu Therese«, antwortet Franz. »Der nächste Zug nach München geht morgen früh. Den werde ich nehmen.«

Josefa verlässt die Stube. Als sie kurz darauf zurückkommt, hat sie ein Paar altrosa Wollsocken in der Hand. »Die habe ich gerade fertig gestrickt. Nimm sie Therese mit!« Sie drückt Franz die Socken in die Hand. »Sie soll auf sich achtgeben. Kalte Füße sind in ihrem Zustand nicht gut. Und grüß sie von uns. Sag ihr, sie ist hier jederzeit willkommen.«

DER NACHTRAG

»… ich sehe es als besser an, wenn wir unsere Beziehung lösen. Der Bub ist versorgt, mach Dir keine Gedanken. Ich hoffe, Du kannst es irgendwann verstehen … «

Franz lässt den Brief auf das blau-weiß karierte Tischtuch sinken. Er hat ihn bestimmt schon hundert Mal gelesen. Immer und immer wieder. Als ob das Thereses geschriebene Zeilen verändern würde.

Vater Moritz betritt die Küche und legt dem Sohn die Hand auf die Schulter. »Wie war es heute bei Gericht?«, fragt er Franz und setzt sich zu ihm an den Küchentisch. »Alles ist gut gelaufen. Ich habe meine Aussage gemacht und Thereses Briefe als Beweis vorgelegt. So kamen erst gar keine Zweifel auf, dass ich der Vater des Jungen bin. Nun wird alles nach München zum Amtsgericht gegeben und in der Geburtsurkunde des Jungen die Vaterschaft nachgetragen.« Franz seufzt. »Mehr kann ich nicht tun. Therese will, dass ich den Jungen nicht sehe, geschweige denn, dass er etwas von mir weiß.«

»Vertrau auf Gott. Wir Menschen verstehen oft nicht den Sinn, weil wir das große Ganze nicht sehen. Eines Tages wird der Junge auf seiner Geburtsurkunde sehen, wer sein Vater ist. Wer weiß, was dann passiert«, versucht Moritz seinen Sohn zu trösten. »Glaub mir, Mutter und ich fühlen mit dir. Wir hätten unser Enkelkind auch gern aufwachsen sehen.«

In diesem Moment wird die Tür aufgestoßen und Adela kommt mit Ihrem Sohn in die Küche. »Kannst du bitte mal kurz auf ihn aufpassen? Er macht schon wieder nur Unsinn!«, fragt sie ihren Bruder und schiebt den kleinen Leopold, der kohleschwarze Hände hat, in Franz´ Richtung. »Pass auf, dass er nichts anfasst. Ich muss mir kurz die Hände waschen. Dann ist er dran.«

Weil sich ihre Beziehung zu Johann Leitner immer schwieriger gestaltet, ist sie inzwischen häufig mit dem Kind bei den Eltern. Moritz und Josefa ist es recht. Sie lieben Adelas Sohn über alles. Der fast dreijährige Leopold ist ein wahrer Wirbelwind, der jeden Tag neue lustige Erkenntnisse zum Besten gibt.

Als Adela sich umdreht, um ihre nun wieder sauberen Hände abzutrocknen, ist Leopold gerade begeistert dabei, auf den Schoß seines Onkels Franz zu klettern. Das ist gar nicht so einfach, denn schließlich hält Franz Leopolds dreckige Hände fest nach oben. Dem Knirps gefällt diese Herausforderung. Er kreischt vor Vergnügen.

Adela sieht den bedrückten Blick, mit dem Franz den Kleinen anschaut. Sie weiß, dass seine Gedanken bei dessen eigenem Sohn Berthold in München sind. Ein halbes Jahr ist dieser jetzt alt. ›Mein Gott, wenn ich mein Kind nicht sehen dürfte! Das kann man sich nicht vorstellen‹, geht es ihr durch den Kopf. Sie gibt Franz einen Kuss auf die Wange. »Wie lange hast du Ausgang, Brüderchen?« »Bis heute Abend. Ich muss 20:00 Uhr wieder in der Kaserne sein.«

An manchen Tagen ist Franz das Militär zuwider. Schließlich ist es an diesem Schlamassel schuld. Er musste damals aus München fort, weil das Los auf ihn gefallen und er zum Wehrdienst eingezogen worden war.

Sonst hätte er die bayrische Großstadt nicht verlassen. Schnell hatte er sich dort eingelebt. Die Leute waren nett. Auch wenn sie eine vollkommen andere Aussprache hatten als die Wiener. Am Anfang hatten manche ihn nicht und auch er manche Münchner nicht verstanden. Aber das hatte sich mit der Zeit gelegt.

Und Therese? Sie ist ihm immer noch ganz nah vor Augen, mit ihrem Dirndl und den hochgesteckten, langen braunen Haaren. Eine schmucke Person. Er war immer gern mit ihr zusammen gewesen. Wie oft sie lachend Hand in Hand durch die Straßen gelaufen waren. Damals schien ihnen das Leben so leicht.

Sein Herz krampft sich schon wieder zusammen. Er liebt sie immer noch. Auch wenn sie jetzt nichts mehr von ihm wissen will. Franz fragt sich, was gewesen wäre, wenn er nicht zurück gemusst, sondern in München geblieben wäre. Er schüttelt den Kopf. Es ist sinnlos, darüber nachzugrübeln.

Nachdem ihm klar geworden war, dass es Therese ernst mit der Trennung meinte, sprach er bei seinem Offizier vor und verlängerte seine Dienstzeit. Er hatte sich nun bewusst für die Armee entschieden. Er wollte Karriere machen. Draußen erwartete ihn ja niemand mehr.

EINER VON EUCH

Wien, Schellhammergasse, 10. Mai 1908

Franz Rubin steht vor dem Haus in der Schellhammergasse und blickt nach oben. Dort, in der dritten Etage, ist die Wohnung seiner Eltern.

Ihm fällt zum ersten Mal auf, dass es wirklich ein schönes Bürgerhaus ist, in dem seine Eltern wohnen. Die Fassade ist aufwendig verziert. Über der großen Haustür befindet sich ein Torbogen mit Figuren, die auf alle Eintretenden hinabblicken. ›Eigentlich schade, dass man in den engen Gassen mit den hohen Häusern so selten den Blick nach oben richtet‹, geht es Franz durch den Kopf. Aber nicht diese Erkenntnis führt dazu, dass er zögerte, das Haus zu betreten und die Treppen nach oben in die Wohnung der Familie zu eilen.

Es ist eher das ungute Gefühl, dass er dort gleich auf seine Eltern treffen wird und ihnen dann beichten muss, dass er eben im magistratischen Bezirksamt der Stadt Wien seinen Austritt aus der jüdischen Glaubensgemeinschaft erklärt hat. Er weiß, dass der Vater es nicht verstehen wird. Franz fühlt sich durch seine jüdische

Religionszugehörigkeit gebrandmarkt. Juden werden verunglimpft und nie ganz akzeptiert. Zwar hatte er beim k. u. k. Niederösterreichischen Infanterie-Regiment Hoch- und Deutschmeister Nr. 4 inzwischen Karriere gemacht. Er war vom einfachen Infanteristen zum Feldwebel aufgestiegen. Eine beachtliche Leistung in den sechs Jahren, die er nun schon dabei war. Aber, wenn etwas schief lief, zum Beispiel zwei Dutzend Brote aus der Feldbäckerei verschwanden oder Nachrichten während eines Manövers nicht korrekt übermittelt wurden, hatte Franz immer wieder erfahren, dass man zuerst die jüdischen Regimentsangehörigen beschuldigte und ihnen misstraute. Und dies ließ sich auch durch besondere Korrektheit und Engagement nicht ändern.

Franz ärgert das umso mehr, da er den jüdischen Glauben nicht einmal intensiv lebt. Er und seine Geschwister waren liberal erzogen worden. Sie setzen zum Beten zwar die Kippa auf, gehen ab und an in die Synagoge und feiern die jüdischen Feste, aber schon beim Essen nehmen sie die jüdischen Vorschriften nicht so genau. Zu Weihnachten gibt es auch bei den Rubins geschmückte Tannenzweige und Lebkuchen.

Franz kennt eigentlich nur wenige strenggläubige Juden in Wien. Die überwiegende Mehrzahl seiner jüdischen Bekannten versucht, sich anzupassen. Und trotzdem hatte der Antisemitismus in der Wiener Bevölkerung in den letzten Jahren deutlich zugenommen.

Der Oberbürgermeister Lueger nutzt die Lage mittlerweile geschickt aus und stachelt die Bevölkerung auf. Letzte Woche erst hatte Franz diesen Herrn Lueger sprechen gehört. Redegewandt hatte dieser die Juden für schlichtweg alles verantwortlich gemacht: Kapitalismus, Sozialismus, liberale Presse und moderne Kunst, Handwerkskrise und Frauenemanzipation. Gleichzeitig hatte Lueger den Juden aber einen Weg aus dieser Diskriminierung aufgezeigt. Er hatte ihnen empfohlen, ihre Religion abzulegen und versprochen, dass die Gesellschaft sie mit offenen Armen empfangen würde.

Franz hatte darüber nachgedacht und dies als eine mögliche Lösung für sich selbst in Erwägung gezogen. Gestern Abend hatte er mit seinem Vater darüber diskutiert. Moritz hatte sich die Argumente seines Sohnes angehört. Für ihn war das der falsche Weg: »Die anderen werden uns niemals richtig akzeptieren, ob du deinen Glauben ablegst oder nicht!«,. Franz hatte dagegen gehalten: »Doch, wir dürfen nur nicht immer darauf bestehen, dass wir anders sind. Fühlst du dich nicht auch mehr Österreich zugehörig als den Juden? Ich möchte einfach dazugehören.« Der Vater hatte nur den Kopf geschüttelt. Bei diesem Thema fanden sie einfach nicht zusammen.

Nun hatte Franz es wahr gemacht. Eine Unterschrift hatte ausgereicht, sich vom jüdischen Glauben zu trennen. Es war ganz einfach gewesen.

Er weiß, dass der Vater enttäuscht sein wird. Langsam öffnet Franz die schwere Eingangstür und betritt das Haus. Der Weg nach oben war noch nie so lang wie heute. Mit jeder Treppenstufe, die er erklimmt fühlt er sich ein Stückchen mehr wie ein Verräter.

VERMISST IST NICHT TOT!

Wien, Schellhammergasse, 15. Oktober 1914
Zwei lange Stunden ist es jetzt her, dass der Postbote an der Wohnungstür geklopft hatte. Josefa hatte ihn freundlich begrüßt. Ihr war gleich aufgefallen, wie unangenehm dem Mann dieser Besuch war. Er hatte den Gruß erwidert, dabei aber nicht wie sonst gelächelt. Stattdessen hatte er ihr wortlos das Schreiben gereicht, auf dem sie sofort als Absender das Infanterie-Regiment erkannte, bei dem ihr Sohn gerade diente. Josefa hatte im ersten Moment ge-

dacht, der Brief käme von Franz. Aber der Postbote hatte sie so traurig angeblickt und »Tut mir leid!« gemurmelt. Da war ihr heiß und kalt geworden.

Jetzt sitzt sie am Küchentisch, das Schreiben aufgeschlagen vor sich:

»… teilen wir Ihnen mit, dass Ihr Sohn seit den Kampfhandlungen am 20. September 1914 in Serbien als vermisst gilt.«

Wieder und wieder liest sie diesen Satz. Ihr Kopf weigert sich, ihn zu verstehen. Was soll das heißen: ›vermisst‹? Hat man ihren Sohn verloren? Weiß man nicht, wo er ist? Lebt er noch? Vielleicht ist Franz verletzt und liegt mutterseelenallein irgendwo und braucht Hilfe.

In ihren Ohren hört sie das Blut rauschen, ihr Herz schlägt wie verrückt. Seit dem 20. September vermisst! Es ist jetzt also knapp drei Wochen her, dass er verschwunden ist. Drei Wochen, in denen sie davon keine Ahnung hatte. Sie hat in dieser Zeit an ihn gedacht, für ihn gebetet, Briefe geschrieben. Sie hat begonnen, Socken zu stricken, da sie daran zweifelte, dass er schon zurück wäre, wenn der nahende Winter die Temperaturen fallen lässt. Sie kommt sich um diese drei Wochen getäuscht vor. Drei Wochen, in denen sie ihren Sohn bei seiner Kompanie wähnte.

Moritz hatte den Brief vorhin mit Josefa gemeinsam gelesen. Er hatte kein Wort gesagt. Er war aufgestanden, hatte den Mantel angezogen, Hut und Stock genommen. Er war noch einmal in die Küche zurückgekommen, hatte seine Hand auf ihre Schulter gelegt und gedrückt. Dann hatte er die Wohnung verlassen. Sie nahm an, dass er seinen üblichen Spazierweg eingeschlagen hatte.

Josefa war nicht böse, dass er gegangen war. Sie kannte ihren Mann, der in schwierigen Situationen schon immer die Stille und Einsamkeit gewählt hatte. Er würde auf einer Bank am Ufer eines Teiches im Türkenschanzpark sitzen und auf das Wasser schauen. In sich versunken, minutenlang.

Sie denkt zurück, wie dieser verdammte Krieg begonnen hatte. Eigentlich war es ganz schnell gegangen. Oder hatten sie im Vertrauen auf die menschliche Vernunft gar nicht mitbekommen, was sich da angebahnte? Erst im Juli hatte sich für sie die Lage fühlbar zugespitzt.

Der österreichische Thronfolger Franz Ferdinand war am 28. Juni 1914 durch einen bosnischen Serben ermordet worden. Auf der Straße hatten die Leute von nichts anderem geredet, auf die Serben geschimpft und vom Kaiser Vergeltung gefordert. Und das, obwohl man den Schuldigen bereits verhaftet hatte. Es reichte ihnen nicht, sie wollten, das ein ganzes Volk dafür büßt.

Josefa hatte den Hass der Leute nicht verstanden. Aber noch überraschter war sie gewesen, als der Kaiser seine Soldaten wirklich zu den Waffen gerufen hatte. Auch auf Moritz Stirn hatten sich tiefe Sorgenfalten gebildet. Auch ihn, der seinen Kaiser immer für einen besonnenen und klugen Mann gehalten hatte, beunruhigte diese Entscheidung.

Franz, immer noch im aktiven Militärdienst, war einer der Ersten gewesen, den man an die Front geschickt hatte. Um sie herum bejubelten die Leute die Soldaten, die loszogen. Josefa konnte diese Stimmung nicht teilen. Sie hatte Franz ungern gehen lassen.

Die ersten Briefe, die er geschrieben hatte, hatten sie beruhigt. Sie wähnten sie in einer trügerischen Sicherheit. Das erkennt sie nun.

»… seit den Kampfhandlungen … in Serbien … vermisst …« Die Zeilen verschwimmen vor ihren Augen. Ob er tot ist? Dann hatte er nicht einmal ein richtiges Grab. Ein Grab, an dem sie Abschied nehmen könnten. Ein Kloß schnürt ihr den Hals zu. Sie merkt, wie sich die ersten Tränen ihren Weg bahnen. Energisch wischt sie sie fort.

Nein! Sie würde sich erst mit diesem Gedanken beschäftigen, wenn sie sicher weiß, dass ihr Junge gestorben ist.

Sie faltet das Schreiben zusammen und legt es in den Küchenschrank. »Die Hoffnung stirbt zuletzt«, murmelt sie vor sich hin. Daran wird sie sich halten.

OHNE DEN VATER

Wien, Jüdischer Friedhof, Simmeringer Hauptstraße,
5. August 1918

»Der Herr tröste euch inmitten der anderen Trauernden Zions und Jerusalems.« Einer nach dem anderen der vielen Freunde und Bekannte, die sie zum Friedhof begleitet haben, kommt auf Josefa und ihre Kinder zu und drückt ihnen die Hand.

»Er hat nicht lange leiden müssen.« »Er hatte ein gutes und langes Leben«, hört Josefa immer wieder.

Ja, natürlich, es stimmt und sie weiß, dass die Worte sie trösten sollen. Aber die Endgültigkeit bricht ihr fast das Herz. Dort, unter dem Rechteck blanker Erde, liegt in einem einfachen Sarg aus ungehobeltem Holz ihr geliebter Mann. Wie soll sie ohne ihn leben? Sie kann es sich nicht vorstellen. Es ist so unwirklich und so schrecklich. Die Trauer nimmt ihr fast die Luft.

Alles ist so schnell gegangen. Zu schnell, um es begreifen zu können. Vor drei Tagen hatte Moritz über Schmerzen in der Brust und Kurzatmigkeit geklagt. Sie hatten den Arzt gerufen. »Es ist das Herz«, hatte dieser gesagt und Moritz in ein Spital eingewiesen. Gestern Nachmittag war ihr Mann dann gestorben. Ganz schnell, ganz still.

Und nun stehen sie hier auf dem Friedhof. Josefa funktioniert wie mechanisch, erlebt alles wie im Traum. Es ist gut, dass andere das Zepter des Handels in die Hand genommen haben. Sie wäre dazu nicht fähig gewesen.

Die Mitglieder der Bestattungsbruderschaft *Chewra Kadischa* haben die Beerdigung organisiert. Sie haben eine schöne Grabstelle gefunden. In Gruppe vier, in der Nähe eines Baumes, direkt an einem Seitenweg. Die Grabstelle liegt im Inneren der gesamten Friedhofsanlage. Der evangelische Teil des Zentralfriedhofes ist nur wenige Meter entfernt. Der Lärm der Stadt ist hier nicht mehr zu hören. Es ist ein wirklich schöner Ort.

Auch die Beerdigung ist würdevoll gewesen. Der Rabbiner hatte in der Zeremonienhalle passende Abschiedsworte für Moritz gefunden. Alle hatten den Sarg anschließend zum Grab begleitet.

Wie ein Film läuft alles noch einmal vor Josefas geistigem Auge ab. Die Männer, die das Gebet sprechen. Der Sarg, der langsam in die Erde gelassen wird. Die Schaufel, die einer nach dem anderen in die Hand nimmt, um Erde auf den Sarg zu geben. Josefa spürt noch immer den abgenutzten rauen Holzgriff.

Sie hatte ihren Mantelsaum eingerissen. Automatisch greift Josefa an die entsprechende Stelle. Mit den Fingern streicht sie über den etwa fünf Zentimeter langen Riss, der ihre Trauer symbolisieren soll. ›Er ist zu kurz!‹, schießt es ihr durch den Kopf. So groß, wie ihre Trauer ist, müsste der Riss durch das ganze Kleidungsstück gehen.

Josefa lässt den Mantelsaum sinken und blickt den Trauergästen hinterher, die langsam den Friedhof verlassen. Jetzt sind sie allein. Sie hat die Kinder gebeten, noch mit ihr am Grab zu bleiben. Die Kinder, die ihr noch geblieben sind. Franz fehlt. Nach seiner Vermisstmeldung hatten sie nie wieder eine Nachricht von ihm oder über ihn erhalten. Moritz und sie hatten immer über den verlorenen Sohn gesprochen, als ob er noch lebt. Es war eine stillschweigende Übereinkunft zwischen ihnen gewesen, Franz nicht ohne Beweise für tot zu erklären. Josefa hatte indessen jedoch die Hoffnung auf Franz´ Rückkehr aufgegeben.

Gustav tritt auf seine Mutter zu und umarmt sie. Dankbar erwidert sie die Geste. Dieser Sohn ist ihr zum Glück geblieben. Sie hatte es kaum ertragen, als auch er zum Kriegsdienst eingezogen worden war. Seine junge Frau Rosa, die er kurz vorher geheiratet hatte, war ihr damals eine große Stütze gewesen. Sie steht auch heute hier mit am Grab. Neben Gustav, der Ende 1917 nach einer Verwundung als kriegsuntauglich entlassen worden war.

Rosa ist hochschwanger. In etwa acht Wochen wird das Kind zur Welt kommen. Es ist, wie der Rabbiner in der Trauerrede gesagt hat: »Ein Leben vergeht, ein neues kommt.«

Neben Rosa stehen Adela und ihr 18-Jähriger Sohn Leopold. Seit sie sich vom Vater des Jungen getrennt hatte, lebt sie mit Leopold wieder in der elterlichen Wohnung in der Schellhammergasse. Die Lösung war für alle von Vorteil gewesen. Erst hatte Adela jemanden, der sich um den kleinen Leopold kümmerte, während sie als Näherin wieder Geld verdiente. Später hatte es sich für Moritz und Josefa ausgezahlt. Seit sie körperlich nicht mehr so rüstig waren, nahmen sie die Hilfe im Haushalt gern an. Und jetzt war Josefa natürlich erst recht dankbar, nicht allein in der Wohnung zu sein. Wer weiß, ob sie sich diese auch ohne Adela hätte weiter leisten können.

»Vater wollte, dass ihr etwas zum Andenken an ihn bekommt«, sagt Josefa zu ihren Kindern und öffnet ihre dunkelgrüne Handtasche. »Gustav, dir soll ich sein Gebetbuch geben. Es soll dir helfen, den Glauben in deinem Herzen nicht zu verlieren.« Damit übergibt sie ihm das schön verzierte Buch, das die jahrelange Benutzung nicht verbergen kann. Dann wendet sie sich an ihre Tochter:

»Adela, Vater und ich haben nichts Wertvolles zu vererben, das weißt du. Das einzige, was für ihn neben dem Glauben wertvoll war und an dem er sehr hing, war seine Taschenuhr. Die sollst du bekommen und später einmal Leopold.« Sie holt die allen gut bekannte goldene Uhr aus ihrer Tasche und legt sie in Adelas Hand. Still laufen ihrer Tochter die Tränen über die Wange. Adela streicht mit den Fingern über den goldenen Deckel. Wie oft hatte sie den Vater diese Uhr benutzen sehen. Es war das schönste Geschenk, das er ihr hatte machen können. Die Uhr würde Adela immer an ihn erinnern.

»Der Herr tröste euch inmitten der anderen Trauernden Zions und Jerusalems.« Einer nach dem anderen der vielen Freunde und Bekannten, die sie zum Friedhof begleitet haben, kommt auf Adela und Gustav zu und drückt ihnen die Hand. Es ist ein grauer verregneter Tag im November. Nur ein knappes viertel Jahr ist seit der Beisetzung des Vaters vergangen. Nun tragen sie die Mutter zu Grabe. Sie ist am Tag zuvor an einem Gehirnschlag gestorben.

Adela und Gustav stehen eng beieinander. Sie drücken Hände und nehmen Umarmungen entgegen, bis der Zug der Trauergemeinde an ihnen vorbeigezogen ist.

In das leise Gemurmel der Menschen mischt sich das zarte Weinen eines Babys. Gustavs Frau Rosa schlägt das Kissen zurück und holt die gemeinsame Tochter Emilie aus dem Kinderwagen. Sie wiegt das kleine Mädchen in ihrem Arm, um sie zu beruhigen. Leopold tritt zu ihr und versucht Emilie abzulenken.

Adela und Gustav schauen zu den dreien. Unvermittelt wird ihnen bewusst, dass die drei ihre ganze Familie sind. Wie automatisch finden sich die Hände des Bruders und der Schwester. Am Grab der Eltern versprechen sie sich, sich niemals zu verlieren.

Ausreisepläne

Wien, Schellhammergasse, März 1936
Gustav läuft mit seiner Frau Rosa und Tochter Emilie die Treppe im Haus in der Schellhammergasse hinab. Er ist innerlich aufgewühlt. Eigentlich sollte es ein gemütliches Kaffeetrinken bei seiner Schwester Adela werden. Aber die Gespräche waren unweigerlich auf die politische Lage zu sprechen gekommen und da hatten sich ihre Ansichten entzweit.

Gustav beobachtet die politischen Entwicklungen mit Besorgnis. Seit in Deutschland die Nationalsozialisten an die Macht gekommen waren, versuchten sie auch in Österreich das politische System zu unterwandern. Seiner Meinung nach mit Erfolg. Früher oder später werden die Nazis auch hier die Macht übernehmen.

Als Beamter in einer Spedition hatte er des Öfteren mit Kunden aus Deutschland zu tun. Unter der Hand erfuhr er, wie sich dort die Lage für die jüdische Bevölkerung zuspitzte. Warum sollte das in Wien anders werden? Den Hass gegen die Juden gab es doch schon so lange er denken konnte. Auch wenn bisher keine Gefahr für Leib und Leben bestand.

Um sich selbst hat er keine Angst. Er hat sein Leben gelebt, ist inzwischen ein alter Mann, der auf die Rente zugeht. Aber Emilie, seine Tochter, ist erst achtzehn Jahre alt. Sie hat ihr ganzes Leben noch vor sich.

Gustavs Schwester Adela sieht das völlig anders. Sie schenkt der Schwarzmalerei ihres Bruders keinen Glauben. »So schlimm wie du sagst, wird es schon nicht kommen«, meinte sie, als Gustav vorhin von den Maßnahmen sprach, die man in Deutschland gegen die Juden ergriff. »Doch, wird es«, hatte ihr Bruder entgegnet. »Und es wird noch schlimmer werden!« Gustav hatte kurz innegehalten, um Mut zu fassen für das, was er seiner Schwester gleich mitteilen würde:

»Rosa und ich überlegen, ob wir nach Amerika auswandern.« Eine kurze Zeit hatte niemand gesprochen.

Nachdem Adela die Worte verdaut hatte, wandte sie ein: »Was willst du da? Du lässt hier alles zurück. Deine Heimat, deine Familie, deine Freunde. Du müsstest dort von vorn anfangen, dir ein neues Leben aufbauen. Du hast hier eine gute Arbeit. Deine Tochter lernt einen anständigen Beruf. Allein schon die Sprache. Ihr werdet dort keinen verstehen.«

»Die Sprache kann man lernen. Und ja, du hast Recht. Wir würden alles zurücklassen«, hatte Gustav erwidert. »Aber Emilie könnte in einem freien Land leben, in dem die Religion keine Rolle spielt. In Deutschland versuchen sehr viele Juden das Land zu verlassen. Wem es möglich ist, der geht. Das tun sie doch nicht ohne Grund!«

»Wem es möglich ist … Wie willst du das überhaupt finanzieren?«, hatte Adela aufgebracht gefragt.

»Wir würden einen Ausreiseantrag stellen und unsere Wohnung auflösen. Als Adresse in New York geben wir die der Familie Charles an. Das sind die Kinder von Vaters Freund, die schon 1921 emigriert sind. Ich habe mit ihnen bereits Kontakt aufgenommen. Sie wären einverstanden. Wir könnten das Geld von der Wohnungsauflösung zu ihnen schicken. Sie würden uns auch helfen, eine Schiffspassage zu bekommen. Ich schätze, es sind nur wenige Wochen, die nach der Abgabe des Ausreiseantrages bis zur Genehmigung vergehen. In dieser Zeit würden wir bei Rosas Bruder unterkommen.« Gustav sah sie eindringlich an. Adela schwieg. Voller Entsetzen war ihr bewusst geworden, wie durchdacht das ganze Vorhaben bereits war.

»Adela, es wird hier schlimmer werden. Würdest du mit uns kommen?«, versuchte Gustav seine Schwester umzustimmen.

Ein bisschen aus Trotz, weil der Bruder plante, sie zu verlassen, aber doch voller Überzeugung hatte Adela geantwortet: »Nein, auf keinen Fall. Ich kann mir das gar nicht leisten. Außerdem werde ich Leopold nicht allein hierlassen. Und selbst wenn er mitkommen und wir das Geld zusammenbekommen würden, ich verlasse meine Heimat nicht.« Sie machte eine dramatische Pause. »Und Gustav …«, sie holte tief Luft, »… ich glaube wirklich du übertreibst.«

Zu einer normalen Unterhaltung hatten sie danach nicht mehr zurückgefunden. Also waren Gustav, Rosa und Emilie gegangen.

Draußen an der frischen Luft atmet Gustav tief durch. Sein Blick geht noch einmal hinauf zu den Fenstern im dritten Stock, hinter denen seine Schwester immer noch in der Wohnung der verstorbenen Eltern wohnt. Die Fenster sind geschlossen, die Gardinen vorgezogen. Adela winkt ihnen nicht, wie sonst immer, hinterher. Das beste Zeichen, dass auch sie wütend und verletzt ist. Gustav tut es augenblicklich leid, dass sie so auseinandergegangen sind. Aber er kann seine Schwester wirklich nicht verstehen. Er hofft, dass es sich in ein paar Tagen zwischen ihnen schon wieder einrenken wird.

Schweigend läuft er mit seiner Frau und seiner Tochter die Schellhammergasse hinunter. Jeder hängt seinen Gedanken nach. Gustav weiß, dass es an ihm ist, eine Entscheidung zu treffen. Er macht es sich nicht leicht, denn sie wird möglicherweise ihr ganzes Leben verändern. Hat er dafür wirklich noch genug Kraft? Der Jüngste ist er schließlich nicht mehr. Diesen Gedanken schiebt er zur Seite. Alles wird sich finden. Alles *muss* sich finden. Er muss seine Familie schützen.

»Wir machen es!«, unterbricht Gustav abrupt die Stille, bevor er es sich wieder anders überlegen kann. »Nächste Woche stelle ich für uns den Ausreiseantrag.«

ANKUNFT IN EINER NEUEN WELT

Atlantischer Ozean, vor New York,
Passagierschiff Veendam, 25. Oktober 1938
Alle Passagiere sind an Deck der *Veendam* gekommen. Nachdem die ersten Rufe, die Freiheitsstatue sei in Sicht, ertönt waren, dauerte es nur wenige Minuten, bis sich diese Nachricht auf dem ganzen Schiff verbreitet hatte. Nun stehen alle an Deck. Die Wellen schlagen ans Schiff. Der Bug hebt und senkt sich, während die Veendam immer noch mit voller Geschwindigkeit durch die See stampft.

Dicht gedrängt schauen alle in eine Richtung. In der Ferne kann man sie mehr erahnen als wirklich sehen: das Wahrzeichen, auf das die Passagiere seit über einer Woche gewartet haben.

»Die Freiheitsstatue. Unsere neue Heimat«, spricht Emilie aus, was alle denken. »Wir haben es geschafft!« Überschwänglich vor Freude umarmt sie ihre Eltern und stimmt in den Jubel der Menschen an Bord ein.

Rosa und Gustav können ihre Euphorie nicht so unbefangen teilen. Ihre Gedanken sind von Wehmut und Zweifel geprägt. War es wirklich die richtige Entscheidung gewesen, alles hinter sich zu lassen? Was wird sein, wenn sie hier nicht Fuß fassen können?

Diese Fragen beschäftigen Gustav, seit er die Auswanderungsgenehmigung in den Händen hält. Aber immer, wenn die Zweifel übermächtig werden, lässt er die letzte Zeit in Wien noch einmal Revue passieren. So auch jetzt.

Politisch war es immer brisanter geworden. Im Februar 1938 hatte Hitler den österreichischen Bundeskanzler gezwungen, die Nazis an der Regierung zu beteiligen und die Polizeigewalt zu übergeben. Der Bundeskanzler hatte versucht, das durch eine Volksabstimmung zu verhindern. Doch dazu war es gar nicht mehr gekommen. Da er sich geweigert hatte zurückzutreten, war Hitler einfach in Österreich einmarschiert. Widerstand aus der Bevölkerung hatte es nicht gegeben – im Gegenteil. Man hatte das Gefühl, dass viele Menschen voller Freude darauf gewartet hatten. Bald schon gab es kaum eine Straße in Wien, die nicht mit Hakenkreuzfahnen beflaggt war. Der Anschluss Österreichs an Deutschland war sang- und klanglos erfolgt. Alles war rasend schnell gegangen.

Gustav war entsetzt gewesen, wie gelassen seine Landsleute die Machtübernahme sahen. Mitte März hatte er selbst Hitler in Wien sprechen hören. 100.000 Menschen hatten ihm zugejubelt!

Natürlich hatten die Nazis schnell begonnen, alle ihre

›Maßnahmen zur Ordnung von Staat und Gesellschaft‹ auch in Österreich einzuführen. Der Terror gegen Kommunisten und Juden hatte sofort begonnen. Die ersten Festnahmen ließen nicht lange auf sich warten. Angst wurde zum ständigen Begleiter.

Ziemlich schnell waren die Rubins, wie alle Juden gezwungen worden, ihr Vermögen offenzulegen. Sie konnten keines mehr angeben. Vorausschauend hatte Gustav bereits das gesamte Geld nach Amerika transferiert. Er hatte dies frühzeitig arrangiert, denn er war überzeugt gewesen, dass die Nazis, sobald sie an der Macht wären, die Juden berauben würden. Er hatte Recht behalten. Ein halbes Jahr hatten sie den nationalsozialistischen Terror mitgemacht.

Ende September war plötzlich alles ganz schnell gegangen. Nach mehrmaligem Nachfragen hatte ihnen die Wiener ›Zentralstelle für jüdische Auswanderung‹ endlich die Ausreise gewährt. Sie hatten es mit Hilfe der Familie Charles in Amerika geschafft, drei Plätze auf der *Veendam* zu buchen, einem Schiff, das von Rotterdam nach New York fuhr.

In dem Bewußtsein, sich wahrscheinlich nie mehr wiederzusehen, hatten sich die drei von Adela und Leopold, Anfang Oktober verabschiedet.

Als Gustav an Adela denkt, zieht sich sein Herz zusammen. Er hat seine Schwester zurückgelassen. Ein Blick auf seine Tochter sagt ihm, dass er dieses Opfer hatte bringen müssen. Emilie soll in einem Land leben, in dem Angst und Erniedrigung den Alltag nicht bestimmen.

»Wir müssen die Koffer holen.« Emilie kommt aufgeregt auf Ihre Eltern zu. »Wir werden alle mit einer Fähre auf diese Insel gebracht. Da ist das Aufnahmegebäude.« Sie zeigt auf ein Stück Land mitten im Meer, auf dem ein großes rotes Gebäude mit vier Türmen steht. Davor weht eine amerikanische Flagge im Wind.

Weit dahinter sind die Hochhäuser von New York zu erkennen. Dort werden sie leben. Nichts haben, aber frei sein.

Gustav sieht die roten Flecken auf den Wangen seiner Tochter, die sich vor Aufregung gebildet haben. Er beneidet sie um das Vorrecht der Jugend, so unbeschwert in die Zukunft zu gehen. Und er dankt still seinem Gott, dass sie es bis hierher geschafft haben.

Nichts mehr hat Sinn

Wien, Schellhammergasse, Anfang November 1940
Adela ist verzweifelt. Ihr Herz rast. Sie fühlt sich schrecklich elend. Seit ihr Bruder fort ist, ist alles viel schlimmer geworden. Seit Tagen hat sie nicht mehr richtig geschlafen und das, obwohl sie ständig müde ist.

Nicht nur, dass sie ihn, Rosa und Emilie furchtbar vermisst. Auch ihr Leben hat sich buchstäblich aufgelöst. Genauso, wie Gustav es prophezeit hatte. Damals hatte sie ihm nicht geglaubt. Nun weiß sie es besser. Doch jetzt ist es zu spät. Zu spät für sie und ihren Sohn.

Adela lebt nur noch in Angst. Tränen bahnen sich ihren Weg und laufen ihr über das Gesicht. Nie hätte sie sich vorstellen können, dass das Leben so unerträglich werden kann.

Dass man die Juden aus dem öffentlichen Leben ausgrenzte, hatte schon begonnen, bevor Gustav nach Amerika gegangen war. Erst hatten sie nicht mehr ins Kino und Theater gehen dürfen, dann wurden ihnen die meisten Läden zum Einkaufen verboten. Mittlerweile dürfen sie nicht mal auf den Bänken im Park sitzen. Und dann dieser grässliche Stern, den man permanent tragen muss. Er brandmarkt einen und ist die offizielle Genehmigung, sie zu demütigen.

Adela verzieht das Gesicht. Schmerz zeichnet sich darin ab. Die Augen haben tiefe Schatten. Sie hatte gedacht, sie könnte ihre Lage verbessern, indem sie die jüdische

Religion verlässt. Sie hatte beim magistratischen Bezirksamt vorgesprochen und die entsprechenden Unterlagen unterzeichnet.

Wie töricht sie doch gewesen war. Das hatte sie im Endeffekt nur völlig isoliert. Eine Jüdin war sie nach Hitlers Rassegesetzen trotzdem geblieben. Aber für die Mitglieder der jüdischen Gemeinde, die noch in Wien lebten, gehörte sie nun nicht mehr dazu. Ihre Bekannten hatten sich von ihr abgewandt, kannten sie von einem auf den anderen Tag nicht mehr. Sie war allein. Sie hatte nur noch Leopold.

Adela zieht die Bettdecke übers Gesicht. Konnte sie nicht einfach sterben? Einfach Ruhe. Stille. Nichts hören, nichts sehen, nichts fühlen. Wieder wird sie von einem Weinkrampf geschüttelt.

Sie hört den Schlüssel im Türschloss, ist aber unfähig, sich zu beruhigen. Leopold kommt zurück. Es muss schon um die Mittagszeit sein. Er war früh aufgebrochen, um etwas Essbares zu besorgen. Das ist nicht einfach. Da Juden die meisten Geschäfte nicht mehr betreten dürfen, muss man dafür lange Wege zurücklegen. Und das möglichst unauffällig. Denn hinter jeder Straßenecke lauert die Gefahr, angepöbelt oder schikaniert zu werden.

Vor vier Wochen hatte Adela selbst so ein Erlebnis. Ein circa zwölfjähriger Junge war auf der Straße auf Adela aufmerksam geworden. Als er ihren Stern bemerkt hatte, fing er an sie zu beschimpfen und umherzuschubsen. Die anderen Passanten waren an ihnen vorbeigelaufen, einige hatten gelacht. Adela wusste, dass es besser war, sich nicht zu wehren. Die Folgen wären unabsehbar gewesen. Also hatte sie nichts getan, nur gehofft, dass es diesem Bengel bald langweilig werden würde. Als er endlich von ihr abgelassen hatte und verschwunden war, flüchtete sie in den nächsten Hauseingang, um ein paar Sekunden Ruhe zu finden. Sie, eine 64-jährige Frau, hatte sich von einem Kind erniedrigen lassen! Sie hatte sich wie Freiwild gefühlt. Niemand hatte ihr geholfen. Sie musste ihre gesamte Kraft aufbringen, um wieder auf die Straße hinauszutreten. So schnell sie konnte war sie nach Hause gelaufen. Die Einkaufstasche war leer geblieben. Seit diesem Vorfall verlässt Adela die Wohnung gar nicht mehr. Und immer wenn Leopold geht, stirbt sie fast vor Sorge um ihn.

Inzwischen ist Leopold am Bett der Mutter angelangt: »Mutter ich habe Dr. Sternberg mitgebracht. Er will nach dir schauen.« »Guten Tag Frau Rubin, Leopold erzählte mir, dass es Ihnen nicht gut geht.« Der Arzt zieht sich einen Stuhl an das Bett der immer noch weinenden Frau. »Das Leben ist sinnlos geworden, Herr Doktor«, bringt Adela mühsam hervor. Sie ergreift die ihr dargebotene Hand und schaut dem Arzt eindringlich in die Augen: »Lassen Sie mich bitte sterben.«

Nach einer Viertelstunde kommt Dr. Sternberg in die Küche zu Leopold, der inzwischen dort gewartet hatte.

»Ihrer Mutter geht es wirklich nicht gut", eröffnet der Arzt das Gespräch. »Sie hat eine schwere melancholische Phase. Sie ist niedergeschlagen und hat große Angst. Was man ja bei den gegenwärtigen Zuständen verstehen kann.«

»Was kann ich tun?«, fragt Leopold, dem die Sorgen um die Mutter im Gesicht geschrieben stehen.

»Ihre Mutter kann alltägliche Dinge nicht mehr verrichten, sie kann alleine das Bett nicht verlassen. Das ist kein böser Wille. Sie schafft es wirklich nicht. Herr Rubin, sie gehört in ein Spital. Ein richtiger Psychoanalytiker muss sie behandeln.«

Leopold schüttelt den Kopf. Das ist völlig abwegig. Einen jüdischen Arzt zu finden ist schon eine Herausforderung. Adela in ein Spital zu geben, hält er für unmöglich.

Der Arzt hebt die Hand, als will er Leopolds Gedanken unterbrechen. »Sie wird es allein hier in der Wohnung nicht schaffen, sich von dieser Melancholie zu befreien. Ich kenne einige Patienten, die in so einem Zustand daheim geblieben sind. Meistens spitzt sich die Lage dann so zu, dass die Betroffenen irgendwann Selbstmord begehen.«

»Welches Spital würde sie denn aufnehmen?«

»Bringen Sie sie in den Steinhof, auf der Baumgartner-höhe. Das ist eine psychiatrische Pflegeanstalt. Dr. Koller wird sie aufnehmen, wenn Sie sagen, dass ich Sie geschickt habe. Er ist ein alter Studienkamerad.«

Ein trauriger Briefwechsel

Wien, Heil- und Pflegeanstalt am Steinhof, 28. November 1940

Dr. Koller hatte Adela wirklich als Patientin im Steinhof aufgenommen. Man hatte ihr ein frisch bezogenes Bett in einem Krankenzimmer im Pavillion 23 zugewiesen. Die ersten zwei Wochen schlief sie nur. Sicher eine Folge der Medikamente, die sie bekommen hatte. Anschließend fühlte sich Adela besser, in seltsamer Weise erholt. Aber Dr. Koller meinte, sie sei noch nicht über den Berg, müsse noch etwas bleiben. Sie bräuchte noch Ruhe und er würde noch eine Redekur mit ihr durchführen. Adela konnte das Bett verlassen, auch ab und zu durch den großen Kranken-hauspark spazieren. Manchmal lief sie den ganzen Berg hinauf bis zur Kirche, die über dem ganzen Areal thronte. Leopold besuchte sie, so oft es ging.

Ohne Vorwarnung, hatte sich heute alles geändert. Vor einer Stunde waren Pflegerinnen, die Adela noch nie vor-her im Steinhof gesehen hatte, aufgetaucht. Sie wiesen im harschen Ton einige Patienten an, sich anzuziehen und mitzukommen. Adela war eine von ihnen gewesen. Sie hätte sich gern bei der blonden Schwester erkundigt, was hier geschah. Aber diese war verschwunden. Auch sonst war niemand vom bekannten Pflegepersonal zu gegen ge-wesen. Also hatte sie sich angezogen und mit den anderen den Pavillion verlassen. Sie wurden zu einem Bus gebracht, der wenige Meter neben dem Gebäude parkte.

Inzwischen hat Adela ihren Sitzplatz eingenommen. Auch die anderen Patienten setzen sich nach und nach. Die Schlange der noch Wartenden wird immer kleiner. Schließlich sind alle Menschen im Bus und der Fahrer schließt die Tür.

Adela fällt ein, dass ihre Handtasche noch im Nachtschränkchen am Bett steht. In der Aufregung hatte sie sie schlichtweg vergessen. Sie zupft einer der fremden Pflegerinnen am Arm. Als diese sich zu ihr wendet, bittet sie sie, die Tasche noch holen zu dürfen. »Die Sachen werden Ihnen nachgeschickt, machen Sie sich keine Sorgen!«, schon geht die Frau weiter zu den hinteren Reihen. Adela lässt den Blick noch einmal über die Fassade des Krankenhausgebäudes gleiten.

Ihre Augen bleiben an einem Fenster hängen. Hinter der Gardine, halb versteckt, erkennt Adela die blonde Schwester, die sie vor wenigen Minuten gesucht hatte. Heimlich schaut diese der Verladung der Patienten zu. Als sich ihre Blicke treffen, erkennt Adela eine tiefe Besorgnis im Gesicht der Schwester. ›Was hat man mit uns vor?‹, schießt es Adele durch den Kopf. Schlagartig beginnt ihr Herz zu rasen. Der Bus ruckt an und fährt langsam in Richtung Haupttor.

Zwei Tage später hält Leopold eine Postkarte in den Händen, die einen traurigen Briefwechsel einleiten wird:

Wien, Heil- und Pflegeanstalt am Steinhof
Herrn Leopold Rubin

28.11.1940

Sehr geehrter Herr Rubin, wir moechten Sie darueber in Kenntnis setzen, dass Ihre Mutter Adela Rubin von der Heil-und Pflegeanstalt Steinhof Wien in die Pflegeanstalt Ybbs verlegt

wurde. Sie wurde bei uns wegen psychischer
Probleme behandelt.

An Heil- und Pflegeanstalt am Steinhof Wien
4.12.1940

An die löbliche Verwaltung
Ich habe meine Mutter in der Anstalt Ybbs besucht, in
welcher sie sich seit dem 28.11.1940 befindet. Sie be-
richtet von einem schnellen Abtransport der Patienten.
In ihrem Auftrag ersuche ich Sie, ihre Handtasche, die
sie dadurch nicht mitnehmen konnte, zu deponieren.
Darin befanden sich etwas Bargeld, ihre dritten Zähne
und eine wertvolle goldene Herren-Taschenuhr. Ver-
wahren Sie bitte alles, ich komme zu Ihnen, die Sachen
holen.

Heil Hitler!
Leopold Rubin

Wien, Heil- und Pflegeanstalt am Steinhof
Herrn Leopold Rubin
20.12.1940

Auf Ihre Karte vom 4. d. M. wird Ihnen mitgeteilt, dass anlaesslich der Ueberfuehrung Ihrer
Mutter in die Anstalt Ybbs am 28. v. M. auch
deren saemtliche hier in Verwahrung gewese-
nen Sachen (Bardepot, Effekten) mitgekommen
sind.

Landesanstalt Hartheim
Herrn Leopold Rubin

Hartheim, 25.1.1941

Wir teilen Ihnen mit, dass Ihre Mutter Adela Sara Rubin von der Heil-und Pflegeanstalt Ybbs in die Landesanstalt Hartheim verlegt wurde und hier gut angekommen ist. Besuche sind unstatthaft, zumal infolge Feststellung von Infektionskrankheiten bei einigen Patienten die zustaendige Ortspolizeibehoerde das Betreten der Anstalt fuer Aussenstehende bis auf Weiteres verboten hat. Ausnahmen werden nicht gemacht und telefonische Auskuenfte nicht erteilt. Eintretende Veraenderungen des Zustandes der Patientin oder bezueglich der verhaengten Besuchssperre werden Ihnen mitgeteilt.

Heil Hitler!

Landesanstalt Hartheim
Herrn Leopold Rubin

Hartheim, 15.2.1941

Sehr geehrter Herr Rubin!
Wir bedauern Ihnen mitteilen zu muessen, dass Ihre Mutter Adela Sara Rubin am 13. Februar 1941 infolge einer Lungenentzuendung verstorben ist.
Unsere Anstalt ist als Durchgangsanstalt fuer diejenigen Kranken bestimmt, die in eine andere Anstalt unserer Gegend verlegt werden sollen. Der Aufenthalt hier dient lediglich der Feststellung von Bazillentraegern, deren sich

solche bekanntlich immer wieder unter derartigen Kranken befinden. Um den Ausbruch und die Verschleppung uebertragbarer Krankheiten zu verhindern, hat die zustaendige Ortspolizeibehoerde Hartheim im Einvernehmen mit den beteiligten Stellen weitgehende Schutzmassnahmen angeordnet und gemaess § 22 der Verordnung zur Bekaempfung uebertragbarer Krankheiten die sofortige Einaescherung der Leiche verfuegt. Einer Einwilligung der Angehoerigen bedarf es in einem solchem Falle nicht! ...

DEPORTATION

Wien, Schellhammergasse, Oktober 1941

Gestern hatte nun auch Leopold das Schreiben bekommen, mit dem er schon seit geraumer Zeit gerechnet hatte. Neben dem Termin, wann und wo er sich einzufinden hatte, war genau beschrieben, wie viel Gepäck er mitbringen durfte.

Er weiß, was das bedeutet. Er hat die Gerüchte gehört. Man schafft die Juden nach Osten, in Zügen. Man sagt ihnen, dass sie umgesiedelt werden, sich dort ein neues Leben aufbauen können. Er glaubt das nicht, denn keiner ist bisher zurückgekommen.

Er legt noch ein paar belegte Brote in den kleinen Koffer, dann verschließt er die Schnallen. Mit weißer Farbe schreibt er seinen Namen und seine Adresse auf den Kofferdeckel.

Neun Uhr muss er sich bei der Sammelstelle melden. Er hat noch etwa eine Stunde Zeit. Er geht noch einmal durch die Wohnung. Alles ist in Ordnung, alles ist aufgeräumt. Wird er das hier jemals wiedersehen?

Sein Blick fällt auf das Bett seiner Mutter. Über ein halbes Jahr war sie nun schon unter der Erde. An

Lungenentzündung gestorben. So richtig glauben kann er das immer noch nicht.

Mitte Januar hatte er sie noch in der Anstalt in Ybbs besucht. Körperlich ging es ihr da noch gut, es fehlten ihr nur ihre Zähne. Die und die anderen vermissten Sachen waren nicht wieder aufgetaucht. Er hatte in Ybbs noch einmal nachgefragt, aber dort hatte man behauptet, die Sachen wären nicht auf dem Transport gewesen. Mental war ihm seine Mutter gefestigter vorgekommen, auch wenn sie sich verwundert darüber geäußert hatte, dass in der Anstalt keinerlei Behandlungen mehr stattfanden. Wahrscheinlich war das Personal zu knapp besetzt. Beim Abschied hatte sie ihn ganz fest gedrückt, minutenlang. Als ob sie geahnt hatte, dass sie sich nicht wiedersehen würden. Drei Wochen später war sie tot. An Lungenentzündung verstorben. Kann das so schnell gehen?

Man hatte Adela verbrannt. Nach jüdischem Glauben durfte man so mit Toten nicht umgehen. Wurde der Körper nicht im Ganzen in die Erde gelegt, verhinderte das seine Auferstehung. Leopold hatte ihre Einäscherung nicht verhindern können. Ihm blieb nur die Hoffnung, dass ihre Seele trotzdem ihren Frieden gefunden hatte.

Er vermisste sie. Er tröstete sich mit dem Gedanken, dass der Tod der Mutter auch etwas Gutes hatte. Sie hätte es nicht verkraftet, zu erleben, wie ihr Sohn jetzt deportiert wurde.

Leopold nimmt seinen Koffer und zieht die Wohnungstür ins Schloss.

Vom Sammellager in der Leopoldstadt werden die Menschen zum Wiener Aspangbahnhof gebracht. Hunderte Leute – Männer, Frauen, Kinder sind bereits hier. Alle haben Koffer wie Leopold dabei. An der Bahnsteigrampe steht ein Eisenbahnzug mit Waggons der dritten Klasse. Mehrere Stunden dauern die Registrierung und das Verladen der Menschen. Babys brüllen, einige Frauen weinen, manch einer schaut stumpf vor sich hin.

19:23 Uhr rollt der Zug Richtung Ghetto Litzmannstadt davon.

Kein Märchenschloss

Schloss Hartheim, März 2014

»An der nächsten Ausfahrt müssen wir rausfahren!«, kündige ich an, als das Verkehrsschild mit der Aufschrift »Traun« in Sichtweite kommt.

»Na endlich, ich brauche unbedingt einmal eine Pause«, antwortet mein Vater. Eine über zweistündige Fahrt liegt hinter uns. Immer die A1 entlang in Richtung Linz/Salzburg.

Heute Morgen waren wir in Wien gestartet. Die letzten zwei Tage hatten wir in der österreichischen Hauptstadt verbracht. Ursprünglich hatten meine Eltern diesen Kurztrip nur für sich geplant. Sie wollten sich den Besuch der alten Dame von Dürrenmatt im Ronacher-Theater ansehen, schön essen gehen, durch die Stadt bummeln und hier und da in die Läden schauen. Als ich davon hörte, lud ich mich spontan ein, sie zu begleiten. Schließlich recherchiere ich gerade zu unserem jüdischen Familienzweig und wollte nun mit eigenen Augen sehen, wo die Familie damals zu Hause gewesen war.

Unsere kleine Reisegruppe bestand also aus drei Personen – meinem Vater, meiner Mutter und mir. Jeder von uns war schon mehrmals in Wien gewesen. Wir kannten die Hofburg, Schönbrunn, den Petersdom, die Kaffeehäuser und vieles mehr. Längst waren wir dem Charme der Stadt erlegen, dachten, dass uns das kaiserlich-nostalgische Flair der einstigen Monarchie auch diesmal begleiten würde. Weit gefehlt. Diesmal sollten wir ein ganz anderes Wien kennenlernen. Das Wien unserer Familie.

Die Schellhammergasse, in der die Rubins jahrzehntelang eine Wohnung gemietet hatten, lag im 16. Gemeindebezirk, in

Ottakring. Die Straßen säumten hohe Mietshäuser, die Ende des 19. Jahrhunderts gebaut worden waren. Durch die meist fünfetagigen Häuser waren Straßenschluchten entstanden, in denen man selten ein Stück Natur zu sehen bekam. Da die meisten Häuser kaum saniert waren, fanden wir gedanklich mühelos in die alten Zeiten zurück.

Hier also hatten sie jahrelang gelebt, hatten durch die große hölzerne Haustür das Haus betreten, waren die abgenutzten Treppen mit dem schön verzierten Geländer bis in den dritten Stock gestiegen.

Auf jeder Etage gab es einen Gang, von dem aus man die Wohnungen betreten konnte und auf welchem sich kleine verschnörkelte gusseiserne Waschbecken an der Wand befanden. Neben jeder Wohnungstür ging ein Fenster von der Wohnung zum Gang. Überall bröckelte die Wandfarbe ab.

Wir waren so von dem alten Haus gefangen, dass es uns nicht überrascht hätte, wenn Moritz Rubin plötzlich aus der Wohnungstür getreten wäre.

Nachdem wir mehrere Fotos geschossen und jede Menge kleine Steine im Hinterhof des Hauses gesammelt hatten, begaben wir uns schließlich wieder ins Stadtzentrum, in das Büro der Israelitischen Kulturgemeinde in der Seitenstettengasse.

Eine junge Frau erwartete uns schon. Mit ihr hatte ich zuvor telefonisch einen Termin vereinbart. Die großen alten Kirchenbücher der alten jüdischen Gemeinde mit den vergilbten Seiten waren bereits zurechtgelegt. Zu meiner Überraschung unterschieden sie sich kaum von christlichen Kirchenbüchern.

In den Büchern schlugen wir alle Einträge zu unserer Familie, die Taufen, Trauungen und Sterbedaten, nach. Wir fanden sie alle und erfuhren, dass sie die Synagoge in der Tempelgasse besuchten.

»Die Synagoge gibt es heute nicht mehr«, erklärte uns die Frau. »Sie wurde 1938 zerstört.«

Mit den genauen Grabangaben von Moritz und Josefa Rubin hatten wir uns anschließend auf den Weg zum jüdischen Friedhof gemacht. In der Israelitischen Kultusgemeinde hatte man uns erklärt, dass jüdische Gräber niemals aufgelöst werden. Wir hofften also, mit viel Glück die Gräber und Grabsteine unserer Vorfahren zu finden.

Die Fahrt mit dem Auto durch die Großstadt mitten im Berufsverkehr war anstrengend gewesen. Auf dem Friedhof fanden wir dafür den völligen Kontrast vor. Eine beruhigende Stille umgab uns. Kaum ein Mensch war zu sehen.

Mit einem Lageplan ausgerüstet, schritten wir die langen Grabreihen entlang. Am Anfang kamen die jüngeren Gräber. Alle Grabsteine waren intakt, die Namen der Verstorbenen gut lesbar. Je weiter wir uns jedoch den Gräbern der Gruppe vier näherten, umso mehr waren die Steine aufgrund des Alters verwittert.

Bald informierte uns ein kleines ovales Metallschild, dass wir die gesuchte Reihe gefunden hatten. Sehr wenige Grabsteine waren noch zu erkennen, die meisten umgefallen und nicht mehr lesbar. Dazwischen gab es nur Wiese.

Wir zählten die Gräber ab und standen plötzlich unter einem großen Baum, vor uns nur ein Stück Rasen. Kein Grabstein war zu sehen gewesen, auch in der näheren Umgebung nicht. Schade! Aber nicht zu ändern. Auch wenn wir hier kein Zeichen der Rubins mehr fanden, so wussten wir doch, dass direkt vor uns in der Erde immer noch Josefa und Moritz ruhten.

Ein plötzlich hinter der nächsten Hecke herausspringendes Reh entschädigte uns für unsere enttäuschten Gedanken.

»Wir legen hier trotzdem ein paar Steine ab!«, meinte meine Mutter und sprach uns damit aus dem Herzen. Wir wussten, dass nach jüdischem Brauch kleine Steine aus der Heimat statt Blumen auf ein Grab gelegt werden, um zu zeigen, dass der Verstorbene nicht vergessen ist.

Und so lagen kleine Steine aus der Schellhammergasse zwischen den Grashalmen im Rasenstück der Gruppe vier, als wir später den Friedhof verließen.

Inzwischen sind wir von der Autobahn abgefahren. Die Reise geht durch eine niederösterreichische Landschaft. Felder, Dör-

fer, Kirchen sind zu sehen. Wir lesen fremde Ortsnamen und halten nach einem Schloss Ausschau. Vergeblich. Das Navigationsgerät meldet, dass wir unser Ziel demnächst erreichen. Haben wir die falsche Adresse eingegeben? Doch dann, kurz vor dem Ziel, erscheint es plötzlich, wie aus dem Nichts – Schloss Hartheim. Ein richtiges Schloss. Hier soll Adela gestorben sein?

Schon auf dem Parkplatz neben dem Schloss fällt uns auf, dass wir augenscheinlich die einzigen Besucher sind. Auf dem Weg durch das Burgtor begegnen wir einem jungen Mann, der uns fragt, wo wir hinmöchten. Wir erklären ihm kurz, warum wir das Schloss, heute eine Gedenkstätte, besuchen.

»Kommen Sie mit mir ins Dokumentationszentrum. Ich lade Sie auf einen Kaffee ein und erzähle Ihnen ein bisschen von diesem Ort. Danach können Sie unsere Ausstellung besuchen.«

Wir nehmen diese nette Einladung gern an und steigen nach ihm die Schlosstreppe nach oben. Durch eine hölzerne Tür betreten wir einen großen Raum, der als Büro dient. Der junge Mann bittet uns, an einem Tisch Platz zu nehmen und schenkt uns Kaffee ein.

»Schloss Hartheim hat eine traurige Geschichte. Es war eine Zeit lang eine Tötungsanstalt der Nazis«, erzählte er.

Das hatte ich bereits im Internet gelesen. Die Tötungsanstalt wurde im Rahmen der Euthanasieaktion T4 von den Nazis betrieben. Aber warum wurde Adela hier getötet? Sie war weder geistig noch körperlich behindert.

»Man konnte auch auf anderen Wegen in die T4-Aktion rutschen«, beantwortet der Archiv-Mitarbeiter meine Frage. »Ende 1940 wurden in allen Krankenhäusern und Pflegeeinrichtungen, in denen psychiatrische Erkrankungen behandelt wurden, Meldebögen über die Patienten angefertigt. In ihnen mussten alle Krankheiten angegeben werden, aber auch ob die Patienten nicht-deutschen oder artverwandten Blutes waren. Die Meldebögen wurden in das Innenministerium des Deutschen Reiches und dann an die Euthanasiezentrale in Berlin weitergeleitet. Gutachter sahen die Meldebögen durch und entschieden über Leben und Tod. Besonders leicht fiel die Entscheidung bei jüdischen

Patienten. Sie waren doppelt denunziert: als Juden und als psychisch Kranke.«

»Adela hatte also gar keine Chance, dem zu entkommen. Sie war am falschen Ort zur falschen Zeit.«

»Ja, sie muss gar keine schwere Erkrankung gehabt haben. Vielleicht hatte sie nur eine Depression. Hat aber trotzdem ein rotes Plus auf den Fragebogen und damit ihr Todesurteil bekommen, weil sie jüdisch war. In Berlin wurden dann die Transportlisten der Patienten zusammengestellt. Die Verwandten wurden jeweils erst nach Abtransport benachrichtigt.«

Auf meine Bitte hin schaut der Herr im Computer nach: »Ja, eine Adela Rubin wurde am 25. Januar 1941 von der Pflegeanstalt Ybbs zusammen mit 34 weiteren Patienten abgeholt und nach Hartheim gebracht.«

»Wann wurde sie hier umgebracht?«

»Sie können davon ausgehen, dass das noch am selben Tag geschah.«

»Mein Gott, wie furchtbar!«, entfährt es meiner Mutter. »Wussten die Patienten, was mit ihnen geschehen würde?«

»Die Abholung der Patienten wurde der jeweiligen Anstalt kurzfristig angekündigt. Die Patienten erfuhren natürlich nichts«, fährt der Archivmitarbeiter mit seinen Erzählungen fort. »Ein paar Tage später fuhren dann graue Busse vor, aus denen kräftige junge Frauen in weißen Pflegeruniformen ausstiegen. Sie sollten die ausgewählten Patienten abholen und nach Hartheim begleiten. In einer meist groben Art setzten sie alles daran, dass der Transport möglichst rasch wieder startete. Patienten, die misstrauisch oder aufgeregt waren, erhielten Beruhigungsspritzen. Die meisten aber stiegen ohne Probleme in die Busse, weil man ihnen erzählte, dass sie eine Reise machen würden und an einen Ort kämen, der schöner war als die derzeitige Anstalt.« Er holt ein Buch aus dem Regal und zeigt uns ein altes Foto solch eines Busses.

»Die Patienten erhielten vor Abfahrt eine Nummer, die man ihnen auf den Rücken schrieb oder stempelte. Ab jetzt hatten sie

keinen Namen mehr, sondern waren nur noch diese Nummer.«

Vor meinem geistigen Auge sehe ich Adela das alles durchmachen. Hatte sie geahnt, dass man drauf und dran war, sie umzubringen? Hatte sie Angst gehabt?

Wir beschließen, gemeinsam den Rundgang durch die Gedenkstätte zu machen, froh jemanden an unserer Seite zu haben, der uns alles erklären kann. An einer kleinen Tür außerhalb des Schlosses beginnen wir mit der Besichtigung.

»Der Bus hielt bei einem Verschlag am Schloss und alle wurden aufgefordert, auszusteigen. Durch die Tür betraten die Menschen das Schloss.« Der Mann weist auf ein paar Löcher oberhalb der Tür an der Hauswand. Sie sind deutlich zu erkennen. Hier muss ein kleines Dach befestigt gewesen sein. Es sollte vor den Blicken der Dorfbewohner schützen. Von den höheren Gebäuden des Ortes konnte man das Schlossgelände einsehen.

»Die Patienten betraten das Schloss und kamen gleich in einem Raum, in welchem sie vom Personal gebeten wurden, sich zu entkleiden. Danach mussten sie nackt und einzeln den nächsten Raum, den sogenannten ›Aufnahmeraum‹, betreten.«

Wir laufen hinter dem Mann her, gehen den damaligen Weg der Opfer. Es ist beklemmend.

»Ärzte, Pfleger und Schreibkräfte saßen hier an einem breiten Tisch und begutachteten ihre Opfer. Innerhalb von Sekunden ließen sich die Ärzte Todesursachen für die lebend vor ihnen stehenden Menschen einfallen, die auf Karteikarten notiert wurden. Hatten diese Goldzähne, bekamen sie ein Kreuz auf den Rücken gemalt. So wusste man, wem man später die Goldzähne herausbrechen konnte.« Der Herr zeigt auf eine kleine Zelle, die an den Raum angrenzt. »Hier wurden die Menschen noch aus drei Perspektiven fotografiert.«

Der nächste Raum, den wir betreten, ist schon die Gaskammer. Ein kleiner Raum, dunkelrot gefliest. Angsteinflößend.

»Sehen Sie die Rohre mit den drei Brauseköpfen an der Decke? Die sollten Wasserleitungen vortäuschen, waren sonst aber nutzlos. An den Wänden entlang gab es Holzbänke. Unter

diesen Bänken lief ein Rohr mit zahlreichen Löchern entlang, aus denen das Gas bei Bedarf ausströmte. Den Menschen sagte man, dass sie hier duschen würden. Patienten, die ahnten, was ihnen bevorstand, erhielten Morphiumspritzen, damit keine Unruhe aufkam.«

Die Vorstellung, was sich in diesem Raum einst abgespielt hat, ist grausig. Tausende Menschen hatten hier mit dem Tod gekämpft. Der ganze Weg, vom Bus bis zur Gaskammer, war widerlich zweckmäßig gestaltet. Welcher Mensch hatte sich so etwas Perfides ausdenken können? Wir halten es kaum aus, den Erklärungen zu folgen.

»Dann wurde die Stahltür verschlossen und das Gas aufgedreht. Etwa 15 Minuten später waren alle erstickt. Im Todeskampf hatten sich die Menschen ineinander verkeilt. Nach einer Dreiviertelstunde öffnete man schließlich die Tür und schleifte die Toten in den Totenraum. Sofort begann man damit, die Leichen zu verbrennen.«

»Das Schloss steht mitten im Ort. Haben die Bewohner das Treiben hier einfach geduldet?«

»Die Bewohner wussten sicher, was hier geschah. Schließlich stieg schwarzer Rauch stundenlang aus dem Schornstein des Schlosses auf. Das Feuer verbrannte oftmals nicht alles. Haut- und Haarfetzen der Opfer gingen als stumme Zeugen dieses Verbrechens auf den umliegenden Feldern nieder. Aus Angst beschwerte sich niemand offiziell. Aber die Bauern der Gegend stapelten diese menschlichen Reste am Wegrand aufeinander. Die Gebilde sind bis heute als ›Pyramiden von Hartheim‹ bekannt.«

Ein stummer Protest, der Adela leider nicht mehr geholfen hatte. Hier hatte man ihr Leben beendet. Und nicht nur ihres. Unser Begleiter führt uns an eine Gedenktafel, an der die Namen der Opfer verzeichnet sind. Es sind Tausende! Wir benötigen zu dritt, mehrere Minuten, bis wir Adelas Namen gefunden haben.

Als wir die Gedenkstätte verlassen, sind wir mehr als betroffen. Dieser Besuch wird noch lange in uns nachhallen.

»Ob Adelas Sohn gewusst hat, was man in Hartheim seiner Mutter angetan hat?«, überlegt mein Vater. »Ich denke nicht« antworte ich. »Man wird ihm mitgeteilt haben, dass sie an einer Krankheit verstorben ist. Er wird bestimmt keinen Verdacht geschöpft haben. Bei einer älteren Frau sind Krankheiten nicht ungewöhnlich.«

Mir fällt plötzlich auf, dass Leopold nach dem Tod seiner Mutter der letzte aus der Familie war, der noch in Wien lebte. Noch ein paar Monate. Im Dokumentationsarchiv des Österreichischen Widerstandes habe ich einen Vermerk über ihn gefunden. Man hatte ihn im Oktober 1941 in das Ghetto Litzmannstadt deportiert. Was wohl aus ihm geworden war?

KAPITEL 3
1943-1945

EIN BUCH WEIST DEN WEG

Gera, Markt, Juli 2012

Mein Vater und ich stehen vor dem Café »Kanitz'sche Buchhandlung« auf dem Marktplatz in Gera. Es ist ein heißer Julitag. Die Sonne brennt erbarmungslos. Wer kann, flüchtet sich in die Kühle der Häuser und Geschäfte.

»Wir sind zwanzig Minuten zu früh«, meint mein Vater mit einem kritischen Blick auf die Uhr und schiebt seine Sonnenbrille auf der Nase zurecht. »Vielleicht kommt sie ja auch etwas eher«, entgegne ich.

Sie, das ist die neue Cousine meines Vaters. So komisch es klingt, sie ist im wahrsten Sinne des Wortes ›neu‹. Mein Vater hat sie noch nie gesehen, geschweige denn von ihrer Existenz gewusst. Natürlich genauso andersherum. Auch für sie war der neue Cousin eine Überraschung gewesen. So ein Familienzuwachs passiert schon einmal, wenn man in alten Geschichten herumstöbert. Plötzlich tauchen Verwandte auf, die man bisher noch gar nicht kennt. Heute werden wir die neue Cousine treffen, in wenigen Minuten.

»Ich bin ganz schön aufgeregt«, stelle ich fest. »Ach, das wird schon«, meint mein Vater zuversichtlich und beschließt noch eine Runde über den Markt zu gehen. Mir ist es dafür zu heiß. Ich bleibe in der Nähe des Cafés stehen, an einem der wenigen schattigen Plätze, die es auf dem Fußweg gibt. Von hier habe ich den Eingang gut im Blick. Meine Gedanken gehen auf die Reise. Wie waren wir eigentlich auf diese neue Cousine gestoßen? Wenn ich es mir recht überlege, hatte letztendlich alles mit einem Buch begonnen.

Durch Bertholds jüdische Abstammung hatte ich mich intensiver mit den Geraer Juden in der Nazizeit beschäftigt. Ich wollte wissen, wann man sie deportiert hatte. Und vor allem wohin.

Bei meinen Nachforschungen stieß ich schnell auf die Bücher von Werner Simsohn. Herr Simsohn hatte versucht, jeden jüdischen Mitbürger Geras im Dritten Reich zu erfassen und dessen Geschichte und Verbleib zu dokumentieren. Eine unglaubliche Leistung und Recherchearbeit. Das, was er herausfand, hatte er in drei Büchern niedergeschrieben, die ich mir sofort über das Internet bestellte. Schließlich konnte ich die berechtigte Hoffnung haben, dass ich in ihnen auch etwas über meinen Urgroßvater finden würde.

Das erste Buch versprach die vollständige Auflistung aller jüdischen Personen, die zwei weiteren Bände sollten ausführliche Familiengeschichten und die Judenhetze in den Medien enthalten. Wenn Berthold hier verzeichnet war, dann sicher in Band Nummer eins.

Natürlich hatte ich das Buch, sobald ich es in den Händen hielt, umgehend Seite für Seite durchgeschaut. Namen über Namen fand ich darin. Manchmal detaillierte Informationen dazu, manchmal nur der Name an sich.

Als ich den ersten Band endlich zuschlug, musste ich mir eingestehen, dass ich nicht einen winzigen Hinweis zu Berthold gefunden hatte. Enttäuschung machte sich breit. Gut, ich konnte es Herrn Simsohn nicht wirklich übel nehmen. Schließlich war mein Urgroßvater ja kein praktizierender Jude gewesen und hatte auch nicht zur jüdischen Gemeinde gehört.

Ich legte die Bücher erst einmal zur Seite. Mein Mann räumte später das Arbeitszimmer auf. Die Bände verschwanden aus meinem Sichtfeld.

Wochen später packten wir die Koffer für einen Kurzurlaub an der Ostsee. Ich war auf der Suche nach geeignetem Lesestoff. Die drei Simsohn-Bände fielen mir wieder ein.

Nachdem ich die ganze Wohnung abgesucht hatte, entdeckte ich sie ganz hinten in einem Bücherregal. Ich nahm sie heraus.

Das erste Buch stellte ich gleich wieder zurück. Ich hatte es bereits komplett gelesen. Da ich mir unsicher war, ob die beiden anderen Bände im Reisegepäck landen sollten, setzte ich mich auf die Sofaecke und blätterte sie gedankenverloren durch. Plötzlich blieb mein Blick auf einem kurzen Eintrag im dritten

Buch hängen. Ich traute meinen Augen nicht. Dort stand:

Winkelmaier, Berthold (16.3.1943 verhaftet, KZ
Auschwitz, Haeftl.-Nr. 113385, in Block 6a, Tod
Januar 1945).

Ich war wie vom Donner gerührt. Galt der Eintrag meinem Urgroßvater? Der Nachname war falsch geschrieben. Aber als ›alter Hase‹ in der Ahnenforschung wusste ich, dass sich in Briefen und Dokumenten oftmals Fehler in die Namen schlichen.

Ich überlegte, wie ich herausbekommen könnte, ob im Eintrag wirklich mein Urgroßvater gemeint war. Es gab eigentlich nur einen Weg, ich würde mich an die KZ-Gedenkstätte in Auschwitz wenden müssen.

Auschwitz! Bilder waren mir bei diesem Namen durch den Kopf geschossen. Bilder, die ich schon einmal in einem Geschichtsbuch oder im Fernsehen gesehen hatte. Das Eingangstor mit dem Schriftzug ›Arbeit macht frei!‹, tote und vor Hunger ausgemergelte Häftlinge in gestreiften Anzügen, überfüllte Baracken, überall Leid. Auschwitz! War er wirklich dort gewesen?

Die Anfrage an die Gedenkstätte habe ich gleich nach unseren Urlaubstagen losgeschickt. Seine Inhaftierung in diesem Lager hat man mir vor wenigen Tagen bestätigt.

Später dachte ich auch darüber nach, woher Herr Simsohn die Informationen zu Berthold hatte. Ich wusste, dass er seit etwa zwanzig Jahren für seine Bücher recherchierte. Ihm hatten in den Archiven dieselben Quellen zur Verfügung gestanden wie mir. Vielleicht sogar weniger. Und da waren diese Angaben nicht zu finden gewesen, da war ich mir sicher.

Ich schaute noch einmal in seinem Buch nach. Die Quellenangabe war mehr als dürftig. Sie ließ mir keine Chance, darüber etwas in Erfahrung zu bringen.

Dann fiel mir etwas auf. Wenn man in dem eigentlichen Eintrag die Angaben zur Verhaftung und zum Tod mit den

Fingern abdeckte, las sich das Ganze wie eine Postadresse. Ich fragte mich, ob die Angaben vielleicht von einem Brief stammten.

Mir war klar, dass das wiederum bedeutete, dass jemand von der Familie mit Herrn Simsohn Kontakt gehabt hatte. Anna Steiner selbst war es sicher nicht gewesen. Sie war bereits in den Siebzigerjahren gestorben. Aber ihre zwei Kinder, Ernst und Gabi? Lebten sie noch? Oder deren Kinder? Warum war ich vorher nicht auf diese Idee gekommen?

Je mehr ich darüber nachgedacht hatte, umso entschlossener wurde ich, eventuelle Nachkommen ausfindig zu machen. Doch dies war letztlich gar nicht so einfach gewesen.

Über Traueranzeigen in den Zeitungen und das Einwohnermeldeamt habe ich schließlich die neue Cousine gefunden. Sie ist die Enkeltochter von Berthold und Anna. Ihre Mutter Gabi, die Tochter der beiden, ist leider bereits verstorben.

Der Rest ist schnell erzählt. Ich nahm Kontakt mit der neuen Cousine auf. Nach einigen Telefonaten und E-Mails hin und her, beschlossen wir, uns endlich zu treffen, heute in diesem Café.

Eine ältere Frau in kurzen Hosen und einem weiten T-Shirt kommt auf uns zu. Sie lächelt sympathisch und sucht unseren Blick.

»Renate?«, fragt mein Vater, der inzwischen wieder bei mir angekommen ist, und trifft genau ins Schwarze. Nach einigem Hallo suchen nun auch wir das kühle Innere des Cafés auf. In der Nähe des Fensters finden wir einen freien Tisch. Wir bestellen etwas zu trinken. Obwohl wir uns noch nie gesehen haben, sind wir uns nicht fremd. Jeder erzählt drauflos. Und es gibt viel zu erzählen!

Renate berichtet über ihre Oma Anna und über ihre Mutter Gabi. Darüber, wie sie aufgewachsen ist und was sie von der Vergangenheit weiß. Aus Namen werden lebendige Menschen mit ihren Eigenarten, Freuden und Sorgen.

Mein Vater erzählt von seinem Vater Horst. Für Renate ist

es völlig neu, dass ihr Großvater Berthold neben ihrer Mutter Gabi und Onkel Ernst noch zwei andere Kinder hatte. Und schließlich reden wir darüber, wie wir heute leben.

Es ist interessant, die andere Familienseite kennenzulernen. Die Zeit vergeht wie im Flug. Nur über Berthold kann uns Renate kaum etwas berichten. Sie selbst hat ihn nicht kennengelernt. Mutter und Oma hatten ihr immer nur gesagt, dass er im Krieg in einem Konzentrationslager ums Leben gekommen sei. In welchem ist ihr nicht bekannt. Auch den Grund für die Inhaftierung hatte man ihr nie gesagt.

»Ich habe auch nicht nachgefragt. Warum, weiß ich selber nicht. Vielleicht war ich zu jung. Ich hatte wahrscheinlich andere Sachen im Kopf.«

Wir erwähnen, dass man ihn nach Auschwitz deportiert hatte. Sie ist entsetzt. »Nein, das hat mir ganz sicher nie jemand gesagt! Das hätte ich mir gemerkt. Woher wisst ihr das?«

Ich erzähle ihr von den Simsohn-Büchern, dem Eintrag und dass ich immer noch nicht weiß, woher Herr Simsohn diese Angaben hat.

»Kann es sein, dass ihr ihm einen Brief gegeben habt? Vielleicht einen, den Berthold aus dem Lager an Anna geschrieben hat?« »Nein, das kann nicht sein. Nach Annas Tod hat meine Mutter ihre Sachen übernommen. Heute habe ich sie. Und da gibt es keinen Brief. Keine Ahnung, woher Herr Simsohn das alles weiß.«

Plötzlich öffnet sie ihre Handtasche. »Ich habe natürlich noch einmal alles durchgesehen. Einen Brief habe ich nicht gefunden, dafür aber etwas anderes.« Sie schiebt ein altes kleines schwarz-weißes Foto über den Tisch. Besser gesagt, die Hälfte davon. Denn es ist in der Mitte fein säuberlich durchgeschnitten. Nicht gerade, sondern in einem leichten Bogen, wie um eine Person herum. Auf dem Stückchen, welches vor uns liegt, sitzt ein junger Mann an einem Tisch. Er trägt ein weißes Hemd, darüber Hosenträger. Seinen rechten Arm scheint er um die Person auf der fehlenden Hälfte des Fotos gelegt zu haben. Der Mann hat den Kopf zu dieser Person gedreht. Man sieht sein Gesicht nur im Profil und das auch noch verschwommen, als ob er bei der Aufnahme etwas gewackelt hat. Wenn man genau hinschaut, kann man ein Lächeln erahnen. Ob er eine Frau im Arm hält?

»Wer ist das?«, frage ich Renate. »Keine Ahnung« antwortete sie. »Das Bild scheint sehr alt zu sein. Alle anderen Bilder, die ich bei Anna gefunden habe, sind später entstanden. Vielleicht ist es Berthold. Ich hatte gehofft, dass ihr mir das sagen könnt.« Renate erzählt uns, dass sie nie ein Foto von ihm gesehen hat.

»Anna und Berthold waren damals sehr arm. Ich glaube, die beiden hatten kein Geld, Fotos machen zu lassen«, mutmaßt sie. Ein wenig enttäuscht geben wir ihr das Bild zurück. Wir werden nicht herausbekommen, ob das Berthold auf dem Foto ist.

»Da ist wohl nichts zu machen«, läutet mein Vater nach zwei Stunden die Verabschiedung ein. »Wenn er wenigstens den Krieg überlebt hätte. Dann hätte er als Opfer des Faschismus eine Rente beantragen können. Über das Antragsformular hätte man möglicherweise noch neue Informationen und ein Foto bekommen.« »Ja, stimmt. Berthold hätte bestimmt eine Rente bekommen«, entgegnet Renate. »Ein Aufenthalt in Auschwitz wäre weiß Gott genug gewesen. Selbst Oma Anna hat eine solche Rente bekommen und sie war nie da gewesen.« Plötzlich ist Stille am Tisch. Wir schauen sie mit großen Augen an.

»Anna hat eine VdN-Rente bekommen?« »Ja«, meint Renate zögerlich angesichts unserer überraschten Gesichter, »ich bin mir eigentlich relativ sicher.«

Drei Wochen später finden wir wirklich Annas VdN-Akte im Staatsarchiv Rudolstadt. Sie hatte den Antrag auf diese Rente als Verfolgte des Naziregimes (VdN) im Namen ihres Verlobten Berthold gestellt. Es ist die Quelle, die auch Herr Simsohn gefunden hatte. In der Akte ist alles nachzulesen: die Angaben über die Verhaftung und die Einlieferung ins Lager Auschwitz, Bertholds Häftlings- und Blocknummer, sein Sterbedatum. Und doch ist es schon wieder anders, als wir vermutet haben. Die Geschichte hatte wieder eine unerwartete Wendung

144

genommen. Berthold war nicht aufgrund seiner jüdischen Ab-
stammung deportiert worden.

DER ARIERNACHWEIS

Gera, Schafwiesenstraße, Ende Februar 1943

Berthold ist allein zu Haus. Anna und Gabi haben die
Wohnung vor zehn Minuten mit einem großen Wäsche-
korb Richtung Wäschemangel verlassen. Ernst trifft sich
mit Freunden. Berthold sitzt auf dem Sofa in der Stube
und starrt zum gefühlt tausendsten Mal auf den Ablehnungsbescheid des Standesamtes Gera.

...Die Genehmigung zur Eheschliessung wird
entzogen!...

Und das, weil sein Vater ein Jude ist! Ein Jude! Er versucht
sich schon seit einigen Tagen an den Gedanken zu gewöhnen. Die Tatsache ist für ihn völlig absurd. Nie hatte seine
Mutter davon geredet. Ja, er weiß, dass Anton Zellhuber
nicht sein leiblicher Vater ist. Über seinen richtigen Vater hatte sich die Mutter leider ausgeschwiegen. Natürlich
hatte er sie auch nie nachdrücklich nach ihm gefragt. Ein
Fehler. Jetzt hatte es ihn unvorbereitet getroffen: Er selbst
ist ein Halbjude!

Ihm ist bewusst, dass ihn diese Tatsache in Gefahr
bringt. Die meisten Juden waren inzwischen aus der Stadt
verschwunden. Man munkelt, dass man sie in Lager weg-
gesperrt hatte. Offen wagt niemand darüber zu sprechen.

Nun ist er einer von ihnen. Ob man ihn auch wegbrin-
gen wird?

Er dreht den Ablehnungsbescheid in seinen Händen.
Als dieser vor zwei Wochen eingetroffen war, war Anna
so entsetzt über diese Nachricht gewesen, dass sie die Tränen nicht hatte zurückhalten können. Es war nicht nur die

Enttäuschung über die abermals geplatzte Hochzeit gewesen. Sie hatte wahnsinnige Angst, um ihn. Er hatte ihre Bedenken vom Tisch gewischt und sich zuversichtlicher gegeben, als er wirklich war.

Es klingelt an der Wohnungstür. Das Geräusch fährt Berthold in den Magen, sein Herz klopft. Ob es jetzt so weit ist? Er erhebt sich vom Sofa und geht in den Flur. Er zögert kurz, dann öffnet er entschlossen die Wohnungstür.

Berthold atmet auf. Vor ihm steht ein junger Kerl. Groß für sein Alter und ein bisschen schlaksig, so wie Jungen mit 14 Jahren eben aussehen. Berthold erkennt ihn sofort, obwohl er ihn so lange nicht gesehen hat.

Es ist Horst, sein Sohn. Im Gesicht des Jungen erkennt Berthold die Züge von dessen Mutter, Frida. Ein bisschen Wehmut und ein schlechtes Gewissen schleichen sich in sein Unterbewusstsein: ›Mein Gott, wie lange ist das jetzt her!‹

Frida war schon 1930 gestorben. Die beiden Kinder, die er mit ihr hatte, wuchsen in Pflegefamilien auf. Es geht ihnen gut dort. Das weiß Berthold. So hatte er auch nie eine Veranlassung gesehen, die beiden zu sich zu holen. Warum auch. Eigentlich kennen sie sich gar nicht.

Und nun steht sein Sohn Horst hier vor ihm, einfach so, wie aus heiterem Himmel.

Nachdem sich beide still gemustert haben, findet Horst seine Sprache wieder.

»Ich muss für die Schule eine Ahnentafel erstellen. Ich brauche dafür von dir noch einige Angaben zu deiner Familie.«

»Woher weißt du überhaupt, wo ich wohne?«, fragt Berthold seinen Sohn.

»Meine Pflegemutter hat es mir gesagt. Sie weiß es von der Pflegestelle«, antwortet Horst. Richtig, der Jugendfürsorge ist natürlich bekannt, wo Berthold zu finden ist.

Horst redet weiter: »Sie sagt, nur du kannst mir die Namen und Daten deiner Eltern geben. Deshalb bin ich hier.«

Berthold schießt seine jüdische Abstammung durch den Kopf. Er fühlt sich durch die Bitte seines Sohnes in die Ecke getrieben. Seine Gesichtszüge verhärten sich. Es kostet ihn Mühe, sich zusammen zu reißen.

»Komm rein und sag, was du genau wissen willst. Viel Zeit habe ich aber nicht.« Er dreht sich um und geht in die Wohnung hinein. Die Tür lässt er offen. Horst sieht das als Einladung, ihm zu folgen.

Unsicher betritt der Junge die Küche. Berthold weist auf einen Stuhl. Beide setzen sich. Horst holt den Vordruck der Ahnentafel aus der Tasche und faltet ihn auseinander. Die Angaben von Frida hat er schon eingetragen. Berthold sieht, dass der Junge versucht hat, ordentlich zu schreiben. So ganz ist es ihm nicht gelungen. Manche Buchstaben sind krakelig, aber man kann alles lesen. Eine typische Jungen-Handschrift eben.

Die vorgedruckten Felder für die Angaben Horsts väterlicher Seite sind alle noch leer. Gemeinsam beginnen sie, den Zweig auszufüllen. Knapp gibt Berthold die Angaben zu seiner Mutter und den Großeltern aus Freising preis. Er wird angesichts seiner väterlichen Vorfahren, die Horst gleich erfragen wird, immer nervöser. Wie soll er reagieren?

»Und jetzt brauche ich noch alle Angaben über deinen Vater!«, meint Horst. Obwohl Berthold diese Frage hat kommen sehen, reagiert er schroff. Viel zu laut herrscht er ihn an: »Ich weiß nichts über meinen Vater. Und jetzt mach, dass du loskommst.« Horst hält irritiert inne. In den Augen des Vaters erkennt er, dass es dieser durchaus ernst meint.

Er packt seine Unterlagen so schnell es geht zusammen und verlässt fluchtartig die Wohnung. Hatte er etwas Falsches gesagt? Der raue Umgangston des Vaters hat ihn eingeschüchtert.

Mehrere Stufen auf einmal nehmend läuft er die wenigen Absätze im Treppenhaus nach unten. Nein, er hatte nichts Falsches gesagt. Warum hatte der Vater dann so reagiert?

Horst stößt die Haustür auf und rennt auf die Straße. Wut macht sich in ihm breit. Seine Pflegeeltern haben wahrscheinlich Recht. Sein Vater ist ein unberechenbarer, unmöglicher Mensch. Er würde jedenfalls nicht noch einmal herkommen. Sein Vater war für ihn gestorben. Nur weg hier.

Berthold steht in der Küche hinter der Gardine und blickt Horst hinterher. Langsam wird er ruhiger. Vielleicht hätte er etwas netter zu dem Jungen sein sollen. Schließlich kann Horst ja nichts dafür. Er hat seine Reaktion sicher nicht verstanden. Berthold versteht sie ja selber nicht. Warum war er so aufbrausend gewesen? Er hätte es ja auch ruhig sagen können. Aber so oder so. Es war richtig gewesen, Horst nichts von Franz Rubin zu erzählen. Horst hätte in der Schule nur Probleme bekommen, wenn er die jüdische Abstammung in seinem Stammbaum eingetragen hätte.

Und was hätte die Pflegefamilie zu dieser Neuigkeit gesagt? Hätten sie sich weiter um den Jungen gekümmert? Nein, es war besser, Horst wusste nichts davon. Es würde nur sein Leben belasten. Er sollte lieber weiter in dieser ordentlich deutschen Familie als deutscher Junge aufwachsen. Horst konnte Berthold wirklich nicht gebrauchen.

DIE VERHAFTUNG

Gera, Schafwiesenstraße, 16. März 1943
Die kleine Uhr auf dem Buffet zeigt 17:00 Uhr. Vor ein paar Minuten sind Anna und Berthold von der Arbeit nach Hause gekommen. Seitdem sitzen sie in der Küche am Tisch.

Anna erzählt, was sie heute im Werk unter vorgehaltener Hand erfahren hat. Berthold hört zu.

»In der *Hecho* ist vor ein paar Tagen ein Russe geflüchtet. Die Genossen sollen dabei geholfen haben«, beginnt sie ihren Bericht. Die Hescho AG, von den Geraern aus unerfindlichem Grund nur *Hecho* genannt, ist ein kriegswichtiger Betrieb. Das Hauptwerk befindet sich in Hermsdorf, nur wenige Kilometer von Gera entfernt. In der Stadt selbst gibt es ein kleines Nebenwerk. In beiden Fabriken sind hunderte Zwangsarbeiter, vor allem Russen, beschäftigt. Nun ist einer von ihnen geflüchtet, Kommunisten sollen geholfen haben.

»Außerdem hatten die Genossen die Sprengung des Betriebskraftwerkes vorbereitet. Die Gestapo hat es gerade noch verhindert«, berichtet Anna weiter. »Es soll in den letzten Tagen deswegen viele Verhaftungen gegeben haben! Die Gestapo macht eine riesige Sache daraus. Du musst doch davon gehört haben!«

Berthold schweigt. Kein Wort. Er zieht an seiner Zigarette. Bläst den Rauch langsam aus. Ein ungutes Gefühl macht sich in Anna breit. Und plötzlich ist ihr klar: Es ist nichts Neues, was sie ihm hier berichtet. Er weiß es bereits. Sie hätte es sich denken können.

Selbstverständlich hatte Berthold als Wachmann der Geraer Wach- und Schließgesellschaft von der Flucht des Russen gehört. Seit einiger Zeit wird auch er zur Bewachung von Zwangsarbeitern eingesetzt – im Barackenlager am Fuchsberg. Berthold hatte ihr davon erzählt. Er war entsetzt gewesen, wie schlecht diese Menschen untergebracht waren und wie mies man sie versorgte.

»Warum, verdammt noch mal, hast du mir nichts davon erzählt?«, herrscht Anna ihn an. Berthold sagt nichts. Aber Anna weiß es auch so. Er will sie nicht beunruhigen. Oder schlimmer. Vielleicht hat er bei dieser Aktion sogar seine Hände im Spiel. Dass Berthold noch für die Partei tätig ist, weiß Anna. Es ist nicht zu übersehen. Manchmal ist er bis spät nachts unterwegs.

Letzte Woche hat er sogar ein Paket Papier mit nach Hause gebracht. Das Bündel war mit einem Strick zusammengeschnürt gewesen. Von außen hatte man nicht wirklich sehen können, was es enthielt. Anna hatte vermutet, dass es sich um Flugblätter handelte. Sie hatte nicht gefragt. Er hatte das Paket wortlos unters Bett geschoben. Am nächsten Tag war das Bündel Papier verschwunden.

Anna weiß auch, dass die Genossen versuchen, mit den Zwangsarbeitern in Kontakt zu kommen und die Lebensumstände für sie erträglich zu machen. Als Wachmann ist Berthold dafür genau an der richtigen Stelle. Er kommt an die Menschen heran. Schon ein paar Mal hat er versucht, mit ihnen zu sprechen, ihnen Zigaretten oder ein Stück Brot zugesteckt oder Nachrichten weitergeleitet. Das hatte er ihr einmal in seiner Empörung über die Zustände mitgeteilt.

Anna weiß, dass das verboten ist. Überall im Werk hängen Anschläge mit den *Verhaltensvorschriften für Deutsche beim Umgang mit Zwangsarbeitern*. Danach sind Gespräche, Geschäfte, Geschenke und die Weiterbeförderung von Nachrichten strengstens verboten. Wer es trozdem tut, gilt als Verräter an der Volksgemeinschaft. Zum Glück war Berthold bisher nicht erwischt worden. Aber konnte man sich dauerhaft auf das Glück verlassen?

In Anna kriecht die Angst hoch. Sie erwartet schon so täglich Bertholds Kündigung. Der Inhaber der Wachgesellschaft ist ein fanatisches Mitglied der NSDAP. Das ist allerorts bekannt. Sie kann sich nicht vorstellen, dass dieser vorbildliche deutsche Volksgenosse Berthold weiter beschäftigt, wenn er erfährt, das dieser ein Halbjude ist. Und er wird es erfahren. Ihrer Meinung nach ist es nur eine Frage der Zeit, bis die Behörden ihn über Bertholds Abstammung informieren.

Und jetzt könnte Berthold vielleicht auch noch durch diesen *Hecho*-Vorfall ins Visier der Gestapo rutschen! Es wäre ein Leichtes für sie, Berthold verhaften zu lassen. Handfeste Gründe oder Beweise brauchten diese Männer nicht. Eine Vermutung oder ein Verdacht reichten völlig.

Was ist, wenn ein bereits verhafteter Genosse beim Verhör nicht dichthält und die Namen anderer Genossen preisgibt? Niemand kann von sich mit Bestimmtheit sagen, dass er unter den Verhörmethoden der Gestapo nicht zum Verräter wird.

Ein Lastwagen hält mit leisem Quietschen vor dem Haus. Der Motor geht aus, eine Ladeklappe wird geöffnet. Einige Personen springen heraus. Man hört die schweren Stiefelschritte erst auf dem Kopfsteinpflaster, dann im Treppenhaus. Die Blicke von Anna und Berthold treffen sich. Beide haben es gehört. Die Türklingel schellt. Anna erstarrt.

Berthold erhebt sich und öffnet die Wohnungstür. Männer in Polizeiuniform und ein Gestapo-Mitarbeiter in langem schwarzen Ledermantel mit Hut stehen davor:

»Berthold Wicklmair, wir verhaften Sie wegen staatsfeindlicher Gesinnung und Unterstützung von Kriegsgefangenen.« Mit diesen Worten drängen sie in den Flur, schieben Berthold gegen die Wand. Dieser sagt immer noch kein Wort. Anna steht in der Küchentür, starrt auf die Szene. Als die Uniformierten merken, dass von Bertholds Seite keine Gegenwehr erfolgt, lockern sie ihren Griff. »Nehmen Sie Ihre Jacke mit!«

Berthold tritt zu Anna und streicht ihr über die Wange. Dann nimmt er seine Jacke und verlässt mit den Männern die Wohnung. Die Tür fällt ins Schloss. Dann wieder die Schritte im Treppenhaus, laute Stimmen auf der Straße, die Ladeklappe des Lastwagens wird geschlossen. Anna hört, wie das Auto startet und davonfährt. Sie ist allein. Es waren nur wenige Minuten, in denen alles geschehen ist, aber sie werden sich ihr für immer ins Gedächtnis brennen. Noch Jahre später wird sie die Stiefel im Treppenhaus hören und sich an den letzten Blick und die letzte Berührung von Berthold erinnern. An diesen Moment, als beiden klar war, dass es jetzt ernst wird und sie sich lange nicht wiedersehen werden. An diesen Moment, der keiner Worte bedurfte um sich zu versichern, dass sie zueinander stehen würden, egal was passiert.

Als Berthold mit einen groben Schupser die Ladefläche des Lastwagens hochstolpert, stellt er fest, dass er nicht der Einzige ist, der abgeholt wurde. Bereits drei Männer sitzen auf den Seitenbänken. Einer davon ist Peter Kapp, der Mann von Annas Freundin Emma. Er wohnt um die Ecke in der Uferstraße. Berthold kennt ihn seit Jahren. Warum hatte man Peter verhaftet? Soweit Berthold weiß, ist er kein Kommunist. Er nickt ihm zu. Als er ihn anspricht, verbietet ihm der Polizist, der gegenüber den Gefangenen auf der Ladefläche sitzt, barsch das Wort. Die Männer schweigen.

Die Fahrt dauert länger als erwartet. Aufgrund der heruntergelassenen Plane ist nicht zu erkennen, wohin es geht.

Langsam verändern sich die Fahrgeräusche. Das Geruckel des Kopfsteinpflasters geht über in eine ruhigere Fahrt. Es wird nicht mehr so häufig gebremst und gasgegeben, die Kurven werden weniger. Man hat anscheinend die dichtbebauten Straßen von Gera verlassen und ist aufs Land hinausgefahren.

Berthold schlussfolgert, dass die Fahrt nicht zum »Gefängnis Amthordurchgang« geht, von welchem er viele grausige Dinge gehört hat. Er atmet auf. Aber wo werden sie stattdessen hingebracht?

Der Lastwagen wird langsamer. Wenige Kurven später hält er an. Die Plane wird zurückgeschlagen. Der Gestapo-Mann brüllt. Alle sollen absteigen. Die Männer werden in eine Holzbaracke gebracht, jeder in einen anderen Raum. Dort steht nur ein Tisch mit zwei Stühlen. Berthold setzt sich und wartet.

Gera, Schafwiesenstraße, 17. März 1943

Anna hatte die ganze Nacht auf ihn gewartet, war nicht ins Bett gegangen. Sie hatte gehofft, dass sich alles als Missverständnis herausstellen und Berthold plötzlich wieder in der Tür stehen würde. Obwohl sie tief in sich drinnen wusste, dass dieser Funke Hoffnung aussichtslos war. Berthold kam nicht.

In den langen nächtlichen Stunden, in denen sie immer wieder ans Küchenfenster getreten war, um auf die Straße zu blicken, hatte sie den Entschluss gefasst, in Erfahrung zu bringen, was mit ihm geschehen war. Nachdem die Kinder am Morgen das Haus verlassen hatten, machte sich Anna gleich zur Untersuchungshaftanstalt Amthordurchgang auf den Weg. Sie hatte gehört, dass die Gestapo dort Menschen festhielt und verhörte.

Als sie endlich vor dem dreigeschossigen roten Ziegelbau stand, zögerte sie. Niemand ging freiwillig dort hinein. Wenn man sie einfach dabehielt? Was würde dann aus den Kindern werden? Sie schob die Gedanken zur Seite, atmete tief durch und betrat das Gebäude.

Der diensthabende Polizist wollte ihr keine Auskunft geben. Er hatte nicht mal bestätigt, dass Berthold im dortigen Gefängnis einsaß. Nur gemeint, dass die Ermittlungen noch andauerten und sie nach Hause geschickt.

Nun steht Anna am Küchenherd und rührt gedankenverloren in der dünnen Erbsensuppe. Ihre Hände sind immer noch eiskalt, ihre Bewegungen fahrig. Sie weiß nicht, was sie noch tun kann. Es ist ein Albtraum. Sie reibt sich über die müden Augen.

An der Wohnungstür klopft es leise. Annas Herz macht einen Satz. Hatte sie richtig gehört? War da jemand an der Tür? Warum klingelte der Jemand nicht? War es Berthold? Er hat doch seinen Schlüssel mit.

Da! Schon wieder! Ein leises, hektisches Klopfen!

Anna stürzt zur Wohnungstür und reißt sie auf. Vor ihr steht ihre Freundin Emma Kapp. Sie macht einen beklommenen Eindruck. Bevor Anna etwas sagen kann, legt Emma einen Finger auf ihre Lippen und bedeutet ihr damit, still zu sein. Sie schiebt Anna in die Wohnung zurück. Bevor sie ihr folgt, schaut sich Emma im Treppenhaus noch einmal um. Niemand ist zu sehen. Leise schließt die junge Frau die Wohnungstür. Erst jetzt beginnt sie zu sprechen:

»Peter hat man gestern auch verhaftet, genau wie Berthold. Heute Morgen stand er plötzlich wieder vor der Tür.«

»Was hat er erzählt?«, fragt Anna aufgeregt.

»Nicht viel. Er wirkt eingeschüchtert. Er hat ein zugeschwollenes Auge und ihm fehlt ein Vorderzahn.«

Anna hält erschrocken die Hand vor den Mund.

Emma spricht aufgeregt weiter: »Er weiß gar nicht, dass ich hier bin. Er würde verrückt werden. Ich musste ihm schwören, niemandem davon zu erzählen. Er ist total verängstigt. Aber ich dachte, du machst dir auch Sorgen um Berthold.«

»Danke, Emma.« Anna drückt ihren Arm.

»Sie haben die Männer gestern nach Hermsdorf zum Verhör gebracht. In eine Baracke im *Hecho*-Werk. Da hat sich die Gestapo Verhörräume eingerichtet.«

Anna hatte es gewusst. Durch diese verdammte *Hecho*-Sache war man auf Berthold gekommen.

»Man hat die Männer einzeln verhört«, erzählt Emma weiter. »Ich weiß nicht, was mit Berthold ist. Peter hat nur gesagt, dass er die Schreie der anderen durch die Holzwände hören konnte.«

»Mein Gott!«, Anna ist entsetzt. Sie schlägt die Hände vors Gesicht. Tränen treten ihr in die Augen.

»Warum haben sie Peter verhaftet?«, fragt sie schließlich. Sie weiß, dass er bei der *Hecho* beschäftigt ist. Er ist aber kein Genosse. Soweit sie sich erinnern kann, bezieht er gar keinen politischen Standpunkt, hält sich möglichst immer aus so etwas raus.

»Sie haben ihm vorgeworfen, mit den Ostarbeitern im Werk gemeinsame Sache gemacht zu haben. Sie sprachen wohl von Sabotage. Man konnte ihm aber nichts nachweisen. Deswegen haben sie ihn heute gehen lassen.«

Berthold werden sie nicht gehen lassen. Da ist Anna sich jetzt sicher. Auch wenn die Gestapo vielleicht keinen Hinweis darauf hat, dass er gegenwärtig als Genosse aktiv ist, so ist doch aktenkundig belegt, dass er vor 1933 der Kommunistischen Partei angehörte. Und dann gibt es ja immer noch die andere Sache, von der die Gestapo inzwischen sicher schon weiß. Auch Halbjuden konnte man einfach so wegsperren.

ANKUNFT AUSCHWITZ

Stammlager Auschwitz, Block 26, Erkennungsdienst, 11. April 1943

In einer Reihe hintereinander stehen die Häftlinge in einem tristen Gang des Blocks 26. Es ist still, niemand sagt ein Wort. Reden ist untersagt und nach den erschütternden Erlebnissen der ersten Stunden in diesem Lager wagt keiner, gegen das Verbot zu verstoßen.

Die meisten stehen mit gesenktem Kopf und starren ins Leere. Manche halten ihre Häftlingsmütze in der Hand. Alle paar Minuten rutscht die Schlange der Männer in den gestreiften Anzügen ein Stück nach vorn. Immer dann, wenn am Ende des Ganges eine Tür aufgeht und die schrille Stimme des Blockführers zu vernehmen ist: »Nächster!«.

Der vorderste der Männer verschwindet im Raum hinter der Tür. Ein anderer kommt heraus. Die Tür fällt zu. Ruhe. Für wenige Minuten. Dann wird die Tür wieder aufgerissen: »Nächster!« Die Reihe ruckt.

Berthold hat noch vier Männer vor sich. Dann wird er durch die Tür gehen. Er ist nicht aufgeregt. Er weiß, was ihn erwartet. Man hat es ihnen gesagt. Die neuen Häftlinge sollen hier für die Lagerkartei fotografiert werden. Wie Schwerverbrecher.

Berthold schaut auf die Männer vor sich. ›Wenn man ihnen die Fotos zeigen würde, sie würden sich nicht wiedererkennen‹, schießt es ihm durch den Kopf. Vor 24 Stunden hatten sie alle noch ganz anders ausgesehen. Sie waren noch Menschen gewesen. Inzwischen hatten sie sich in undefinierbare, gleich aussehende Wesen verwandelt.

Vor 24 Stunden. Berthold denkt zurück.

Gegen Mittag waren sie in Lastkraftwagen im Lager angekommen. 67 Personen hatte Berthold gezählt, sich eingeschlossen. Die meisten waren Polen, die man bei einem kurzen Stopp, etwa eine Stunde vorher, dem Transport hinzugefügt hatte.

Die Fahrzeuge hielten außerhalb des Lagers. SS-Männer mit scharfen Hunden erwarteten sie schon. Unter ihrem lauten Gebrüll kletterten die Neuankömmlinge von den Fahrzeugen. »Absteigen!«, »Raus, aber zackig!«, »Saujuden!« Die ersten Schlagstöcke rauschten auf sie nieder, bis sie ordentlich in Zweierreihen dastanden, getrennt nach Männern und Frauen. Die Frauen wurden sofort ins Lager geführt, die Männer ließ man stehen.

Ein SS-Mann schritt immer wieder die Reihen ab. Plötzlich stieß er einem Polen seinen Gewehrkolben ins Gesicht, einfach so, ohne Vorwarnung. Weil ihm der Pole in die Augen geschaut hatte. Der Mann brach zusammen, blutete aus Nase und Mund. Danach hatte niemand mehr gewagt, aufzublicken.

Mit gesenktem Kopf hatte Berthold versucht, so viel wie möglich vom Lager zu erspähen. Sein Blick war auf den kasernenartigen Komplex aus mehreren roten Backsteingebäuden gefallen, die von einem hohen Zaun umschlossen wurden. In regelmäßigen Abständen konnte er Wachtürme erkennen. Auf ihnen waren Männer mit Gewehren im Anschlag stationiert.

Das war es also, das berüchtigte Auschwitz. Das hatte die Gestapo für ihn als Verwahrungsort ausgesucht, nachdem sie ihn tagelang in Hermsdorf verhört hatten.

Es waren furchtbare Tage gewesen. Seine KPD-Zugehörigkeit war der Gestapo bekannt. Außerdem hatte ihn irgendjemand dabei beobachtet, wie er einigen Ostarbeitern Kleidung zugesteckt hatte. Eigentlich hatte Berthold damit nur helfen wollen.

Der Winter war sehr kalt gewesen. Das Heizmaterial, welches die Russen bekamen, reichte vorn und hinten nicht. Sie lebten in eiskalten Baracken. Dazu kam noch, dass viele dieser Menschen nur das an Kleidung besaßen, was sie beim Verlassen der Heimat am Leib getragen hatten. Sie froren alle erbärmlich, viele waren krank geworden. Berthold hatte ihnen eine alte Jacke, eine Hose und zwei Pullover überlassen. Alte abgenutzte Sachen, die Gabi und Ernst nicht mehr passten, die aber den Ostarbeitern noch von Nutzen waren. Wer ihn beobachtet hatte, wusste er nicht. Aber das war auch egal. Mehr Beweise hatte die Gestapo nicht gebraucht, um ihn zum Staatsfeind zu machen.

Sie hatten ihn wieder und wieder befragt, schikaniert und geschlagen. Tagelang ließ man ihn keine Nacht durchschlafen. Er sollte über die Genossen reden. Er hatte geschwiegen. Darauf ist er immer noch stolz.

Irgendwann hatte die Gestapo das Interesse an ihm verloren. Man stellte die Einlieferungspapiere für das Lager Auschwitz aus. Ein Gerichtsurteil hatten sie nicht gehabt und auch nicht gebraucht. Sie behielten ihn einfach in Schutzhaft, brachten ihn in ein Sammellager nach Berlin. Hier hatte man den Transport nach Auschwitz zusammengestellt.

Bertholds Blick war inzwischen an dem großen Eingangstor des Lagers hängen geblieben. ›Arbeit macht frei‹

stand in metallenen Großbuchstaben im Torbogen. Die drei Worte ließen ihn ruhiger werden. Vor körperlichen Anstrengungen hatte er keine Angst, das war er gewohnt. Auch seine Einweisung ins Lager trug er mit Fassung. Wie sich eine Inhaftierung anfühlt, wusste er. Er hatte schon im Arbeitshaus gelernt, seine persönlichen Bedürfnisse zurückzustellen, sich allem unterzuordnen. Er wußte, dass es wichtig war, so schnell wie möglich die Regeln und die Struktur des Lagers zu begreifen. Nur das würde ihm helfen.

Da gab es manch anderen aus dem Transport, der es schwerer haben würde, hier durchzuhalten. Zum Beispiel dieser schmächtige Zahntechniker aus Köln. Ein Jude, der es bis vor Kurzem geschafft hatte, sich vor den Nazis zu verstecken.

Nachdem die Frauen im Lager verschwunden waren und der Wachmann aus der Blockführerstube die Transportliste abgeglichen hatte, durften auch die Männer das Lager betreten.

Kurz bevor Berthold das Lagertor durchschritt, nahm er ein surrendes Geräusch wahr. Erst war ihm nicht klar, woher es kam, aber dann fiel sein Blick auf den doppelten, elektrischen Stacheldrahtzaun, der an gebogenen Betonpfeilern um das Lager befestigt war. ›Die haben den Zaun unter Strom gesetzt! Diese Schweine!‹, schoss es ihm durch den Kopf. Auch ihm war jetzt das Entsetzen in die Glieder gefahren. Er ahnte, dass es die härteste Zeit seines Lebens werden würde.

Auf dem Appellplatz ließ man die Männer noch einmal antreten. Ein SS-Mann sprach zu ihnen. Wie der Torbogen schon erahnen ließ, waren sie hier, um zu arbeiten. Zu arbeiten bis zum Tod. Daran ließ der SS-Mann keinen Zweifel. Welche Ironie in diesem Spruch über dem Lagertor steckte! ›Arbeit macht frei‹ – Frei durch den Tod! So konnte man es natürlich auch verstehen.

Vor allem auf die Juden schien man es abgesehen zu

haben. Berthold begriff, dass er dankbar dafür sein konnte, dass die Geraer Gestapo nichts von seiner jüdischen Abstammung gewusst hatte. Man hatte ihn als Politischen, nicht als Juden ins Lager eingewiesen. Und er würde sich hüten, es jemandem zu sagen.

Schließlich hatte man die Männer zur Registrierung in ein Gebäude geführt. Einzeln wurden sie vernommen und mussten ihre Daten für die Häftlingskartei angeben. Dann brachte man sie in einen gefliesten Raum und wies sie an, sich völlig zu entkleiden. Alle ihre Sachen stopften sie in große Behälter. Dabei wurde auch dem Letzten klar, dass sie nichts davon wiedersehen würden. Beim Gedanken an die persönlichen Dinge, Fotos und Briefe, die sich noch in den Taschen befanden, zögerte so mancher. Die SS-Männer prügelten, bis die Hände der neuen Häftlinge die liebgewordenen Dinge für die Tonne freigaben.

Splitterfasernackt trieb man sie unter die Duschen. Das Wasser war eiskalt. Wer zögerte, wurde gewaltsam unter den Wasserstrahl gestoßen.

Zitternd und nass kamen sie in den nächsten Raum. Dort warteten schon einige alteingesessene Häftlinge in gestreiften Sachen auf sie. Sie sahen furchtbar aus. Abgemagert, ohne Haare, große Augen in knochigen Schädeln, emotionslos. Sie waren für die Neuankömmlinge wie ein Blick in ihre eigene Zukunft.

Die Häftlinge hielten Schergeräte in der Hand. Die ersten nackten Männer wurden gezwungen, sich auf Hocker zu setzen. Die alten Häftlinge setzten die Geräte an und schoren ihnen grob die Schädel kahl. Die nassen Haare fielen zu Boden. Binnen Minuten waren die Männer nicht mehr wiederzuerkennen, sahen den scherenden Gestalten schon auf erschreckende Weise ähnlich.

Dann tauschten sie. Die Männer stellten sich vor die Hocker. Nackt, breitbeinig, die Arme schräg nach oben haltend. Die Häftlinge setzten sich vor sie und begannen, ihr gesamtes Körperhaar zu entfernen. Sie waren dabei nicht zimperlich. Brutal setzten sie immer wieder die stumpfen Geräte an, rissen sie über die Körper, als würden sie Schafe scheren.

Entwürdigende Szenen spielten sich ab. Männer wurden an den Haaren auf und von den Hockern gezerrt. Wer sich weigerte und versuchte, mit den Händen seine Scham zu schützen, wurde geschlagen und getreten. Manche weinten, flehten. Aber es half nichts.

Nackt und völlig rasiert wurden sie desinfiziert und mussten sich anschließend wieder in einer Reihe anstellen, um die nächste entwürdigende Prozedur hinter sich zu bringen.

Zwei Häftlinge stellten mit festem Griff einen Mann ruhig, während ein dritter mit einem Federhalter ähnlichen Gerät die Häftlingsnummer auf dessen Arm tätowierte. Es ging schnell, als hätten die Häftlinge das schon hundert Mal gemacht.

Als Berthold an der Reihe war und seinen Namen nannte, rief ein Häftling mit Liste aus dem hinteren Teil des Raumes: »Der nicht!«. Berthold wurde zu den fertig Tätowierten gestoßen. Er verstand erst nicht, warum man ihn verschonte. Erst als man noch einen anderen Mann nicht tätowierte, wurde es ihm klar: Politische Reichsdeutsche entgingen dieser Prozedur.

In der Kleiderkammer bekamen die zitternden und verstörten Menschen endlich etwas zum Anziehen. Natürlich nahm man auf Größen keine Rücksicht. Die neuen Häftlinge mussten nehmen, was sie bekamen. Bertholds gestreifte Häftlingshose war zu groß, aber die Jacke passte. Die Sachen waren aus grobem Stoff gefertigt und stanken nach Desinfektionsmittel. Berthold war nicht der erste, der sie am Leib trug. Auf der linken Brustseite der Jacke und dem rechten Hosenbein wurde ein Stück Stoff, bedruckt mit einem roten Dreieck und der Häftlingsnummer aufgenäht: 113385. Seine Nummer. Das war er seit gestern: 113385.

Nun stehen sie hier im Block 26. Die erste Nacht in den überfüllten Blocks mit den verlausten Pritschen und dem Gestank nach dreckigen und sterbenden Menschen, liegt hinter ihnen. Das Fotografieren, dass sie gleich über sich ergehen lassen müssen, ist der Abschluß der Registrierung im Lager.

Die Tür geht auf. »Nächster«, hört Berthold den Blockführer rufen. Mit der Mütze in der Hand betritt er den Raum.

Sein Blick fällt auf die eigenartige Vorrichtung auf einem Podest. Auf einer Holzplatte ist ein Stuhl befestigt, mit einem metallischen Haken in Kopfhöhe. Vor dem Stuhl, noch auf dem Podest, befindet sich eine Kamera, auf einem Stativ montiert. Direkt dahinter steht ein Mann. Er scheint der Fotograf zu sein. »Mütze auf und hinsetzen!«, sagt er mit monotoner Stimme und deutet auf den Stuhl.

Berthold steigt auf das Podest und setzt sich. Ein zweiter Häftling kommt an den Stuhl und hängt eine Schiene in die dafür vorgesehene Einkerbung. Berthold erkennt seine Häftlingsnummer. Bevor er den Rest lesen kann, drückt der Häftling seinen Kopf gegen den metallischen Haken. Mit dessen Hilfe ist der Kopf sofort in der richtigen Position, im richtigen Abstand zur Kamera. Der Fotograf kann wie am Fließband arbeiten. Er muss die Kamera nicht für jeden Häftling neu einstellen. Das spart Zeit.

»Hierhin schauen!« Der Fotograf sieht bereits durch den Sucher. Er hat den Arm seitlich ausgestreckt und schnippt mit den Fingern. *Klick*, hört man den Auslöser. Ein dritter Häftling kommt herbei und tauscht die Kassette in der Kamera.

»Mütze ab und geradeaus schauen, direkt in die Kamera!« Berthold rückt sich zurecht. »Ruhig sitzen!«, sagte der Fotograf und löste kurz danach aus. *Klick.*

Der Fotograf tritt an den Stuhl. »Festhalten!« Dabei bedient er einen Hebel und der Stuhl dreht sich mit einem Ruck zur Seite. *Klick.* Auch das Profilbild ist im Kasten.

»Danke. Weg!« hört Berthold.

Er erhebt sich. Keine fünf Minuten hat alles gedauert. Während er den Raum verlässt, hört er die schrille Stimme des Blockführers: »Nächster!«

Besuch in Auschwitz

Oświęcim, KZ-Gedenkstätte Auschwitz, September 2012
Die Dame vom Archiv der Gedenkstätte heißt mich und meinen Vater herzlich willkommen. Wir haben den weiten Weg ins südliche Polen auf uns genommen, um mit eigenen Augen zu sehen, wo Berthold die letzten Monate seines Lebens verbracht hat.

Auch meinen Vater lässt die Lebensgeschichte seines Großvaters mittlerweile nicht mehr los und so haben wir beschlossen, gemeinsam nach Oświęcim, wie Auschwitz heute heißt, zu fahren. Mich freut es, denn in meinem Vater habe ich nicht nur eine Reisebegleitung, sondern inzwischen auch einen Partner gefunden, der wie ich, jedes Detail der Geschichte kennt und mit dem man prima die Geschehnisse diskutieren kann.

Zu unserer Erleichterung spricht uns die Gedenkstättenmitarbeiterin mit deutschen Worten an. Die Verständigung wird also kein Problem sein. Sie bittet uns, an einem Tisch mit vier Stühlen Platz zu nehmen.

Während sie an ihrem Schreibtisch einige Unterlagen zusammensucht, habe ich etwas Zeit, die große Landkarte an der gegenüberliegenden Wand zu betrachten. Auf ihr sind alle Konzentrationslager des Dritten Reiches eingezeichnet. Die Karte ist übersät mit schwarzen Punkten, kleinen und großen. Ich bin überrascht, wie unglaublich viele Lager und Nebenlager es damals gegeben hat.

Ich suche die Karte ab. Versuche mich zu orientieren, um Auschwitz zu finden. Da ist es. Und wo liegt Gera? Mein Blick wandert nach links bis ich die Stadt gefunden habe. »So viele Kilometer weit weg von Gera!«, bemerke ich. »Ja. Viele

Häftlinge kamen aber noch von viel weiter her«, meint die Ar-
chivmitarbeiterin und legt einige Akten auf den Tisch. Dann
nimmt auch sie Platz.

Mein Vater fasst noch einmal den Grund unseres Besuches
zusammen. Hoffnungsvoll schauen wir sie an. Wird sie uns
neue Informationen zu Berthold geben können? Hat sie noch
Unterlagen über seinen Aufenthalt im Lager? Ich weiß, dass
vieles von der SS noch in den letzten Kriegstagen zerstört wur-
de und dass es einem Lottogewinn gleicht, etwas Konkretes zu
finden. Aber vielleicht haben wir ja Glück.

»Ich habe zu Berthold Wicklmair wirklich ein paar Unterla-
gen gefunden«, sagt sie. Sie lächelt, als sie unsere erwartungs-
vollen Minen sieht. »Es ist nicht viel, aber es beweist, dass er
hier war.« Sie zieht einige Blätter aus einer Akte hervor. Es
sind Kopien handgeschriebener Listen.

»Leider ist der Aufnahmebogen aus der ehemaligen Häft-
lingskartei nicht mehr darunter. Ich kann Ihnen also nicht
sagen, warum Herr Wicklmair verhaftet beziehungsweise
ins Lager eingewiesen wurde.« Sie deutet auf die Unterla-
gen. »Aber diese Kopien belegen, dass er im Arbeitskomman-
do ›Bauhof‹ im Lager tätig war. In diesen Listen wurden die
Prämienauszahlungen verzeichnet.« Damit reicht sie uns die
Seiten über den Tisch.

Unter den aufgeführten Häftlingsnummern finden wir die
Nummer 113385, dahinter den Wert der ausgezahlten Prä-
mie. In einer der Listen ist neben der Häftlingsnummer auch
der Name vermerkt. ›Wicklmair, Berthold‹ lese ich. Er war es
also wirklich. Mein Vater deutet auf einen Stempelaufdruck
›Firma Josef Kluge aus Alt-Gleiwitz‹. »Musste er für diese
Firma arbeiten?«, fragt er.

»Ja, wahrscheinlich«, beantwortet die Angestellte seine Fra-
ge. »Die Häftlinge arbeiteten für die verschiedensten Betriebe.
Auch für Firmen, die innerhalb des Lagers tätig waren, wie
diese hier. Sie hatten große Materialschuppen, direkt vor dem
Lager, wo ihre Baumaterialien gelagert wurden. Dieser Platz
wurde ›Bauhof‹ genannt. Die Häftlinge, die hier arbeiteten,

waren einem der kräftezehrendsten Kommandos zugeteilt, die es im Lager überhaupt gab. Ehemalige Häftlinge haben berichtet, dass die Baustoffe meist mit bloßen Händen, in rasender Geschwindigkeit, bei Wind und Wetter transportiert werden mussten. Das hielten die meisten nicht lange durch. Es ist absolut erstaunlich, dass Herr Wicklmair es geschafft hat, dieses Kommando über einenhalb Jahre zu überleben.«

»Woher wissen Sie, dass er so lange in diesem Kommando war?«, frage ich. »Schauen Sie hier!« Sie deutet auf die Daten am oberen Seitenrand. Das erste Datum ist der 2. Mai 1943, das letzte der 12. Januar 1945.

»Er war also seit Anfang Mai 1943 hier im Konzentrationslager?« »Nein, genau genommen wurde er am 10. April 1943 im Stammlager Auschwitz I eingeliefert.«

»Woher wissen Sie das?«, frage ich erneut. »Ich denke, die Häftlingsakten sind nicht mehr vorhanden?«

»Anhand seiner Häftlingsnummer können wir nachvollziehen, wann er im Lager aufgenommen wurde. Die Häftlingsnummer 113385 wurde am 10. April 1943 ausgegeben. Herr Wicklmair kam mit einem kleinen Transport von insgesamt 67 Personen hier an.«

»So wenige? Mit einem Eisenbahntransport?« Vor meinem geistigen Auge habe ich die Bilder von Häftlingen bei ihrer Ankunft in Auschwitz. Hunderte, die auf der Rampe stehen, neben dem Zug, der sie in dieses schreckliche Lager gebracht hatte. Ein SS-Arzt selektiert: Zur Arbeit – ins Gas.

»Nein, nicht alle Menschen wurden mit Zügen hier angeliefert. Der Transport erfolgte in diesem Fall vermutlich mit Lastwagen.«

Die Frau deutet noch einmal auf die kopierten Listen. »Für unsere Gedenkstätte ist es ein Glück, dass einige dieser Prämienlisten noch existieren. Es ist oftmals der einzige Nachweis, dass ein Mensch als Häftling hier war. Die SS hat bei der Vernichtung der Unterlagen ganze Arbeit geleistet. Sie zerstörten nicht nur die ganze Häftlingskartei, sie versuchten auch Kisten voller Foto-Negative und die Abzüge in den Krematorien zu *verbrennen.«*

»Versuchten?«, frage ich nach, weil ich den Zwischenton in ihren Worten gehört hatte.

»Ja, es gelang nämlich nicht vollständig.« Mein Herz beginnt schneller zu schlagen, während die Archivmitarbeiterin weiterspricht: *»Als die Russen im Lager eintrafen, retteten sie, was zu retten war. Der größte Teil war natürlich zerstört. Aber die Negative der Fotoaufnahmen waren in den Kisten so eng aneinander gesteckt, dass die, die in der Mitte standen, nicht vom Feuer erfasst wurden und damit nicht verbrannten. Dadurch konnten wenige Fotos gerettet werden.«* Sie macht eine Pause, lächelt uns an. Wir wagen kaum, ihre nächsten Worte vorauszuahnen.

»Es ist fast ein Wunder, aber wir haben das Foto Ihres Urgroßvaters gefunden.«

Mein Vater ist völlig sprachlos. Ich bekomme nur ein *»Wirklich?«* heraus.

»Ja, wirklich.« Sie schiebt uns eine dünne Mappe über den Tisch. Sie ist noch zugeschlagen und dafür bin ich ihr dankbar. So haben wir einen Moment Zeit, uns an den Gedanken zu gewöhnen, dass wir Berthold gleich ins Gesicht sehen werden. Jeder von uns hat sich sein eigenes Bild von ihm gemacht. Werden wir enttäuscht sein, weil wir uns ihn vielleicht ganz anders vorgestellt haben? Wir starren auf die Mappe. Es scheint, als ob es uns unmenschliche Kraft kostet, den nächsten Schritt zu tun.

Ich schaue meinen Vater an. *»Willst du?«, frage ich ihn.*

»Mhm«, er nimmt die untere Ecke der Mappe zwischen Daumen und Zeigefinger. Nur einen Atemzug sind wir noch von Bertholds Abbild entfernt. Er atmet tief ein und schlägt mit einem Ruck die Pappe zurück.

Wir blicken in das Gesicht eines Mannes von 41 Jahren, kahl geschoren, in gestreifter Häftlingskleidung. Ich habe ihn noch nie gesehen und doch ist er mir vertraut. Ich selbst bin augenblicklich erleichtert und merke, dass auch mein Vater wieder entspannt. Merkwürdig. Was hatten wir denn befürchtet? Ich

weiß es in diesem Moment schon nicht mehr und unsere An-
spannung während der letzten Sekunden kommt mir plötzlich
mehr als albern vor.

Ich schaue mir das Foto genauer an. Es ist dreigeteilt, beste-
hend aus drei einzelnen Porträtfotos. Das mittlere Bild zeigt
Berthold frontal von vorn. Ein offener ungebrochener Blick,
eine leicht schiefe Nase und ein schön geschwungener Mund.
Rechts und links am Kinn kann man Blessuren erkennen. Auch
mein Vater hat sie entdeckt: »Schau mal, man hat ihn sicher in*
der Gestapohaft geschlagen.«

»Ja, stimmt«, *entgegne ich.* »Aber sieh dir seinen Blick an.*
Fast trotzig. Als ob er sagen will: ›Ihr habt mich hierher ver-
schleppt, aber ich werde auch das überstehen!‹.«

Mein Vater lächelt und es ist das Lächeln eines Enkelsoh-
nes, der stolz auf seinen Großvater ist. »Er war bestimmt ein*
Kämpfer!«

Bertholds Häftlingsjacke ist bis oben zugeknöpft, auf der lin-
ken Brust ist ein Stofffetzen mit einem Dreieck und der Häft-
lingsnummer aufgenäht.

Ich versuche mich von dem mittleren Foto zu lösen, was
schwer ist, denn Bertholds Blick zieht mich immer wieder in
seinen Bann. Auf dem linken Porträtfoto sieht man Berthold
im Profil. Er hat eine erstaunlich große Nase, die sich nicht
harmonisch in sein Gesicht einfügt. Für die richtige Position
seines Kopfes musste er diesen an einen Metallhaken lehnen.
Über seiner Schulter verlaufen zwei Text-Streifen ›POL:
113385‹ und ›Auschwitz‹.

»Was bedeutet das ›POL‹?«, *frage ich.*

»Das ist der Grund der Inhaftierung. Herr Wicklmair war*
aus politischen Gründen eingesperrt.«

»Er war auch Halbjude«, *erwähnt mein Vater.*

»Dann hat er Glück gehabt, dass man ihn hier nur als Po-*
litischen führte«, sagt die Frau. »In Auschwitz gab es eine Art*
Lagerhierarchie. Jüdische Häftlinge standen ganz unten. Sie
waren gar nichts wert. Bekamen die schwerste Arbeit, das we-
nigste Essen und wurden noch mehr als alle anderen gequält.

Sie überlebten meist nur kurze Zeit. Politisch inhaftierte Reichsdeutsche, wie Herr Wicklmair, standen in der Hierarchie weiter oben. Sie bekamen hin und wieder kleine Vergünstigungen, die das Überleben etwas erleichterten.«

Man konnte in Auschwitz also auch Glück haben. Ein absurder Gedanke.

Ich betrachte das dritte Bild. Auf diesem hat Berthold eine Häftlingsmütze auf und sieht nach rechts in die Ferne. Er hat einen fast verklärten Blick. »So habe ich mir immer den ›Kleinen Trompeter‹ aus dem Lied vorgestellt«, kommentiere ich das Bild.

Wir sind von unserem Glück überwältigt. Es sind die ersten und einzigen Fotos, die wir von Berthold haben. Jetzt hat dieser Mann für uns endlich ein reales Gesicht. Wir dürfen das Blatt mit den Fotos behalten. Mein Vater schiebt es in eine Klarsichthülle, die er ganz oben auf die Unterlagen in unserem dicken schwarzen Ordner heftet. Dieser Ordner ist mittlerweile immer dabei. Er enthält alle Rechercheergebnisse und das sind nicht wenige.

Noch unzählige Male bleiben wir an diesem Tage stehen und öffnen ihn, um uns Bertholds Fotos immer wieder anzusehen.

Bevor wir uns von der Archivmitarbeiterin verabschieden, bitten wir noch darum, den Block 6a besichtigen zu dürfen, in welchem Berthold damals untergebracht war.

»Diese Etage ist für die Öffentlichkeit derzeit nicht zugänglich. Aber ich rede mit dem Direktor und bitte ihn in Ihrem Fall um eine Ausnahme.«

Es klappt. Wenig später treffen wir uns mit einen Wachmann vor dem Gebäude des Blocks Nummer 6. Wir dürfen die obere Etage des Hauses besichtigen. Jede Etage wurde im Stammlager Auschwitz als eigener Block geführt, das ›a‹ weist auf obere Etage hin.

Mit ein bisschen Phantasie kann man sich die riesigen Schlafräume mit den vielen Häftlingen und den dreietagigen Holzbetten vorstellen.

Mein Vater steht am Fenster und blickt hinaus. Direkt gegenüber steht Block 5, ebenfalls ein rotes Ziegelgebäude.

»Das ist also der Blick, den mein Großvater fast zwei Jahre vor Augen hatte.« Er schaut nach rechts und sieht den elektrischen Zaun und einen Wachturm. Heute ist darum eine Wiese und überall stehen Birkenbäume. »Die waren früher sicher nicht da«, meint er und zeigt in Richtung der Bäume. »Da sah es hier viel trostloser aus.«

Leben mit dem Tod

Stammlager KZ Auschwitz, 23. Dezember 1943, 18:15 Uhr

Es ist bereits dunkel. Die roten, regelmäßig angeordneten Ziegelbauten des Lagers wirken fast schwarz. Ab und an erhellt der kleine gelbliche Schein einer Metalllampe einen Hauseingang oder ein Stück des Lagerwegs und gibt der gespenstigen Stimmung Kontur.

Die Suchscheinwerfer der Wachtürme werfen in unregelmäßigen Abständen sehr helles, kaltes Licht auf die Flächen um den mannshohen Stacheldrahtzaun, der das Lager umschließt. Auf den Türmen sind schemenhaft die Wachmänner zu erkennen.

Es ist furchtbar kalt. Das Thermometer ist weit unter Null gefallen und der Schnee, der die Wege und Gebäude bedeckt, dämpft alle Geräusche.

Die Spuren, die die ersten ins Lager zurückkehrenden Häftlinge in dem tagsüber gefallenen Schnee hinterlassen haben, sind durch die vielen folgenden Füße in Holzpantinen längst zu Matsch getreten.

In Fünferreihen, mit letzter Kraft, zum Singen gezwungen, kommen nun endlich auch die gestreiften Menschenschatten des Bauhofkommandos ins Lager zurückmarschiert.

Der schwarz-weiß angemalte Schlagbaum mit dem Schild ›HALT Ausweise vorzeigen‹ ist geöffnet. Der

Trupp schleppt sich durch den Lagereingang, in einiger Entfernung spielt die Lagerkapelle. Heute schleifen sie nur drei ohnmächtige Häftlinge mit. Wenigsten gab es keinen Toten – eine Seltenheit. Man merkt, dass Weihnachten vor der Tür steht. Die SS-Männer, sicher von der besinnlichen Zeit angesteckt, werden gnädiger.

Berthold blickt nach oben, als er das Lagertor passiert. Wie jeden Tag. ›Arbeit macht frei‹, liest er den metallenen Schriftzug über seinem Kopf. Wie oft hat er ihn schon gesehen? Hundertmal? Zweihundertmal? Oder mehr? Er weiß es nicht. Er versucht, es im Kopf zu überschlagen. Es gelingt nicht! Das Denken fällt ihm schwer. Dieser verdammte Hunger. Aber klagen will er nicht. Ihm ist klar, dass das Leben es noch gnädig mit ihm meint. An diesem Ort, wo ein Menschenleben gar nichts gilt.

Wie viele Häftlinge hatte er in den letzten Monaten ankommen und binnen kürzester Zeit verschwinden sehen. Sie waren vor Erschöpfung gestorben, verhungert oder man hatte sie umgebracht. Einfach so, weil ein SS-Mann schlechte Laune hatte, der Häftling den Liedtext nicht kannte oder jemand aus einem Block geflüchtet war. Es gab tausend Gründe und keinen, in Auschwitz sein Leben zu verlieren. Sicherheit haben die Häftlinge in keiner Minute. Viele überleben nur Stunden bis wenige Wochen. Berthold selbst ist nun schon ein Dreivierteljahr hier. Und es gibt ihn noch! Auch wenn er sich über seine optische Erscheinung keine Illusionen macht. Er ist abgemagert, sieht grau und verhärmt aus. Wenn Anna ihn so sehen würde! Aber er hat noch Kraft und ist, Gott sei Dank, bis jetzt von einer ernsten Erkrankung verschont geblieben. *Bis jetzt.*

Er denkt an die Wunde an seiner Hand. Der Schmerz pocht unaufhörlich. Ein Metallblech war heute Nachmittag von einem Stapel gerutscht. Er hatte versucht, es mit den Händen aufzufangen. Der scharfe Grat war ihm in die Haut zwischen Daumen und Zeigefinger gefahren. Es hatte sofort geblutet. Mit einem alten Lappen, den er in einer Schuppenecke fand, hatte er versucht, die Blutung provisorisch zu stoppen.

Der Lappen ist immer noch um seine Hand gewickelt. Er weiß, dass er dringend etwas Sauberes finden muss, sonst wird sich die Wunde entzünden. Das darf nicht passieren. Eine eiternde unbehandelte Wunde bringt einen hier in Lebensgefahr.

Die Häftlinge stellen sich auf dem Lagerplatz zum Zählappell auf. Die meisten mit stumpfem Blick. Alle halten ihre Mützen in der Hand. Sie haben Haltung angenommen: Brust raus, Hände an die Hosennaht. Die eisige Kälte hat von ihren Körpern längst Besitz ergriffen. Mancher spürt seine Füße und Finger nicht mehr.

Der wachhabende Offizier in der hölzernen Rapportführerstube vor der Lagerküche hat heute einen barmherzigen Tag. Er dehnt die Meldungen der Kapos über die Häftlingszahlen nicht unnötig aus. Wahrscheinlich will er so schnell wie möglich in eine beheizte Stube. Die Zahlen stimmen, seine Arbeit ist damit erledigt.

Endlich tritt der Kapo vor das Arbeitskommando des Bauhofs und beginnt die Nummern der Häftlinge zu verlesen, die heute für gute Arbeit einen Prämienschein erhalten: »84011, 98633, 99383, 109511, 113385 …«.

Berthold tritt mit einigen anderen aus der Reihe. Er hört, wie der Kapo in seinem Rücken die zurückgebliebenen Häftlinge anschnauzt:

»Ihr solltet das nächste mal auch eure Ärsche in Bewegung setzen. Dass es geht, zeigen euch die hier!«, damit deutet der Kapo auf die Ausgezeichneten. »Wer nicht arbeiten will, kann das Lager auch gern durch den Schornstein verlassen!«

Die meisten der Häftlinge sind am Ende ihrer Kräfte. Das Gebrüll und die Drohung des Kapos wird sie nicht anspornen. Sie können nicht mehr und das ist gefährlich für sie.

Berthold kennt den Kapo. Er weiß, dass er es ernst meint. Obwohl der selbst Häftling ist, hat ihm die SS die Macht gegeben, die Häftlinge seines Kommandos straflos und willkürlich vom Leben zum Tod zu befördern. Der Kapo hat keinerlei Skrupel es zu tun, um sich einen Vorteil bei der SS zu verschaffen. Berthold hatte es oft genug erlebt. Ein perfides System, was sich die SS da ausgedacht hatte. Sie machten gewissenlose kriminelle Häftlinge zu Aufsehern und diese profilierten sich auf dem Rücken und Leben der ihnen untergebenen Häftlinge.

Bertholds Aufmerksamkeit entzieht sich dem Spektakel hinter seinem Rücken und wendet sich dem Kommandoschreiber zu, der in diesem Moment vor ihn tritt. Der Schreiber gleicht die Nummer auf der Häftlingsjacke mit seiner Liste ab. Dann drückte er Berthold einen kleinen roten Schein in die Hand. ›2 Reichsmark‹ kann Berthold darauf lesen. Die kalten Finger seiner unverletzten Hand krümmen sich um das Stück Papier und umschließen diesen so wertvollen Schatz.

Der Kapo lässt die Häftlinge abtreten. Die Gestalten wanken in ihre Blocks. Berthold geht zur hinteren Lagerstraße und betritt ein Gebäude über den Seiteneingang. Rechts neben der Eingangstür leuchtet matt eine Metalllaterne mit der Blocknummer 6a.

Eine Treppe führt in die erste Etage des Hauses. Von ihr gehen zwei große Schlafsäle ab, in denen hunderte Häftlinge untergebracht sind.

Die Säle sind vollgestellt mit dreietagigen Holzbetten, die dicht an dicht stehen, ohne dazwischen einen Gang zu lassen. In jedem Bett schlafen mindestens zwei Häftlinge, manchmal auch drei oder vier, auf einem Sack aus Stroh. Dort, wo der Kopf des einen liegt, liegen die Füße des anderen. Zum Zudecken haben sie nur einfache Decken, auch jetzt im Winter. Die Decken sind seit Monaten in Benutzung. Sie stehen vor Dreck, haben Löcher. Die Läuse kann man mit bloßem Auge sehen. Nachts hindern sie manchen am Schlafen.

Im Saal befindet sich nur ein Schrank, der vom Block-führer und seinem Schreiber genutzt wird. Die Häftlinge tragen das, was sie besitzen, am Leib. Sie können es nur in ihrem Bett verstecken. Aber das kann gefährlich sein. Man kann nie sicher sein, dass es noch da ist, wenn man mit der Hand danach sucht. Auch im Schlafsaal ist es kühl. Der kleine Ofen spendet viel zu wenig Wärme.

Berthold teilt sich das Bett mit einem anderen Reichs-deutschen. Hans. Auch er ist aus politischen Gründen in-haftiert.

»Was hast du da gemacht?«, fragt Hans, als sein Blick auf die umwickelte Hand fällt.

Berthold erzählt die Geschichte von dem herunterge-rutschten Blech und löst dabei vorsichtig den Lappen von der Hand. Das Blut ist getrocknet und er muss etwas zie-hen, damit dieser abgeht.

Endlich liegt die Wunde frei. Zwischen dem geronne-nen Blut ist der Einschnitt gut zu erkennen. Die Haut um die Verletzung ist rot und heiß.

»Oh Mann!«, kommentiert Hans diesen Anblick. »Du musst in den Krankenbau und die Wunde säubern lassen. Du brauchst auch einen ordentlichen Verband.«

»Das wollte ich eigentlich nicht«, entgegnet Berthold und starrt auf die Wunde. Wer kann, macht um das Kran-kenrevier einen Bogen. Hier gibt es unangekündigte Se-lektionen. Man weiß nie, ob man wieder entlassen oder in den Tod geschickt wird.

Berthold versucht, seinen Daumen zu bewegen. Die Wunde reißt sofort wieder auf, Blut quillt hervor.

»Das heilt nicht von allein«, meint Hans überzeugt. »Du solltest gleich gehen. Wenn es nicht eitert, ist in den nächsten drei Tagen vielleicht das Schlimmste verheilt.«

Er hat Recht. Es ist ein Glücksfall, dass es genau jetzt passiert ist. Weihnachten steht vor der Tür. Die nächsten drei Tage wird im Lager nicht gearbeitet. Der Schnitt könnte zusammenwachsen. Berthold nickt und seufzt. »Dann werde ich jetzt wohl mal gehen.«

Ihm fällt ein, dass er zur Sicherheit etwas mitnehmen sollte, um den Häftlingspfleger wohlgesinnt zu stimmen. Hatte man etwas zu geben, konnte man sich oftmals eine kleine Bevorzugung im Lager verschaffen.

In der Regel setzte er dafür ein paar von den Zigaretten ein, die Anna ihm ab und zu mit einem Päckchen schickte. Aber er hatte keine mehr. Die letzte hatte er vorige Woche dem Kapo überlassen, der ihn dafür bei dem starken Regen innerhalb des Materialschuppens arbeiten ließ. Jetzt braucht er aber etwas, was er ins Krankenrevier mitnehmen kann.

Er denkt an den Prämienschein. Dafür könnte er sich in der Lagerkantine etwas gegen den Hunger besorgen. Salzschnecken oder eingelegte rote Bete. Aber es hilft nichts. Den Schein muss er jetzt wohl oder übel opfern. Es gibt Wichtigeres als den Hunger. Er braucht eine ordentliche Versorgung seiner Wunde. Er wickelt sich den dreckigen Lappen wieder um die Hand und klettert vom Bett.

BLUT IST DICKER ALS WASSER

KZ Auschwitz Stammlager, Materialschuppen, Arbeitskommando Bauhof, 12. Januar 1945

Sie haben es geschafft, der Zug ist fertig beladen. Eine Stunde eher als geplant.

Es war eine Schinderei ohnegleichen gewesen. Die SS-Männer hatten die Häftlinge mit Gebrüll und Schlägen zur Eile angetrieben. Die Armen waren stundenlang im Laufschritt vom Materialschuppen des Bauhofs zum Bahngleis gerannt und hatten mit bloßen Händen Eisen, Zementsäcke und Bleche in den Zug geladen.

Die Hände, Beine und Lungen der Männer brennen vom Schmerz der Anstrengung. Trotz der eisigen Kälte haben sie geschwitzt und jetzt klebt der raue, feuchte Stoff der Häftlingsjacken an ihren Körpern und bringt sie zum Frieren. Sie fühlen sich jämmerlich. Und doch liegt unterschwellig eine zuversichtliche Stimmung in der Luft, denn eins ist nicht zu übersehen: Die großen Materialienschuppen des Bauhofs werden geräumt!

Unter vorgehaltener Hand erzählt man sich, dass der Russe näher kommt und die Züge mit dem Baumaterial zurück ins Reich fahren. Wird man das Lager bald auflösen?

Die Männer nutzen die wenigen Minuten Pause, die man ihnen gestattet, um wieder zu Kräften zu kommen. Der Tag ist noch nicht zu Ende. Gleich wird die Schinderei weitergehen. Ruhe. Nur einen Moment Ruhe.

Der Kapo beauftragt den Kommandoschreiber die Pause zu nutzen, um die Männer zu notieren, die den Zug beladen haben. Die Häftlinge werden heute seit langer Zeit wieder einmal einen Prämienschein bekommen. Langsam geht der Schreiber von einem Mann zum anderen und notiert mit Bleistift die Häftlingsnummern auf seinem mit Papier bespannten Klemmbrett. Endlich bleibt er vor Berthold stehen.

»Nummer?«

»113385«, antwortet Berthold lethargisch.

»Name?«

Berthold blickt verwundert auf. Seinen Namen? Der Kommandoschreiber will seinen Namen wissen? Er weiß nicht, wie lang es her ist, dass er diesen angeben musste. Eigentlich hat man hier im Lager keinen Namen. Man ist auf seine Nummer reduziert.

Der Kommandoschreiber schaut ihn erwartungsvoll an: »Den Namen!«

Berthold, der bisher an der Schuppenwand gehockt hat, steht auf. »Wicklmair, Berthold.« Er schaut auf die angefangene Liste, während der Schreiber beginnt hinter seine Häftlingsnummer den Namen zu schreiben.

Während Berthold seinen Nachnamen noch einmal zur Sicherheit buchstabiert, fällt sein Blick auf die ersten notierten Namen. Etwa 15 Männer sind bereits aufgeschrieben. Wie merkwürdig es ist, ihre Namen zu lesen. Mit einigen arbeitet er schon seit geraumer Zeit zusammen, aber er kennt nur ihre Nummern. Vor allem bei den Polen. Er überfliegt die Namen. Es gibt einen Franz, einen Pawel, einen Leopold. Plötzlich springt ihm der Nachname ›Rubin‹ ins Auge. Auf der Liste gibt es einen ›Leopold Rubin‹. Fünf Einträge über seinem.

In Gedanken geht Berthold die Männer durch, die der Kommandoschreiber vor ihm in der Liste erfasst hat. Es muss dieser schwarzhaarige Jude da drüben sein, der da an der Wand kauert und seinen Kopf in die Hände gestützt hält. Berthold beobachtet ihn. Ob er mit seinem Vater verwandt ist? Natürlich muss das nicht sein. Es gibt bestimmt viele Juden, die den Nachnamen ›Rubin‹ tragen. So wie bei Meier, Müller, Schulze.

Und doch beschäftigt Berthold dieser Gedanke. Seit er erfahren hatte, wer sein Vater ist, hatte er öfter über ihn nachgedacht. Was ist dieser für ein Mensch? Was ist aus ihm geworden? Lebte er noch? Oder hatten die Nazis ihn bereits umgebracht? Seit er mitbekommen hatte, dass auch Juden aus Wien im Lager waren, hielt er immer die Ohren offen. Und jetzt, nach all der Zeit, war er wirklich auf einen ›Rubin‹ gestoßen. Ob der Jude aus Wien stammte?

Die Chance ihn anzusprechen, ergibt sich erst kurz vor Arbeitsende. Berthold soll mit drei weiteren Häftlingen einen Ziegelhaufen umschichten. Einer von ihnen ist der schwarzhaarige Jude. Berthold schätzt ihn etwa so alt wie sich selbst.

»Woher kommst du?«, flüstert Berthold, als der Wachmann um die Ecke des Schuppens verschwunden ist.

Der Jude blickt ihn überrascht an. »Vom Ghetto Litzmannstadt. Das hat man aufgelöst«, antwortet Leopold.

»Aber eigentlich aus Wien.« Berthold nimmt es die Luft.

»Warum?«, fragt Leopold neugierig.

Obwohl Berthold sich diese Antwort gewünscht hatte, ist er plötzlich so überfordert, dass es ihm schwerfällt, weiterzusprechen. Aber er muss. Er weiß, dass es vielleicht die einzige Möglichkeit ist, mit dem Juden ein Gespräch zu führen. Jeden Moment kann der Wachmann zurückkommen.

Er ignoriert die Frage und kommt ohne Umschweife zum Punkt: »Kennst du einen Franz Rubin aus Wien?«

»Nein«, antwortet Leopold, denkt dann aber nach. »Oder doch! Ich hatte mal einen Onkel, der so hieß. Aber der ist schon lange tot. Den meinst du sicher nicht. Oder?«

Einer der anderen zwei Häftlinge schnauzt sie an, weiterzuarbeiten. Er hat Recht. Sie können nicht einfach hier so dastehen und sich unterhalten. Sie müssen die Ziegel umschichten und das schaffen sie nur zu viert.

Berthold nimmt fünf Ziegel übereinander und bedeutet Leopold, es ebenso zu tun. Wenn sie gleichzeitig hin- und herlaufen, können sie sich vielleicht etwas unterhalten. Das ist nicht einfach, denn schon bald sind sie vor Anstrengung außer Atem. Das Reden fällt ihnen schwer.

Berthold schafft es trotzdem, Leopold von seinem Vater zu erzählen. Er berichtet ihm, dass er überhaupt erst kurz vor seiner Verhaftung durch die Gestapo erfahren hatte, dass dieser ein Jude namens Franz Rubin aus Wien war. Noch niemandem außer Anna hatte er davon erzählt. Es erleichtert ihn, die Geschichte jetzt jemanden anzuvertrauen.

»Wann bist du geboren?«, fragt Leopold.

»1902«, erwidert Berthold.

»Das könnte zeitlich passen. Mein Onkel Franz muss damals um die 20 gewesen sein. Vielleicht ist er wirklich dein Vater«, überlegt Leopold.

»Du sagtest, er ist tot?«, fragt Berthold.

»Ja. Er war Feldwebel und starb 1914 an der Front, in

den ersten Tagen des Krieges.«

Beide Männer nehmen schweigend eine neue Ladung Ziegel auf ihre Arme, die mittlerweile schon vor Kraftlosigkeit zittern, und laufen los. Als sie die Ziegel abgekippt haben und den Rückweg antreten, meint Leopold: »Weißt du, an was ich mich gerade erinnere? Als Kind habe ich meine Großmutter einmal dabei überrascht, wie sie in ihrem Gebet von zwei Enkelsöhnen sprach. Und das, wo ich eigentlich nur eine Cousine habe, die auch erst viel später geboren wurde. Ich habe meine Großmutter darauf angesprochen. Erst wollte sie nichts davon wissen und war etwas böse, weil ich gelauscht hatte. Aber dann hat sie mir doch erzählt, dass sie noch einen weiteren Enkelsohn hat. Sie sagte, dass sie diesen Enkelsohn nicht kennt, dass er irgendwo in Deutschland lebt. Ich glaube es war im Süden.«

Berthold hat einen Kloß im Hals. Er bleibt abrupt stehen. Leopold schaut ihn an. Nur mühsam bringt Berthold die Worte hervor: »Ich stamme aus München.«

Die Männer blicken sich an. Ein Gefühl der Euphorie und Verbundenheit überschwemmt sie. Tränen treten ihnen in die Augen. Für einen kurzen Moment umarmen sie sich und jeder spürt die abgemagerte Gestalt des anderen unter der Häftlingskleidung. Es tut weh und gleichzeitig gut. Menschliche Zuneigung, die beide monatelang nicht erfahren haben.

Der Wachmann kommt in Sichtweite und sie müssen sich wieder in Bewegung setzen, um keinen Verdacht zu erregen. Sie nehmen neue Ziegel auf und rennen im Laufschritt über den Hof. Der Wachmann zündet sich eine Zigarette an, während er die Häftlinge beobachtet. So schnell wird er nicht wieder verschwinden. Es gibt keine Möglichkeit mehr zu reden.

Eine halbe Stunde später ertönt das Zeichen für das Arbeitsende. Während sich die Häftlinge in Fünferreihen aufstellen, schafft es Leopold, Berthold noch einen Satz zuzuflüstern: »Du hast seine Nase!« Er lächelt Berthold noch einmal kurz zu, dann verschwindet er in der Kolonne der Häftlinge, die in das drei Kilometer entfernte Barackenlager nach Birkenau zurückmarschieren.

Berthold reiht sich in seine Kolonne für das Stammlager ein. Der Befehl zum Abmarsch ertönt und schon setzen sich die Züge in Bewegung.

Unter den traurigen Gestalten gibt es heute zwei Männer, die ein Geschenk mit ins Lager zurück nehmen. Ein Geschenk, das ihre Seele berührt hat und ein Stück weit heilt. Etwas Herzenswärme und das Gefühl nicht allein in diesem Teil der Hölle zu sein.

Später am Abend, als Berthold Hans im Block wiedertrifft, ist dieser ganz aufgeregt:

»Hast du gehört, der Russe soll gar nicht weit entfernt sein?! Ein Häftling, der in der Kommandantur arbeitet, hat erzählt, dass die SS-Männer langsam nervös werden.«

»Vielleicht ist ja das Ganze hier wirklich bald vorbei«, entgegnet Berthold. »Sie bringen einen Teil des Baumaterials mit Zügen weg.«

»Sie wollen eben nichts dem Feind überlassen«, antwortet Hans und lächelt voller Zuversicht. Wenn er so grinst wie jetzt, kann man die vielen Zahnlücken sehen, die ihm das Lager schon beschert hat.

Berthold sieht die Hoffnung in den Augen des Kameraden aufblitzen und registriert, wie auch er langsam davon erfüllt wird.

Plötzlich verdüstert sich Hans Gesicht sorgenvoll. »Was meinst du, was sie mit uns machen?«

»Schwer zu sagen. Ich glaube aber nicht, dass sie uns einfach so freilassen«, antwortet Berthold.

»Was wollen die denn sonst mit so vielen Häftlingen machen? Die werden doch nicht einfach abwarten, bis die Russen uns überrennen!«

Plötzlich mischt sich der Häftling im Nachbarbett in ihr Gespräch: »Es wird davon geredet, dass das ganze Lager evakuiert werden soll.« Mehr erfahren sie von ihm nicht.

Er dreht sich von ihnen weg, auf die Seite und liegt mit geschlossenen Augen da.

LETZTE POST

KZ Auschwitz Stammlager, Block 6a, 17. Januar 1945
Auf den Arbeitseinsatz der Häftlinge wurde heute verzichtet. Der Morgenappell dauerte dafür länger als sonst. Über zwei Stunden ließ man Häftlinge stehen: Hacken zusammen, Brust rausgestreckt, Hände an die Hosennaht gekrallt, Blick geradeaus. Trotz ihrer starren Haltung verfolgten die Häftlinge interessiert, was vor sich ging. SS-Männer rannten über den Appellplatz, redeten miteinander, andere zuckten nichts wissend mit den Schultern. Schließlich hatte man die Häftlinge alle wieder in ihre Blocks zurückgeschickt.

Nun warten sie. Worauf, wissen die Häftlinge nicht. Überall wird gemunkelt und gemutmaßt. Aus den ersten Gerüchten, die vor ein paar Tagen hier die Runde gemacht hatten, ist inzwischen Gewissheit geworden. Die russische Armee ist in greifbare Nähe vorgerückt.

Was wird jetzt passieren? Wird die SS das Lager mit den vielen Menschen doch den Russen überlassen? Unwahrscheinlich, denn dann würde für alle sichtbar, wie unmenschlich und grausam man die Häftlinge behandelt, wie viele man getötet hatte. Berthold ist außerdem überzeugt, dass die SS niemals Häftlinge, die noch kräftig genug zum Arbeiten waren, dem Feind überlässt.

Hans hatte spekuliert, dass man sie alle töten und zurücklassen wird. Das hält Berthold auch nicht für wahrscheinlich. Es sind tausende Häftlinge im Stammlager Auschwitz und im nahen Nebenlager Birkenau. Sie alle zu töten, das schafft auch die SS nicht.

Berthold schließt sich der Vermutung an, dass eine Evakuierung des Lagers kurz bevorsteht. Man wird sie zurück ins Reich bringen, wohin auch immer. Was man dort auch immer mit ihnen machen wird. Ein kleiner Hoffnungsschimmer schleicht sich in sein Herz. Zurück ins Reich. Näher zu Anna.

Er legt den Bleistiftstumpf zur Seite und faltet das beschriebene graue Lagerpapier ordentlich zusammen. Dann schiebt er es in den Umschlag und schreibt mit fein säuberlicher Schrift Annas Anschrift darauf. Er klettert vom Bett und bleibt einen Augenblick am Fenster stehen.

Sein Blick fällt auf das gegenüberliegende rote Ziegelgebäude, Block 5. Aus dem Eingang sieht er einen Häftling kommen. Er schaut ihm hinterher, bis dieser auf die große Lagerstraße einbiegt und in der Menge der gestreiften Gestalten verschwindet. Es herrscht heute erstaunlich viel Bewegung hier. Häftlinge laufen hin und her. Es liegt etwas in der Luft und es wird etwas passieren. Da ist sich Berthold sicher.

Er blickt auf den Brief in seiner Hand. Anna muss wissen, dass etwas hier vor sich geht. Er hat alles vorsichtig formuliert, denn er weiß nicht, ob die Briefe noch durch die Zensur gehen. Auch den Pflichtsatz ›Mir geht es gut, ich bin gesund.‹ hat er nicht vergessen. Aber sie wird schon verstehen, dass es wahrscheinlich zur Auflösung des Lagers kommt.

Berthold nimmt den Brief und verlässt seinen Block. Auf der Lagerstraße wendet er sich nach rechts und läuft den Weg bis zur Lagerküche. Dann biegt er links ab. Zwischen den Häftlingen, die ihm entgegenkommen erkennt er schon in einiger Entfernung einen, der eine gelbe Armbinde trägt. Ein Kapo.

Als er mit ihm auf Augenhöhe ist, bleibt Berthold stehen, nimmt Haltung an und reißt seine Mütze vom Kopf. Er grüßt ihn höflich. Schaut ihm nicht in die Augen. Bloß nicht auffallen. Der Kapo geht weiter, ohne von Berthold Notiz zu nehmen und so setzt auch dieser seinen Weg fort.

Zwischen den beiden Blocks links neben der Lagerküche

befindet sich die Postbaracke aus dunklem Holz. Er tritt durch die Tür, die einem Scheunentor ähnelt. Hinter einem Tisch türmen sich kleine Päckchen und Briefe, die darauf warten, kontrolliert zu werden. Erst dann können die Häftlinge sie in Empfang nehmen.

Wie oft war er in den letzten Monaten hier gewesen und hatte seine eigenen Briefe hingebracht und Päckchen abgeholt. Als reichsdeutscher Schutzhäftling durfte er zweimal im Monat schreiben und Post empfangen. Anna hatte ihm immer wieder Lebensmittel und Zigaretten geschickt. Sie hatte ihn damit am Leben gehalten. Er ist sich sicher, dass sie es sich vom Munde abgespart hat und er ist ihr unendlich dankbar dafür.

Kurt, ein deutscher Häftling, der in der Postbaracke beschäftigt ist, kommt an den Tisch. Berthold gibt ihm den Brief. Kurt dreht ihn in den Händen: »Ich weiß nicht, ob der noch fortgeht. Kann sein, wir machen hier demnächst alles dicht.«

»Versuch es einfach!«, bittet Berthold. »Es ist wichtig!« Kurt schaut ihm einen Augenblick lang an.

»Mhm«, murmelt er dann. »Ist jetzt auch schon egal.« Damit schiebt er verbotenerweise den Brief in den fertig gepackten Sack der bereits zensierten Post, die nur noch auf die Abholung wartet. Wenn Bertholds Brief eine Chance haben soll, noch wegzugehen, dann überhaupt nur diese hier.

Der Brief, geschrieben am 17. Januar 1945, findet tatsächlich seinen Weg zu Anna nach Gera. Mitte März hält sie ihn in den Händen. Sie liest mit wachsender Aufregung, das die Front im Osten schon im Januar bis ans Lager vorgerückt war. Hoffnung macht sich in ihr breit.

Sie liest den Brief noch einmal. Vielleicht hat sie etwas übersehen, was Berthold ihr noch mitteilen wollte. Sie weiß, dass die Briefe zensiert werden und sie deshalb hinter die Worte schauen muss. Eine Stelle, gibt ihr besonders zu denken.

Berthold spricht davon, dass seine Kleider und Schuhe in Ordnung seien. Warum erwähnte er es so ausdrücklich? Vielleicht weil damals noch Winter war? Anna erinnert sich. Im Januar waren die Temperaturen weit unter Null Grad gefallen. Da waren natürlich ordentliche Kleidung und Schuhe wichtig. Vorallem wenn man ins Freie muss. Ob Berthold ihr sagen wollte, dass er das Lager verlässt? Aber das war eineinhalb Monate her. Was war mit ihm geschehen? Wo hatte man ihn hingebracht?

Sie konnte nur warten. Auf ein neues Lebenszeichen von ihm. Wenn er lebte und wenn er könnte, würde er sich melden. Da war sie sich sicher.

WEG RICHTUNG WESTEN

KZ Auschwitz Stammlager, 18. Januar 1945
Über Nacht hatte es erneut geschneit. Die grauen Wolken hängen tief am Himmel und der Wind des angehenden Tages bläst kalt und rau. Kein Wetter, bei dem man gern vor die Tür geht. Die Häftlinge sind froh, dass der Morgenappell bisher ausgeblieben ist. Sie haben die Anweisung in ihren Blocks zu bleiben und auf weitere Befehle zu warten.

Berthold sitzt auf dem Bett neben dem schlafenden Hans. Seine Hände fassen am Kopfende unter die Strohmatratze und ziehen etwa zwanzig Briefe hervor. Annas Briefe. Er hat sie alle aufbewahrt. Seine Kraftquelle. Wie oft hat er sie abends gelesen, immer wieder und wieder.

Er nimmt den obersten Brief in die Hand. Er ist von Anfang 1944. Er war das beste Geschenk, was sie ihm je gemacht hatte. Er greift in den Umschlag, der vom vielen Anfassen schon ganz dünn geworden ist, und zieht die Hälfte eines Fotos heraus. Eine junge Frau mit dunklen Haaren in einem hellen Kleid ist darauf zu sehen, die lachend in die Kamera schaut. Seine Anna.

Berthold erinnert sich, wie das Bild damals entstanden ist. Sie hatten Verlobung gefeiert, in diesem Lokal auf dem Ziegelberg. Sein Freund Martin hatte mit seiner neuen Kamera Fotos gemacht. Wie stolz dieser damals auf das Gerät gewesen war und wie er angegeben hatte. Und wie hatten sie deshalb gelacht, als sie die Abzüge sahen.

Berthold muss schmunzeln, als ihm die Bilder in den Sinn kommen. Alle Fotos waren verwackelt gewesen, kaum etwas zu erkennen. Nur ein Bild konnte man halbwegs gebrauchen. Anna und er waren darauf. Sie saßen am Tisch, er hatte den Arm um sie gelegt und lachte sie an. Sein Gesicht war verschwommen, kaum zu erkennen. Aber Anna war super getroffen. Sie lachte so offen in die Kamera, dass man meinte, von ihrem Glück angesteckt zu werden.

Anna hatte dieses Foto gehütet wie ihren Augapfel. Es war das einzige gewesen, dass sie je zusammen gezeigt hatte. Dieses Bild hatte sie für ihn geopfert. Hatte es fein säuberlich zwischen den beiden Personen durchgeschnitten. Ihm hatte sie die Hälfte geschickt, auf der sie zu sehen war. Sie hatte die andere behalten.

›Bis wir uns wiedersehen!‹ steht auf der Rückseite.

Berthold betrachtet das Foto, dann streicht er mit dem Finger vorsichtig über Annas Gesicht.

Die Tür des Schlafsaales wird aufgerissen und der Blockführer stürmt herein. »Alle raus! Auf dem Appellplatz antreten!«

Berthold schiebt die Briefe schnell wieder unter das Stroh zurück und rüttelt dann an Hans. »Komm, wir müssen raus.«

Hans erhebt sich. Es geht ihm nicht gut. Er hat sich vor ein paar Tagen eine Wunde am Fuß zugezogen. Im Krankenrevier hatte man ihn mit einer Salbe und einem Verband versorgt, aber es hatte nicht geholfen. Da er jeden Tag in den groben Schuhen laufen muss, heilt die Wunde einfach nicht. Sie eitert und Berthold vermutet, dass inzwischen eine Blutvergiftung dazugekommen ist, denn Hans hatt seit letzter Nacht hohes Fieber.

Auf dem Appellplatz erfahren die Häftlinge, dass man das Lager jetzt wirklich räumen und sie in andere Lager im Westen bringen wird. Ein Raunen geht durch die Reihen. Wer marschunfähig ist, soll bleiben.

Die Häftlinge gehen ein letztes Mal in ihre Blocks zurück. Am Eingang des Schlafsaales wartet schon der Blockführer und gibt jedem Häftling ein Stück Brot und eine Konservenbüchse.

»Das ist Marschverpflegung! Teilt es euch ein!«, ruft er in Abständen immer wieder. Seine Ermahnungen sind sinnlos. Während Berthold mit dem humpelnden Hans zum Bett zurückgeht, sieht er, dass viele Männer schon mit essen begonnen haben. Sie sind zu ausgehungert um den Anblick des Brotes, dass sie selbst in der Hand halten, ertragen zu können. Aber er wird versuchen, stark zu bleiben. Er wird es sich einteilen. Nicht umsonst spricht der Blockführer von Marschverpflegung. Wer weiß, wann sie das Nächste mal etwas bekommen. Die letzten Schritte zum Bett macht Hans allein und Berthold sieht, dass er kaum richtig auftreten kann. Hans verzieht sein Gesicht vor Schmerz.

»Bleib hier«, meint Berthold. »Du kannst unmöglich eine größere Strecke mit dem Bein laufen.«

»Du glaubst doch nicht im Ernst, dass sie uns einfach so zurücklassen. Wenn ihr weg seid, wird uns die SS erschießen. Und wenn nicht, was wird sein, wenn der Russe kommt?«, antwortet Hans. »Nee, da geh ich lieber mit, so weit ich kann. Und wenn ich dabei draufgehe, soll es so sein.«

Berthold weiß, dass er ihn nicht umstimmen kann. Also beginnt er, seine eigenen Habseligkeiten zu packen. Unter der Strohmatratze holt er Annas Briefe hervor. Er schaut sie an. Soll er sie hierlassen? Nein! Es ist alles, was er besitzt. Die Briefe müssen mit. Aber er kann sie unmöglich die ganze Zeit in der Hand halten. Er muss sie irgendwo hineinstecken. Plötzlich hat er eine Idee.

Er zieht die zwei Pullover, die er vor einigen Wochen für fünf Zigaretten unter der Hand bekommen hatte, in den Hosenbund. Sie sind alt und löchrig, haben ihn aber diesen Winter schon vor der eisigen Kälte bewahrt. Zufrieden stellt er fest, dass der Hosenbund nicht mehr so locker sitzt, wenn er Unterhemd und Pullover in die Hose und Unterhose steckt. So könnte es gehen. Die Hälfte der Briefe steckt er sich von oben durch den Halsausschnitt und lässt sie vor den Bauch gleiten, die andere vor den Rücken. Ja, es hält. So kann er die Briefe mitnehmen und muss sie nicht in der Hand halten. Und vielleicht halten sie auch etwas die Kälte ab. Auch die Konservenbüchse und das Brot beschließt er auf diese Weise zu transportieren. Er zieht seine Decke vom Bett und legt sie sich um die Schultern. Dann hilft er Hans.

Auf der großen Lagerstraße herrscht Bewegung. Häftlinge laufen zusammen, alles, was sie besitzen, am Leib tragend, viele mit umgehangenen Decken. SS-Männer rennen hin und her, schreien Befehle, manchmal fährt ein Militärfahrzeug vorbei. Im Osten hört man den Donner der russischen Geschütze.

Die Häftlinge werden in Fünferreihen zu Kolonnen zusammengestellt. Berthold achtet darauf, nicht von Hans getrennt zu werden.

Eskortiert von Wachmännern verlassen sie etwa eine halbe Stunde später das Lager. Ein letztes Mal passiert Berthold das Lagertor. Sein Blick geht wie immer nach oben. ›Arbeit macht frei‹, er wird den Schriftzug nie vergessen.

Die Häftlingskolonnen verlassen das Konzentrationslager Auschwitz zu Fuß Richtung Westen. Auf den schneebedeckten Straßen kommen sie nur langsam vorwärts. Sie sind nicht allein. Sie reihen sich ein in den Strom tausender flüchtender Zivilisten. Dazwischen Fahrzeuge und Kolonnen von Wehrmacht und Polizei. Ein riesiges Chaos. Alle wollen vorwärts kommen.

Auf die KZ-Häftlinge nimmt niemand Rücksicht. Die ausgemergelten Gestalten schleppen sich durch Kälte und Schnee. Wer es vor dem Abmarsch nicht geschafft hat, sich zusätzliche Kleidung oder eine Decke zu beschaffen oder in Holzpantinen losgelaufen ist, erfriert binnen weniger Stunden.

Kraftlose Häftlinge werfen ihr Bündel weg, schleppen sich noch ein Stück des Weges weiter, fallen um und bleiben schließlich tot liegen. Wer das Marschtempo nicht mithalten kann, wird von der SS erschossen.

Berthold sieht die vielen Leichen am Wegesrand. Jedem Toten schaut er ins Gesicht und ist erleichtert, wenn er darin nicht Leopolds Züge erkennt. Er hatte die letzten Tage nach ihm Ausschau gehalten, ihn aber nicht wiedergesehen. Er weiß nicht, ob die Häftlinge aus Birkenau denselben Weg gehen wie sie. Ob Leopold vielleicht vor ihm oder hinter ihm läuft. Aber er hofft, dass er es geschafft hat, sich mit einer Decke oder zusätzlichen Sachen auszustatten.

Hans wird unterdessen immer schwerer. Er läuft auf Berthold gestützt unter unsäglichen Schmerzen. Seine Kraft lässt nach. Berthold muss das Gewicht des Kameraden mittragen. Seine Beine beginnen schon vor Anstrengung zu zittern. Lange wird er das nicht mehr durchhalten.

»Du musst dich selbst auf den Beinen halten! Ich schaff das nicht allein!«, bittet Berthold.

»Ich kann nicht mehr«, murmelt Hans, dem Aufgeben nahe. Berthold bleibt einen Moment stehen, um den Griff um Hans zu erneuern und Kraft zu sammeln.

Ein Wachmann wird auf sie aufmerksam. Er sieht den kraftlosen Hans auf Berthold hängen. Er geht durch die Reihen der Häftlinge und zerrt Hans mit einem Handgriff heraus.

Berthold sieht, wie dieser stolpernd auf den Boden fällt und liegen bleibt. Berthold kann nichts mehr für ihn tun. Sein Herz krampft sich zusammen. ›Nicht anhalten! Weiterlaufen! Ein Fuß vor den anderen! Nicht umschauen!‹ Ein Schuss knallt. Tränen treten ihm in die Augen. ›Nicht nachdenken!‹ Er versucht, sich auf etwas anderes zu konzentrieren. Er spürt den eisigen Wind, der über das offene, schneebedeckte Feld fegt und zieht die Decke fester um sich.

Sein Gesicht ist von der Kälte fast taub. Es ist mühsam, die Augen offen zu halten und nach vorn zu schauen. In der Ferne erkennt er einen Wald. Da wird es bestimmt etwas windstiller sein. Vielleicht dürfen sie dort eine Pause machen. ›Einen Fuß vor den anderen! Nicht aufhören!‹

Die Häftlinge, die diesen Marsch überleben, laufen 200 Kilometer zu Fuß. Sie wechseln ab und an die Marschrichtung, bevor sie Ende Januar 1945 das Konzentrationslager Gross Rosen erreichen.

15.000 Auschwitz-Häftlinge treffen hier während weniger aufeinanderfolgender Tage ein. Die eiligst errichteten Baracken reichen bei Weitem nicht aus, um die vielen entkräfteten Menschen unterzubringen.

Seinen Schlafplatz muss man sich mit seinen Fäusten erkämpfen. Menschlichkeit oder Nächstenliebe gibt es hier nicht. Wer überleben will, muss für sich sorgen, notfalls auch mit Gewalt.

In den kahlen, völlig überfüllten Baracken ohne Mobiliar drängen sich die Häftlinge, die sich das Dach über dem Kopf erstritten haben.

Die, die die Kraft nicht mehr besitzten, müssen die Nächte im Freien verbringen. Sie stehen stundenlang oder liegen im Schlamm bei den Stacheldrahtzäunen. Kaum einer von ihnen überlebt.

Ein unerwartetes Weihnachtsgeschenk

Radebeul, 12. Dezember 2012
Ich habe die Geschichte meines Urgroßvaters Berthold Wickl-
mair aufgeschrieben. Alles, was wir herausgefunden haben.
Von seiner Geburt im Jahr 1902 bis zu seinem Tod im Januar
1945. Gut, letzterer war nicht zu beweisen gewesen, aber wir
waren uns sicher, dass Berthold, wie hunderte andere Häftlin-
ge auch, den Todesmarsch von Ausschwitz nicht überlebt hatte.

In den Archiven gab es keinen weiteren Hinweis auf ihn.
Und auch Anna schien nichts mehr von ihm gehört zu haben.
Sie hatte sich nach dem Krieg an den Suchdienst für vermisste
Deutsche gewandt. Erfolglos, auch hier konnte man ihn nicht
finden.

Sie gab schließlich in ihrem Renten-Antrag für Verfolgte
des Naziregimes Bertholds Tod mit Januar 1945 an. So kurz
vor Kriegsende zu sterben, das ist schon traurig. Mir hätte ein
Happy End besser gefallen. Aber es ist nun einmal kein Mär-
chen, sondern eine wahre Lebensgeschichte. Und die habe ich
nun zu Papier gebracht.

Mehrere Seiten Text sind es geworden, ein richtiges kleines
Buch. Ich habe heute Morgen fünf gedruckte und gebundene
Exemplare aus dem Copy-Shop abgeholt. Ein tolles Gefühl,
sie vor mir zu sehen. Ich bin zufrieden, was wir alles zusam-
mengetragen haben. Weihnachten werde ich die Bücher meinen
Familienangehörigen schenken.

Vorerst lasse ich sie auf dem Küchentisch liegen. Mein Mann
und meine Töchter sollen sie auch noch sehen, bevor ich sie in
Geschenkpapier verpacke.

Mit dem Gedanken, dass es eigentlich schade ist, dass wir
nicht wissen, ob es Berthold mit den Häftlingen noch bis in das
KZ Gross Rosen geschafft hatte, trete ich aus dem Haus und
stapfe durch den Schnee zum Briefkasten.

Vor einer Stunde habe ich Schnee geschoben, jetzt liegt er
schon wieder fünf Zentimeter hoch auf dem Weg. Ich beschlie-
ße, noch ein bisschen zu warten, bevor ich der weißen Pracht

erneut zu Leibe rücke.

Am Tor angekommen, öffne ich den Briefkasten. Mehre-re Sendungen fallen mir entgegen. Auf dem Weg zurück zum Haus sehe ich alles durch. Zwei Zeitungen und drei Briefe sind die heutige Ausbeute. Zwei Briefe sind von unserer Bank, das sehe ich gleich. Auf dem dritten lese ich den Absender ›ITS In-ternationaler Suchdienst‹.

Ich bin überrascht. Der Suchdienst? Der hatte doch meine Anfrage längst abschlägig beantwortet.

Die Archivmitarbeiterin aus Auschwitz hatte mich damals auf den Suchdienst aufmerksam gemacht. Hier werden alle Informationen über vermisste Menschen des dritten Reiches gesammelt. Unterlagen aus Konzentrationslagern, Haftan-stalten und vieles mehr. Es ist ein riesiges Archiv, an welches man sich wenden kann, wenn man Auskünfte zu seinen An-gehörigen sucht.

Über Berthold hatte der ITS leider keinerlei Informationen gehabt. Und jetzt dieser Brief? Meine Neugier ist geweckt. Die Zeitungen und die Bankbriefe lege ich auf die Treppe, den ITS-Brief nehme ich mit in die Küche. Ich reiße den Umschlag auf. Was ich dann lese, kann ich kaum glauben:

[...] haben wir eine nochmalige Ueberpruefung des hier verwahrten Dokumentenmaterials vorge-nommen. Folgende Angaben haben wir gefunden: Winklmair, Berthold ... wurde in das Konzentrations-lager Mittelbau eingeliefert ... zum Kommando Har-zungen ueberstellt. Er wurde am 31. Maerz 1945 im Haeftlingskrankenbau des Konzentrationslagers Mittelbau behandelt ...

Ich muss mich setzen. Du meine Güte! Berthold hatte den To-desmarsch nach Gross Rosen doch überlebt. Er muss sogar noch einmal auf den Marsch gegangen sein und war schließlich im KZ Mittelbau, heute unter dem Namen Mittelbau-Dora be-kannt, angekommen. Ich lasse den Brief sinken. Vom Namen nach kenne ich das Lager. Ich glaube, es befindet sich im Harz, gar nicht so weit weg von hier.

Ich bin total aus dem Häuschen. Es fühlt sich an, als hätte ich ein vorgezogenes Weihnachtsgeschenk bekommen. Wir sind mit unseren Recherchen also noch nicht am Ende! Das hier ist eine neue Spur!

Am liebsten würde ich sofort einen Termin mit der Gedenk-stätte Mittelbau-Dora vereinbaren, am besten gleich in den nächsten Tagen. Aber es ist kurz vor Weihnachten. Da wird niemand mehr Zeit und Lust haben, sich mit mir zu treffen.

Schade. Ich werde wohl bis zum neuen Jahr warten müssen. Wenn ich ehrlich bin, auch ich habe noch eine Menge bis zum Fest zu tun und kann mich nicht wirklich mit der neuen Spur beschäftigen. Als ich an meinen Vater denke, muss ich lächeln. Ich freue mich jetzt schon auf sein Gesicht, wenn ich ihm diese Neuigkeit berichte.

Mein Blick fällt auf die fünf Bücher, die vor mir auf dem Küchentisch liegen. Und plötzlich geht mir ein Gedanke durch den Kopf: ›Ach du meine Güte! Die Bücher, die ich heute mor-gen abgeholt habe, sie alle haben ein falsches Ende!‹

Mitten im Harz

Als Berthold aus der Registrierungsbaracke tritt, hält er eine kleine Pappkarte in der Hand. In einer krakeligen Handschrift sind darauf sein Name und eine neue Häftlingsnummer vermerkt.

Er ist ins Lager Mittelbau aufgenommen. Das bedeutet Leben. Erleichterung macht sich in ihm breit. Er nimmt einen tiefen Atemzug. Ihm wird schwindlig. ›Bloß nicht umfallen!‹, denkt er erschrocken. Er muss es bis zum Block 135 schaffen. Dort soll er sich melden. Langsam macht er sich auf den Weg.

Ein Häftling kommt ihm entgegen. Mit letzter Kraft fragt Berthold ihn nach der Baracke. Der Häftling zeigt mit dem Finger ans Ende des Lagers, dorthin, wo der Wald beginnt: »Da oben, es ist eine der letzten Baracken. Direkt am Zaun.«

Berthold wendet sich dahin. Er kann immer nur wenige Schritte gehen. Dann muss er anhalten, um Kraft zu sammeln, bevor er sich wieder in Bewegung setzt.

Er denkt an die letzten Tage. In offenen Güterzügen hatte man sie von Gross Rosen weggebracht. 13 Tage und Nächte waren sie unterwegs gewesen. Mehr oder weniger ohne Verpflegung. Zweimal hatten sie ein halbes Brot bekommen, einmal ein Stück ranzige Butter. Sie hatten den Schnee, der auf sie niederfiel zusammengekratzt und gegessen. Und dann diese furchtbare Enge. Viel zu viele Häftlinge waren in einem Waggon. In einem offenen Viehwaggon! Bei dieser Kälte.

Seine Finger schließen sich fester um die Decke, die er immer noch umhängen hat. Gott sei Dank hat er sie noch. Seit Tagen lässt er sie nicht mehr los. Krallt sie fest, aus Angst, man würde sie ihm stehlen. Im Zug hatte er sie über den Kopf gezogen. Das hatte ihn vor dem Erfrieren gerettet. Viele andere hatten nicht so viel Glück.

Zu Beginn der Fahrt hatten sie die Toten in eine Ecke des Waggons gelegt. Bald waren es aber so viele gewesen, dass man sie liegen ließ, wo sie starben. Die Lebenden, zu schwach, um sich auf den Beinen zu halten, saßen einfach obendrauf.

Diese vielen Toten! Heute morgen hatte man sie nach der Ankunft aus dem Zug geworfen. Berthold hatte die Leichenberge auf dem Bahnsteig gesehen.

Am Rande des Appellplatzes hält Berthold an. Von hier hat man einen guten Blick auf die vielen tristen Holzbaracken des Lagers, die terassenförmig an einem Berghang angeordnet sind. Das ist also der Platz, an dem er fortan leben wird. Zu einer Gefühlsregung ist er nicht mehr fähig. Langsam geht er weiter.

Jene Häftlinge, welche die Bahnfahrt überlebt haben, waren heute Morgen total entkräftet aus den Waggons geklettert. Man hatte sie ins Lager geführt. Ärzte begutachteten sie einzeln und teilten sie in zwei Gruppen ein. Berthold war zu denjenigen gekommen, denen man befohlen hatte, vor der Registrierungsbaracke zu warten.

Die anderen, unter ihnen einige zu schwach, um selbst zu laufen, waren auf Lastwagen geladen und wer weiß wohin gebracht worden. Sie waren dem Tode geweiht, da war sich Berthold sicher.

Er fühlt sich so schwach, dass er immer noch überrascht ist, dass man ihn nicht dieser Gruppe zugeteilt hatte. Er blickt an sich hinunter. Vielleicht lag es an den beiden Pullovern, die er unter der Häftlingsjacke trägt. Er macht dadurch einen nicht ganz so abgemagerten Eindruck.

Auch wenn der Schein trügt, es hatte ihm erst einmal das Leben gerettet. Er ist als Häftling in der Lagerkartei erfasst, hat eine neue Nummer bekommen: 118538.

Endlich hat er Baracke 135 erreicht. Er öffnet die Tür. Überall sind Häftlinge. Die Baracke ist völlig überfüllt. Der Blockführer kommt heran. Berthold gibt ihm die kleine Pappkarte.

»Überstellt ins Arbeitslager Hans am 4.3.1945«, liest der Blockführer die Notiz auf der Rückseite der Karte. »Also hast du etwa drei Wochen Schonzeit bekommen.« Berthold ist zu kraftlos, um etwas zu erwidern. Der Blockführer erwartet es nicht. Alle, die heute hier ankommen, sind in diesem Zustand. »Hinten links sind die Betten noch nicht überbelegt. Da kannst du schauen, ob du einen Platz findest.«

Berthold schleppt sich in die entsprechende Barackenecke. In vielen Betten liegen mehrere Häftlinge. Aus einem der unteren Betten schaut ihn ein Paar riesiger Augen aus einem zu kleinen, knochigen Gesicht an. Wortlos rutscht der Häftling zur Seite. Berthold legt sich neben ihn. Ruhe.

Er fühlt die Schwere des Körpers wie Blei, welches ihn nach unten zieht. Mehrere Minuten bewegt er sich nicht. Dann knöpft er mit fahrigen Fingern seine Jacke auf und zieht einen Brustbeutel aus Sackleinen hervor. Er hat ihn einem Toten in Gross Rosen abgenommen. Dem Toten hatte der Beutel ja nichts mehr genutzt. Aber Berthold hatte dringend etwas gebraucht, um Annas Fotos zu transportieren. Der Hosenbund hatte nicht mehr festgesessen, auch wenn er die Pullover hineinsteckte.

Berthold fallen Annas Briefe ein. Es gibt sie nicht mehr. Er hatte sie geopfert. Für ein kleines Feuer, an dem sie sich für einen Moment gewärmt hatten.

Das Foto von Anna war das einzige, das ihm geblieben war. Er zieht es aus dem Brustbeutel und streicht vorsichtig darüber.

»Dein Frau?«, fragt der Häftling neben ihm im gebrochenem Deutsch.

»Ja«, antwortet Berthold und steckt das Foto in den Brustbeutel zurück.

»Wie lange hier?«

»Bis Anfang März. Dann werde ich überstellt in ein

Lager namens ›Hans‹.«

»Das ist Harzungen. Stollenbau«, informiert ihn der andere. »Ich in zwei Wochen nach Lager Ellrich.«

DAS KRANKENREVIER MUSS LOS

Niedersachswerfen, Bahnhof, 4. April 1945
Auf dem Bahnhof in Niedersachswerfen herrscht ein wildes Durcheinander. Auf dem Gleis steht ein Zug mit circa dreißig offenen und geschlossenen Güterwaggons. Der kurze schmale Bahnsteig zwischen Gleis und zweistöckigem Bahnhofsgebäude ist viel zu klein, um den vielen abgemagerten Häftlingen Platz zu bieten. Hunderte müssen den Zug über ein Stück Wiese am Gleisbett erreichen, welches sich an den kleinen Bahnhof anschließt.
Einige Häftlinge klettern in die Waggons, andere warten, bis sie an der Reihe sind. SS-Männer und Luftwaffensoldaten laufen umher, schreien die Menschen an. »Einsteigen!« »Macht gefälligst ein bisschen schneller!« Die Verladung der Häftlinge geht ihnen zu langsam von statten.

Berthold blickt von der Ladefläche eines Lastwagens auf das Treiben. Man hatte ihn und die anderen kranken Häftlinge vom Außenlager Harzungen hierher gefahren. Die ›Gesunden‹ mussten die vier Kilometer zu Fuß zurücklegen. ›Es hatte also doch einen Sinn, sich ins Krankenrevier einweisen zu lassen‹, denkt er voller Ironie. Berthold hatte lange gezögert, diesen Schritt zu tun.

Nachdem er im Hauptlager durch die Ruhe wieder etwas zu Kräften gekommen war, wurde er Anfang März wirklich in das Außenlager Harzungen überstellt. Hier hatte er vier Wochen lang erfahren, was der Pole mit *Stollenbau* gemeint hatte.

Jeden Tag musste Berthold mit seinem Arbeitskommando 10 Kilometer zu Fuß zur Baustelle im Kohnstein laufen, hin und zurück. Der wirklich anstrengende Teil kam aber erst.

Die SS wollte im Berg Produktionsanlagen für die Raketen unterbringen. Die Häftlinge sollten die Stollen dafür weiter vorantreiben und ausbauen. Löcher wurden in den Felsen gebohrt, mit Dynamit gefüllt und Sprengungen ausgelöst. Arbeitsschutz gab es nicht, die Häftlinge mussten sehen, wo sie Deckung fanden. Unfälle durch zusammenbrechende Gerüste oder Steinschlag waren keine Seltenheit. Berthold und ein paar andere neue Häftlinge mussten die schlimmste Arbeit verrichten. Mit bloßen Händen luden sie die aus dem Berg gehauenen oder gesprengten Steinbrocken auf Schubkarren und transportieren sie ab. Die Arbeit war körperlich kaum erträglich gewesen. Dazu kam das nasse kalte Klima im Berg und der graue Staub der Sprengungen, dem man nicht ausweichen konnte. Auch die Verpflegung war mehr als miserabel. Mit Sägemehl gestrecktes Schwarzbrot und eine dünne Suppe war alles gewesen, was sie bekommen hatten.

Berthold hatte körperlich so schnell abgebaut, dass es erschreckend war. Er wusste, dass er sich selbst fast zu einem Skelett entwickelt hatte, nur wenige Schritte vom Tod entfernt. Ohne Zigaretten oder Prämienscheine, für die man Vergünstigungen bekam, war er mittlerweile dem Tod näher als dem Leben. An niemanden konnte er sich wenden und um Hilfe bitten. Die meisten Häftlinge im Lager waren Polen, Russen, Franzosen oder Belgier. Sie blieben meist unter sich.

Er war für sie nur ein Neuer unter so vielen Neuen, seit man die Lager im Osten auflöste und jeden Tag weitere Häftlinge eintrafen. Es war schwer, an die entscheidenden Personen heranzukommen. Er jedenfalls hatte es nicht geschafft.

Ihm war klar gewesen, dass er auf den sicheren Tod zusteuerte, wenn sich nicht irgendetwas änderte. Er musste diese aufzehrende Arbeit loswerden.

Schließlich hatte er sich doch entschieden, sich im

Revier zu melden. Trotz aller Risiken, die eine Krankmeldung im Lager bedeutete. Beim Morgenappell vor vier Tagen hatte er es beim Blockältesten angezeigt. Der hatte ihn zum Lagerarzt geschickt.

»Ich habe überall Schmerzen. Mein Kopf ist heiß und an den Füßen habe ich Wunden, die eitern«, hatte Berthold dem Arzt auf die Frage nach dem Krankheitsgrund geantwortet. Dieser musterte ihn mitleidlos von oben bis unten und beauftragte den Schreiber, in der Liste hinter Bertholds Häftlingsnummer ›AKS‹ als Krankheitsgrund zu notieren. Berthold wurde angewiesen, sich in der Revierbaracke zu melden. Dann war schon der Nächste aus der langen Schlange an er Reihe gewesen.

Später hatte ihm ein Pfleger im Krankenrevier erklärt, was ›AKS‹ bedeutete. ›Allgemeine Körperschwäche‹ war wirklich eine zynische Beschreibung für seinen Zustand! Anna würde ihn nicht wieder erkennen. *Anna.*

Immer noch auf dem Lastkraftwagen sitzend, öffnet er seine Jacke und zieht ihr Foto aus dem Brustbeutel hervor. Ihr Lächeln erwärmt wie immer sein Herz.

»Du wirst sie bald wieder in die Arme nehmen«, meint Wolfgang neben ihm auf der Ladefläche zuversichtlich. Er hatte sich am selben Tag wie Berthold krank gemeldet. Wegen blutigem Durchfall. Sie hatten die letzten Tage zusammen im Revierblock verbracht. »Weiß sie, wo du bist?«, fragt er Berthold, der Annas Bild wieder sorgfältig verstaut.

»Nein. Das letzte Mal habe ich ihr noch aus Auschwitz geschrieben. Ich weiß nicht mal, ob sie diesen Brief erhalten hat.«

Wolfgang legt ihm die Hand auf die Schulter. »Lange kann es nicht mehr gehen. Die Front ist schon ganz nah.«

Es stimmt. Gestern hatten sie in der Ferne die Bombeneinschläge deutlich gehört. Später waren die Flugzeuge auch direkt über Harzungen hinweggeflogen. Gerüchte hatten die Runde gemacht, dass das Lager evakuiert werden würde.

Während die meisten Häftlinge nervös darauf reagierten, war Berthold gleichgültig geblieben. ›Nicht noch einmal!‹, war sein einziger Gedanke gewesen. ›Nicht noch einmal!‹

Dann hatte man irgendwelche Kleidung aus dem Magazin ins Revier gebracht und den Kranken, die ja alle nur ein Hemd trugen, befohlen, sich etwas anzuziehen. Es war in eine Schlägerei um die besten Sachen ausgeartet. Berthold hatte nicht mehr die Kraft gehabt, entsprechend zerschlissen ist das, was er jetzt am Leibe trägt. Keiner von ihnen trägt Kleidung mit seiner eigenen Häftlingsnummer. Aber das ist jetzt egal.

»Siehst du den Waggon da?«, Wolfgang nickt mit dem Kopf in Richtung des einzigen Passagierwaggons im ganzen Zug. »Darin würde ich gerne fahren.«

»Träum weiter. Darin fährt die SS. Für uns sind die Viehwaggons bestimmt.« Berthold überlegt, ob es besser ist, in einem offenen oder geschlossenen Güterwaggon zu fahren, kommt aber zu keinem Schluss. In dem offenen ist die frische Luft eindeutig von Vorteil. Bei so vielen Häftlingen. Auf der anderen Seite ist man natürlich dem Wetter schutzlos ausgeliefert. Er erinnert sich an den letzten Transport. So viele Menschen waren erfroren. Das würde jetzt im April wahrscheinlich nicht passieren. Aber was würde sein, wenn es zu regnen beginnt? Vor seinem geistigen Auge spürt er förmlich schon den nassen Häftlingsanzug an seinem Körper kleben und den unangenehmen kalten Fahrtwind, dem er nicht ausweichen kann.

»Wir sollten versuchen, in einen geschlossenen Waggon zu kommen«, meint er schließlich.

Auf dem Bahnsteig wird es langsam leerer. Die meisten Häftlinge sind auf die Waggons verteilt. Zwei Wachmänner kommen auf den Lastwagen zu und klappen die Ladefläche nach unten. »Wer eigenständig gehen kann, bewegt sich zum Zug. Für euch sind diese beiden Waggons.«

Langsam und mit steifen Gliedern klettert Berthold mit

den anderen vom Fahrzeug. Er bemüht sich, dicht neben Wolfgang zu bleiben. Er lässt sich nicht wegschieben, auch als sie den Waggon erklimmen. Binnen kurzer Zeit ist dieser voll. Trotzdem klettern immer mehr Häftlinge hinein. Viel zu viele Menschen stehen dichtgedrängt aneinander. Der Platz reicht nicht aus, dass sich alle auf den Boden setzen können.

Nach ein paar Minuten hat Berthold keine Kraft mehr, sich zu halten. Er rutscht zusammen. Unter sich spürt er einen anderen Körper. Einen, der noch kraftloser ist als seiner.

Kurze Zeit später setzt sich der Zug in Bewegung. Die monotonen Zuggeräusche ziehen Berthold langsam die Augen zu. Im Dämmerzustand hört er noch, wie ein Mann neben ihm sagt: »Sie bringen uns nach Norden.«

AUF NACH NORDEN

KZ Bergen-Belsen, Juli 2013

Was war aus diesem Transport geworden, der am 4. April 1945 gegen Abend mit den kranken Häftlingen aus Harzungen den Bahnhof Niedersachswerfen verlassen hatte?

Mit dieser Frage im Hinterkopf kämpfte ich mich durch die einschlägige Literatur. Es war gar nicht so einfach, die einzelnen Fahrten der Häftlingstransporte oder Strecken der Todesmärsche nachzuvollziehen. In diesen Tagen des Jahres 1945 regierte das Chaos in dem sonst so akribisch korrekten Deutschland. Behördliche Berichte zu Beförderungen oder Registrierungen der Häftlinge gab es kaum noch. Vieles, was heute bekannt ist, basiert auf persönlichen Erinnerungen.

Ich las, was ich in die Finger bekam. Schließlich formte sich für mich ein Bild. Ich wusste nun, welchen Weg der Transport mit Berthold genommen hatte. Der Transport, dessen eigentliches Ziel das Konzentrationslager Neuengamme gewesen war.

Der Zug fuhr nach Norden und erreichte etwa zwei Tage

später Neuengamme. Aber auch dieses Konzentrationslager war bereits mehr als überfüllt gewesen. Es konnte die Häftlinge nicht mehr aufnehmen. Der Zug fuhr weiter bis Hamburg, kehrte dann um, fuhr nach Süden bis Hildesheim und anschließend wieder nach Norden bis Lüneburg. Von hier aus setzte er sich abermals nach Süden in Bewegung und kam vermutlich am 10. April 1945 auf einem kleinen Bahnhof in der Nähe des Konzentrationslagers Bergen-Belsen an.

Sechs Tage waren die Häftlinge in Güterwaggons eingepfercht gewesen. Essen hatten sie kaum bekommen. Diese Fahrt muss eine unglaubliche Tortur für die sowieso schon geschwächten Menschen gewesen sein. Und eine sinnlose dazu. Man hatte sie über 1.700 Kilometer kreuz und quer durchs Land gefahren, obwohl Bergen-Belsen nur 150 Kilometer von Harzungen entfernt liegt.

Jetzt bin ich mit meinen Vater auf der Autobahn in Richtung Bergen-Belsen unterwegs. Das Navigationsgerät zeigt an, dass wir in etwa einer Stunde unseren Zielort erreichen.

Ich angle mir den Autoatlas aus dem Handschuhfach. In den habe ich wirklich lange nicht mehr geschaut. Heutzutage benutzt man eher das Navigationsgerät. Schön, dass mein Vater noch einen Atlas im Auto hat. So kann ich jetzt noch einmal anhand der Karte nachvollziehen, welchen irrsinnigen Weg der Transport damals nach Bergen-Belsen genommen hat.

Um elf Uhr sind wir mit einem Mitarbeiter des Dokumentationszentrums des KZ Bergen-Belsen verabredet. Wir liegen gut in der Zeit.

Als wir auf dem Parkplatz aus dem Auto steigen, spüren wir warme Sonnenstrahlen auf unserer Haut. Es ist ein schöner Tag. Keine Wolke ist am Himmel zu sehen.

Langsam gehen wir auf das alles dominierende Betongebäude zu, welches sich rechts vom Parkplatz befindet. Das Dokumentationszentrum Bergen-Belsen.

Trotz der telefonischen Vorwarnung bin ich über diesen merkwürdigen Bau überrascht, der sich gar nicht in die *bewaldete Heidelandschaft einfügen will. Durch eine schwere Metalltür gelangen wir ins Innere. Augenblicklich umgibt uns eine kühle Dämmerung, die uns erschaudern lässt.*

Die nette Frau an der Besucherinformation informiert telefonisch ihren Kollegen über unser Eintreffen. Wenige Minuten später steigen wir hinter ihm mehrere Treppen nach oben. Ich spreche ihn auf dieses ernüchternde Gebäude an.

»Ja, schön ist es wirklich nicht. Im eigentlichen Sinne von schön. Muss es ja auch nicht, an so einem Ort«, bemerkt der junge Mann. »Man wollte mit dem Bau ein Zeichen setzen. Die Massivität des Gebäudes soll sagen: Es wird immer da sein und daran erinnern, was hier passiert ist. Und ich finde, das ist gelungen.«

Während wir ihm zustimmen, kommen wir in seinem Büro an. Regalwände voller Bücher und Ordner ziehen sich bis zur Zimmerdecke. Auf dem Schreibtisch stapeln sich Akten. Er bittet uns, Platz zu nehmen.

»Gut, dass Sie mir schon sagen konnten, wann der fragliche Transport mit Ihrem Urgroßvater hier eingetroffen ist. So konnte ich mit meinen Recherchen an diesem Punkt ansetzen. Aufzeichnungen der Lagerleitung von damals gibt es nicht mehr. Aber ich habe einige Berichte von ehemaligen Häftlingen durchgesehen.«

In den nächsten zwanzig Minuten erfahren wir, dass die Häftlinge aus Mittelbau-Dora und dem Nebenlager Harzzungen gar nicht mehr in das eigentliche Konzentrationslager Bergen-Belsen gebracht worden sind.

»Das Lager war Anfang April schon heillos überfüllt. Viele Häftlinge waren an Typhus erkrankt. Man überließ die Menschen sich selbst. Sie starben in Größenordnungen. Die SS ging schon nicht mehr ins Lager, bewachte es nur von außen. Noch mehr Häftlinge da hinein zu stopfen, ging auf gar keinen Fall.«

»Aber irgendwohin müssen doch die Häftlinge gekommen sein?«, frage ich. »Ich habe nicht gelesen, dass der Transport noch weiterging.«

»Ja, das stimmt«, antwortet der Mann. »Man brachte die

Männer aus dem fraglichen Transport in einem Teil einer Wehrmachtskaserne unter. Hier ganz in der Nähe.«

»Gibt es diese Kaserne heute noch?«, fragt mein Vater interessiert.

»Ja, die Kaserne ist heute die Nato-Kaserne Bergen-Hohne. Sie wird von der Britischen Armee genutzt.«

»Ach Mist, da kommt man nicht so einfach hinein«, entfährt es meinem Vater.

»Ich dachte mir schon, dass Sie die Gebäude gern sehen würden«, erwidert der Gedenkstättenmitarbeiter schmunzelnd. »Ich habe deshalb einen Termin mit dem britischen Verbindungsoffizier vereinbart. Wir werden in einer halben Stunde erwartet.«

In dem alten VW des jungen Mannes fahren wir wenig später zur Kaserne und parken direkt am Haupttor. Ein Wachsoldat unterhält sich lachend mit einer Frau mit lockigen Haaren, die Zivilkleidung trägt. Der Gedenkstättenmitarbeiter steigt aus dem Auto und geht zu ihnen. Durch die Windschutzscheibe sehen wir, wie sie sich begrüßen und er dem Soldaten unsere Ausweise zeigt. Der Soldat nickt. Es scheint zu klappen.

Die Frau mit den Locken läuft zu ihrem Auto zurück, welches sie in der Nähe geparkt hat und bedeutet uns, ihr zu folgen. Wir passieren den Schlagbaum und schon geht die Fahrt mitten durch das Kasernengelände. Ein riesiges Areal, stelle ich zu meiner Verwunderung fest. Straßen, Plätze, Gebäude, wie ein richtiger kleiner Ort.

»Ja, die Wehrmachtskaserne war riesig. Hitler ließ sie Ende der Dreißigerjahre erbauen«, erklärt unser Begleiter. »Es war ein Vorzeigeprojekt, mit eigenem Krankenhaus, einem Schwimmbad, Sportplätzen, einer Kläranlage und einem Theater.« Wir staunen. »Warten Sie ab, bis Sie das alte Offiziersheim sehen!«

Die Fahrt geht noch ein paar Minuten weiter, dann parken wir neben der Frau auf einem Platz, der von mehreren zweigeschossigen Gebäuden umgeben ist.

Herzlich begrüßt sie nun auch meinen Vater und mich. »Ich arbeite im Büro des Verbindungsoffiziers und werde Sie heute hier begleiten.« Sie erklärt uns, dass wir jetzt genau inmitten der Gebäude stehen, in denen damals die Häftlinge unterge-bracht waren. »An den Gebäude selbst hat sich nicht viel ge-ändert«, erzählt die Frau. »Die Räume haben natürlich einen neuen Anstrich bekommen, aber die Raumaufteilung ist diesel-be geblieben.«

»Was bedeutet das ›MB‹ über den Eingängen?«, frage ich. »Military ...?«

»Nein, das kommt noch aus der Hitler-Zeit. Es heißt Mann-schafts-Block.«

Hier also war Berthold gewesen. Er hatte diesen Platz gese-hen, in einem der Häuser geschlafen. Zumindest, wenn er den Bahntransport überlebt hatte. Ich frage unseren Gedenkstät-tenmitarbeiter doch noch einmal, ob es darüber noch irgendwel-che Aufzeichnungen gibt.

»Nein, wirklich nicht«, lautet seine Antwort. »Eine Regist-rierung der Häftlinge erfolgte in diesen Tagen nicht mehr. Es waren einfach viel zu viele.«

Der Platz und die Gebäude machen einen ordentlichen Ein-druck. Dieses Quartier muss den Häftlingen, nachdem was sie durchgemacht hatten, wie eine Erlösung erschienen sein. »Die schlimmen Zustände, wie in den Konzentrationslagern, gab es hier nicht, oder?«

»Sie haben Recht. Feste Steinhäuser, kein Typhus, Wasser. Die Häftlinge hatten hier wieder bessere Bedingungen«, ant-wortet er mir. »Aber bedenken Sie die vielen Tage des Bahn-transportes. Die meisten Menschen waren körperlich völlig am Ende. Und hier in der Kaserne wurden sie einfach sich selbst überlassen. Das ohnehin schon wenige Essen wurde von Tag zu Tag noch weniger. Wir wissen aus Augenzeugenberichten, dass viele Häftlinge nur noch lethargisch dasaßen und auf den Tod warteten. Sehr viele von ihnen starben.«

»Vermutlich auch Berthold«, meint mein Vater nachdenklich.

Die Fahrt geht weiter zum Friedhof, den man innerhalb der Kaserne angelegt hatte. Lange Reihen aus Gehwegplatten, unterbrochen von Reihen aus Sträuchern und Büschen, sind zu erkennen. »Das sind die Grabreihen«, meint der Gedenkstättenmitarbeiter. »4.500 Personen sind hier bestattet.«

›So viele Menschen!‹, geht es mir durch den Kopf. Hin und wieder ist ein Grabstein mit einem Namen zu erkennen. In den hinteren Reihen werden es deutlich mehr.

»Einige der gestorbenen Menschen waren wohl doch bekannt?«, frage ich und deute auf die Steine.

»In den ersten Reihen liegen 1.500 Männer, die nicht identifiziert werden konnten. Sie lebten bereits nicht mehr, als die Briten ins Lager kamen«, erzählt der junge Mann. »Sie waren auf dem Zugtransport, auf dem langen Fußmarsch in die Kaserne oder in den Tagen vor der Befreiung gestorben. Die Briten ließen sie hier beerdigen.« Er deutet auf die ersten Grabreihen. »Dann löste man das eigentliche Lager Bergen-Belsen auf und brachte die Kranken in die Kaserne, wo man inzwischen ein Lazarett eingerichtet hatte. Viele von ihnen starben noch. Diese Menschen hat man dann teilweise wieder registriert. Wir können sogar bei einzelnen nachvollziehen, wo sie heute hier bestattet liegen. Manche Angehörige haben für sie einen Grabstein gesetzt.« Der Gedenkstättenmitarbeiter sieht meinen fragenden Blick und kommt mir zuvor, bevor ich die Frage aussprechen kann: »Berthold Wicklmair war nicht unter den registrierten Toten. Er muss also vor der Befreiung gestorben sein.«

Mein Vater und ich laufen die erste Grabreihe komplett ab. Man hat uns allein gelassen. Der junge Mann unterhält sich mit der Frau vom Verbindungsbüro am Rand des Friedhofs. Die Grabreihe scheint kein Ende zu nehmen.

»Irgendwo hier könnte er liegen. Oder hier. Oder hier!«

»Ja. Schade, dass wir das nicht mehr herausbekommen«, meint mein Vater. »Das einzige, was wir genau wissen, ist, dass Berthold in diesem Transport war. Wir wissen nicht einmal, ob er es lebend bis hier in die Kaserne geschafft hat.«

»So oder so«, antworte ich. »Du hast gehört, was er gesagt hat. Auch die toten Häftlinge aus den Zügen wurden hier beerdigt. Er wird also mit ziemlicher Sicherheit hier liegen.«

»Ja, das stimmt. Wenigstens hat er ein würdevolles Grab und wurde nicht irgendwo verscharrt.« Nach einer kurzen Stille fasst mein Vater zusammen, was wir beide denken: »Traurig ist es schon. Er hat so lange durchgehalten und dann kurz vor Kriegsende ...«

Wir stehen noch eine Weile nachdenklich da. In Gedanken hoffe ich auf ein Gefühl oder ein Zeichen, dass mir die absolute Sicherheit gibt, das Grab von Berthold gefunden zu haben. Irgendetwas. Von mir aus auch etwas ganz Kleines – es passiert nichts. Wir werden wohl mit dieser Ungewissheit leben müssen.

Es fällt mir schwer, diesen Platz zu verlassen. Es ist, als ob ich die letzte Möglichkeit aufgebe, zu erfahren, was aus Berthold geworden ist. Aber ich kann nichts mehr tun.

Als wir zu unseren Begleitern zurückkehren, sehen wir, dass sich ein älterer Mann zu ihnen gesellt hat. Er begrüßt uns in gebrochenem Deutsch und stellt sich als Jim vor.

»Ich habe Jim gebeten, Ihnen sein kleines Museum zu zeigen«, meint die lockige Frau und setzt das Wort ›Museum‹ dabei mit ihren Fingern in Anführungsstriche. »Ich schlage vor, wir fahren zum Roundhouse!«

»Zum alten Offiziersheim«, fügt der Gedenkstättenmitarbeiter erklärend hinzu.

Als wir das imposante Gebäude erreichen, staunen wir nicht schlecht. »Wie eine Filmkulisse« stelle ich fest. »Man kann sich richtig vorstellen, wie hier die Wehrmachtsoffiziere gestanden, geredet und geraucht haben.«

Das Gebäude ist ein halbrunder Bau. Vorn über dem großen Eingang stehen zwei Wehrmachtssoldaten als Steinfiguren Wache. Über ihnen, als würde er sie beschützen, thront ein Adler mit ausgebreiteten Flügeln. In altdeutscher Schrift kann man das Wort ›Offiziersheim‹ lesen. Das Hakenkreuz, was sich in dem Kranz darüber befunden hatte, wurde entfernt.

Eine geschwungene Zufahrt lässt Platz für mehrere Fahr-
zeuge. Die Rückseite des Gebäudes ist noch beeindruckender.
Der große Mittelteil des Gebäudekomplexes wird von riesigen
Fenstern dominiert. Davor befindet sich eine große Terrasse,
von der eine Freitreppe nach unten führt. Auf dem Gebäude
thront eine mächtige steinerne Figurengruppe.

»In der Nazizeit gab es hier einen See. Stellen Sie sich vor,
wie eindrucksvoll das alles war«, sagt die Frau. Jim meint, dass
wir uns unbedingt den Saal des Offiziersheimes anschauen
müssen. Leider werden gerade Reparaturarbeiten ausgeführt
und so können wir nicht den richtigen Eingang benutzen.
Aber Jim kennt einen anderen Weg hinein und wenig später
stehen wir in einem gigantischen Raum, dessen Größe einen
vor Ehrfurcht ganz klein werden lässt.

Gewaltige Fenster reichen von der Decke bis zum Boden und
lassen das Sonnenlicht hineinströmen. Früher haben sie einen
ungehinderten Blick auf den See freigegeben. Die Wände des
Saales sind holzvertäfelt. Riesige Kronleuchter hängen von der
Decke.

»So etwas hätte ich in einer Kaserne nicht erwartet«, meint
mein Vater bewundernd. »Und wie gut, dass alles noch erhalten
ist.«

Jim lächelt etwas wehmütig. »Ja, da die Briten seit Kriegsen-
de die Kaserne nutzen, haben wir das Roundhouse auch immer
instand gehalten. Aber es ist geplant, dass wir in den nächsten
Jahren abziehen. Was dann damit passiert, ist nicht klar.«

Wir hoffen, dass es eine Lösung geben wird. Vielleicht kann
man diese Kaserne auch der Öffentlichkeit zugänglich machen.
Sie ist ein eindrucksvolles Beispiel für die Bauweise der Natio-
nalsozialisten. Es wäre schade, alles verfallen zu lassen.

Wir verlassen den Saal und folgen Jim durch kleine Gänge
nach draußen. Wir laufen ein Stück an der Hauswand des al-
ten Offiziersheimes entlang und bleiben an einer kleinen, un-
scheinbaren Tür stehen. Sie scheint in den Keller zu führen.
Jim schließt auf und wir betreten einen kleinen fensterlosen
düsteren Raum, in welchem die Neonröhre mit einem Zucken

zu leuchten beginnt. Nach dem großen Saal, sind wir hier im ersten Moment versucht, in geduckter Haltung zu gehen. Aber man kann aufrecht stehen.

»Mein kleines Museum«, verkündet Jim stolz. Ich schaue mich um. Es scheinen zwei kleine Räume zu sein, verbunden durch einen schmalen Gang. Alles ist vollgestellt mit Uniformen, Fahnen, Bildern, Karten, Büchern, Gerätschaften. Jeder verfügbare Platz ist ausgenutzt. Manche Dinge sind wie in einem Museum ausgestellt, andere aus Platzmangel einfach übereinander gestapelt.

»Ich sammle alles, was ich zur Kaserne finden kann«, erklärt uns Jim. »In dem Raum dort hinten«, er zeigt durch den Gang, »habe ich alles über die Kaserne im Dritten Reich bis zur Befreiung gelagert. Hier vorn sammle ich alles aus der Zeit danach. Schauen Sie sich um!« Das lassen wir uns nicht zweimal sagen.

Wir betreten durch den Gang den hinteren Raum. Wehrmachtsuniformen, Stiefel, Waffen und Bilder von der Kaserne kurz nach ihrem Bau sind ausgestellt. Auch das Offiziersheim ist auf einem Bild zu sehen, mit Offizieren, die auf der Terrasse stehen und dem See, den es dort wirklich einmal gegeben hat.

Aufmerksam schauen wir uns alles an. Eine Seite des Raumes ist den wenigen Wochen gewidmet, in denen die KZ-Häftlinge hier untergebracht waren. Wir sehen Fotos, die die Briten nach der Befreiung gemacht haben. Darauf sind kranke Menschen, die mit Decken oder Tragen in die Kaserne gebracht werden, eine Frau bei der Entlausung, verhärmte Gesichter, die aus weißen Krankenhausbetten in die Kamera schauen und Tote zu erkennen. Neben den Fotos gibt es auch noch richtige Gegenstände aus der Zeit. Auch einen Häftlingsanzug, verschiedene Kochgeschirre und ein Paar zerschlissene Schuhe hat Jim gesammelt.

»Woher haben Sie all die Sachen?«, frage ich ihn, der ja kaum persönlich bei der Befreiung des Lagers dabei gewesen sein kann. Dann müsste er jetzt etwa neunzig Jahre alt sein und so alt sieht er definitiv nicht aus.

»Ach, das hat sich über die Jahre angesammelt. Ich schaue immer auf Flohmärkten oder auf ›ebay‹, ob ich was finde. Letzte Woche habe ich beispielsweise diese Wehrmachtsstiefel ersteigert. Die sind noch total in Ordnung. Schauen Sie mal!« Damit hält er uns einen Stiefel hin.

Ich bewundere ihn, deute dann auf die Häftlingssachen und frage: »Und das hier?«

Er legt den Stiefel zurück und stellt sich neben mich. »Mein Vater kam kurz nach der Befreiung hierher. In den ersten Monaten hat er Sachen, die augenscheinlich keinem gehörten und die keiner mehr wollte, zusammengetragen und aufbewahrt. Wegschmeißen wollte er sie nicht. Es waren viele persönliche Dinge der Häftlinge darunter. Er dachte, vielleicht kommt doch noch jemand, den es interessiert. Ich habe die Sachen einfach weiter aufgehoben. Dann wurden die Gebäude renoviert. Manchmal lag auf einem Dachboden noch irgendeine Kiste mit alten Dingen herum, die dann zu mir gebracht wurde. Die Leute wussten ja, dass ich die Sachen sammle. Ja und so kam das alles hier über die Jahre zusammen.«

Er geht in eine Ecke und zieht einen großen staubigen Karton hervor. »Hier, ich zeig Ihnen mal die Sachen, die mein Vater zusammengetragen hat und mit denen das hier alles anfing.« Er öffnet den Deckel und gibt den Blick auf ein Sammelsurium aus Briefen, Fotos, Löffeln, Kreuzen, Brillen frei. Auch zwei Notizbücher und selbstgeschnitzte Figuren sind zu erkennen.

»Dürfen wir das mal durchsehen?«, fragt mein Vater.

»Natürlich, schauen Sie es sich an!«, meint Jim und sieht uns interessiert über die Schulter. Wir nehmen Stück für Stück in die Hand. Sehen auf Fotos in die Augen von kleinen Kindern und lächelnden Frauen. Berühren Gegenstände, die mit Sicherheit selbst gebastelt sind. Blättern in Notizbüchern, die in fremden Sprachen verfasst sind und in denen wir nichts entziffern können.

Weiter unten in der Kiste finden wir einen Brustbeutel aus dunklem, grobem Stoff. Die Nähte sind mit einem derben Faden verschlossen, von einer Hand, die das Nähen nicht gewöhnt war. Ich schaue hinein. Ganz unten blitzt eine helle Ecke hervor. Mit den Fingern ziehe ich das Papier heraus. Es ist ein Stück eines Fotos. Ich erstarre. Augenblicklich läuft mir ein Schauer über den Rücken. Auch in dem Blick meines Vaters sehe ich das Erkennen. Verblüfft schauen wir uns an. Dann starren wir wieder auf das Bild.

Es ist die Hälfte eines Fotos. Es ist geknickt und abgenutzt. Aber die lächelnde Frau darauf in dem hellen Kleid ist noch eindeutig zu erkennen. Um sie herum wurde das Foto auf der einen Seite fein säuberlich abgeschnitten. Die Eigenart des Schneidebogens erkennen wir sofort. Wir hatten das Pendant zu dieser Hälfte bereits vor einigen Wochen in der Hand.

»Das gibt es doch nicht!«, meint mein Vater. »Das ist die andere Hälfte von Renates Foto!« Er dreht sich zu Jim um. »Das Foto hat meinem Großvater Berthold gehört!«

Jim schlägt ihm lächelnd auf die Schulter. »So hat sich das mein Vater immer gewünscht. Er wollte, dass die persönlichen Sachen ihre Wege zurückfinden.«

Immer noch geschockt drehe ich das Bild um. Auf der Rückseite steht >Bis wir uns wiedersehen!<. Es ist unglaublich, dass wir das Foto gefunden haben. Es ist das Zeichen, auf dass ich vorhin auf dem Friedhof vergeblich gehofft habe. Das wir es hier finden! Unser Gefühl lässt sich nicht in Worte fassen.

Jim schenkt uns das Foto. Er meint, dass es für uns unendlich mehr Wert hat als für ihn. Ich soll ihm einfach eine Kopie zusenden. Das verspreche ich.

Noch am selben Abend mache ich einen Umschlag an die neue Cousine Renate fertig. Ich lege das Foto hinein. Natürlich nicht, ohne es vorher eingescannt zu haben. Dazu einen Zettel: »Gefunden in Bergen-Belsen. Viele Grüße Anja und Heiner.« Morgen früh werde ich den Brief per Einschreiben an sie senden, damit er auch ja nicht verloren geht.

Auf ihre Reaktion muss ich nicht lange warten. Tags darauf ruft sie mich an. »Es passt haargenau!«, höre ich sie aufgeregt ins Telefon sprechen. »Und auf der Hälfte, die du geschickt hast, die Frau. Das ist Anna. Total gut zu erkennen.« Ich muss lachen, wie aufgeregt sie ist. Wir telefonieren noch lange. Ich erzähle ihr von Bergen-Belsen, der Kaserne und wo Berthold begraben liegt.

»Das ist unglaublich«, höre ich von ihr immer wieder. »Und wir haben immer gedacht, er ist schon im Januar 1945 gestorben. Schade, dass ich das Anna und meiner Mutter nicht mehr erzählen kann.«

Ja, wirklich schade. Auch ich hätte dies alles gern meinem Opa Horst erzählt. Aber auch er ist längst von uns gegangen. Ohne die Lebensgeschichte seines Vaters zu kennen. Ohne zu erfahren, dass Berthold kein Taugenichts war. Ohne zu wissen, wie viele Stolpersteine ihm in den Weg gelegt worden waren und über welche Berthold wirklich gestolpert war.

Berthold war ein Mensch gewesen, auf den mein Opa hätte stolz sein können und über den es sich zu reden lohnt.

Über Berthold zu reden – das werden wir jetzt übernehmen.

EPILOG

New York, Sommer 2014

Seit zwei Tagen bin ich mit meinem Mann und meinen Töchtern in New York. Es ist der Startpunkt unserer großen Ferienreise. Wir wollen die Ostküste der USA hinunterfahren bis nach Key West. Aber zuerst steht New York auf dem Programm.

Jeder darf für einen Tag bestimmen, was angeschaut wird. Da die Sehenswürdigkeiten, die man natürlich unbedingt besichtigen muss, wenn man schon einmal in dieser Stadt ist, sowieso schon von den anderen auf den Plan gesetzt werden, wage ich es, meinen Tag ins Zeichen der Familienforschung zu stellen. Ich möchte den Mount Hebron Friedhof besuchen, auf welchem einige Rubins, Bertholds Familie väterlicherseits, bestattet wurden.

Begeisterung bei meinen Lieben sieht anders aus. Aber es gibt sie nun einmal, diese Regel, dass jeder einen Tag lang bestimmen darf. Sie schlucken also ihren Unmut hinunter und nicken zustimmend bei der Vorstellung meiner Pläne.

Natürlich habe ich im Vorfeld recherchiert. Über das Onlineportal ›Ancestry‹ habe ich die Passagierlisten von dem Schiff, mit welchem Gustav, Rosa und Emilie Rubin 1938 aus Wien emigriert waren, gefunden. Auch die Sterbedaten und der Bestattungsort sind im Portal verzeichnet. Vom Nationalarchiv in Washington habe ich schließlich die Einbürgerungsunterlagen bekommen. Aus all den Unterlagen ergab sich für mich ein gutes Bild, wie ihre Geschichte weiterging, nachdem sie Wien 1938 verlassen hatten.

Als Gustav, Rosa und Emilie damals in New York ankamen, mussten sie sich ein neues Leben aufbauen. Vater und Tochter fanden bei einer Versicherung Arbeit. Inhaber dieser Versicherung war ein Philipp Charles. Sie verdienten nicht viel, lebten in ärmlichen Verhältnissen. Das weiß ich aus Gustavs Antrag auf Entschädigung als Opfer des Dritten Reiches, den er in Österreich stellte. Darin schrieb er auch, dass er Wien nie wieder gesehen hat.

Gustav arbeitete noch bis ins hohe Alter. Er und seine Frau sind in den Fünfzigerjahren gestorben. Emilie schien nie geheiratet zu haben. Auch Kinder konnte ich nicht ausfindig machen. Sie hatte noch bis 2008 gelebt. Mit ihr war die letzte der Rubins verstorben. Alle drei waren auf dem Mount Hebron Friedhof beerdigt.

Und den besuchen wir heute Vormittag. Mein Mann hat nach eingehendem Studium der Stadtkarte beschlossen, selbst die Führung bis zum Friedhof zu übernehmen, da er meinen navigatorischen Kenntnissen nicht über den Weg traut. Der optimale Weg aus seiner Sicht ist, die Subway zu nehmen und noch ein kleines Stück zu Fuß zu laufen. Gesagt, getan.

Gegen halb elf sitzen wir in der Linie E, die von Manhatten in den Stadtteil Queens fährt. Die Bahn rast durch den dunklen Tunnel, begleitet von einem monotonen Quietschen und metallischem Scheppern. Weiße, rote und blaue Lichter huschen vorbei. Meine Gedanken gehen auf die Reise. Zurück ins Jahr 1938 zu den Rubins.

Wie war es für die drei gewesen, von dem ruhigen Wiener Stadtbezirk Ottakring in diese turbulente Stadt zu kommen? Ich hatte die ersten Tage ganz schön zu tun, mich an die Lautstärke, das Gewusel, die Sirenen, die vielen Leute zu gewöhnen.

Für Emilie Rubin war es sicher aufregend. Aber ihre Eltern? Gustav und Rosa waren bereits im Rentenalter und mussten dann von einem auf den anderen Tag hier leben. Sie waren allein, auf sich gestellt. Mitleid mit ihnen überkommt mich. Doch es war die richtige Entscheidung gewesen, damals zu emigrieren. Es hatte ihnen das Leben gerettet, auch wenn der Preis, den sie zahlten, hoch war. Waren sie glücklich gewesen?

»This is Forest Hill« ertönt eine Stimme aus dem Lautsprecher und der Zug fährt in den Bahnhof ein. Wir verlassen die Subway und steigen mit anderen Menschen die Treppe nach oben. Auf der Straße empfängt uns gleißendes Sonnenlicht. Es wird vermutlich wieder so ein heißer Tag wie gestern.

Mein Mann zieht die Stadtkarte aus dem Rucksack und versucht sich zu orientieren. »Es ist nicht weit«, meint er noch einmal und fährt mit dem Finger auf der Karte die Strecke bis zum Friedhof ab. »Da geht's lang«, äußert er zuversichtlich und beginnt, in die gezeigte Richtung zu laufen. Ich und unsere Töchter hinterher.

Wir laufen eine Straße nach der anderen ab. Mietshäuser mit Feuertreppen wechseln sich mit Eigenheimen ab, dazwischen eine Schule, eine Arztpraxis. Das Wohngebiet ist weitläufig. Kein Mensch ist auf der Straße, ganz anders als in dem lauten, wimmelnden Manhattan.

Mittlerweile geht es auf Mittag zu. Die Sonne brennt erbarmungslos vom Himmel. Die Kinder murren: »Wie lange noch?«

»Nicht mehr weit«, meint mein Mann und kontrolliert wieder einmal seine Karte. »Nur noch hier hoch, dann haben wir es gleich.«

Wir laufen an Sportplätzen vorbei. Es gibt keine Bäume, die Schatten spenden. Die Gesichter der Kinder sprechen Bände.

»Das schaffen wir schon, Mama zuliebe«, versucht mein Mann sie zu motivieren und schiebt sein Basecap zurecht. Auch er ist durchgeschwitzt.

Langsam habe ich ein richtig schlechtes Gewissen, dass ich sie hier herumlaufen lasse. Wir sind nur auf der Suche nach ein paar Gräbern und auch noch von Menschen, die wir nicht einmal persönlich kennen. Ob ich es abblasen soll?

»Nein!«, rufen sie alle, als ich frage.

»Dann müssen wir den ganzen Weg in dieser Hitze zurück!«, sagt meine kleine Tochter. »Umsonst!«, fügt sie noch in einem Tonfall hinzu, der mir den Irrsinn meines Vorschlages widerspiegelt. Also laufen wir weiter.

Ich denke über ihre Worte nach. Den Weg zurück müssen wir ja wirklich noch einmal. Aber ehrlich, das, was wir hier gerade machen, kann doch nicht der angedachte Weg zum Friedhof sein. Kein älterer Besucher würde jemals ein Grab besuchen können. Ganz sicher gibt es ein öffentliches Verkehrsmittel, was direkt vorm Friedhofseingang hält. Wie zu Hause auch. Langsam vermute ich, dass mein Mann nur nicht richtig die Karte gelesen hat. Ich sage aber lieber nichts.

Inzwischen stehen wir an einem großen Highway. Die Autos rauschen auf sechs Spuren an uns vorbei.

»Wir müssen dahin«, sagt mein Mann und zeigt auf die gegenüberliegende Straßenseite. »Dann sind wir wirklich gleich da!« So richtig glauben kann es keiner.

Unsere Jüngste lässt sich zum Beweis die Karte vorlegen. Auch sie traut ihrem Vaters nicht mehr. »Stimmt«, stellt sie jedoch schließlich fest.

»Hier kommen wir nie hinüber!«, meint unsere Große.

Aber mein Mann hat wieder einen Plan: »Wir laufen einfach so lange am Highway entlang, bis wir zu einer Brücke kommen.« Wir setzen uns wieder in Bewegung, denn in der prallen Sonne können wir schließlich auch nicht stehen bleiben.

Gott sei Dank finden wir die Brücke. Und nachdem wir noch einige hundert Meter an der Friedhofsmauer entlanggelaufen sind, stehen wir 15 Minuten später wirklich am Eingang des Friedhofes. Ein großes Schild weist darauf hin: ›Mount Hebron Cemetery‹.

Die Kinder sinken auf die nächste Parkbank und verlangen nach Wasser. Endlich geschafft! Ich schaue mich um. Vor uns beginnen die Gräber, ein breiter Weg führt in den Friedhof hinein. Rechts weist ein kleines Schild mit der Aufschrift ›office‹ auf das Verwaltungsgebäude. Ich beschließe hineinzugehen.

Eine nette Frau in einer dunklen Jacke hinter einem Schalter begrüßt mich. Ich erzähle ihr in meinem Schulenglisch, dass ich einige Gräber besuchen möchte. Sie gibt die Namen von Gustav, Rosa und Emilie in ihren Computer ein und schreibt mir die Grabnummern auf einen kleinen Zettel. Dann bekomme ich einen Lageplan, auf dem sie mit einem großen Kreuz die Stelle markiert, an der wir die Gräber finden.

Ich frage sie, ob es einen Verwandten gibt, der sich um die Gräber kümmert. Aber sie verneint es. Nur ein Anwalt ist als Ansprechpartner verzeichnet. Er hat sich um Emilies Beerdigung gekümmert. Sie war also wirklich die letzte der Rubins gewesen. Nach dem Tod ihrer Eltern war sie allein geblieben, hatte keine Familie mehr gehabt. Fünfzig Jahre lang! Traurig.

Ich verabschiede mich, dann fällt mir doch noch die Sache mit dem Rückweg ein. Ich frage die Frau, wie man am besten wieder nach Manhattan zurückkommt. Sie schaut mich verständnislos an.

»Mit dem Auto«, antwortet sie.

»Gibt es keinen Bus?«

Sie denkt nach. Dann sagt sie: »Ich glaube an einem Seiteneingang fährt ein Bus ab. Aber wann, kann ich Ihnen nicht sagen«, sie macht ein weiteres Kreuz für die Haltestelle auf dem Lageplan. »Oder mit der Subway, von Forest Hill. Aber dahin müssen Sie ganz schön weit laufen.« Ja, das war mir bereits bekannt.

Zurück bei meinem Mann und den Kindern, zeige ich ihnen den Lageplan. Die Gräber befinden sich diagonal am anderen Ende des Friedhofs.

»Natürlich!«, ist der einzige Kommentar meiner großen Tochter dazu. Wir machen uns auf den Weg und folgen dem breiten Weg, der in den Friedhof führt. Gräber über Gräber. Viele weiß, manche grau. Wir lesen Namen, jüdische, deutsche: ›Cohn‹, ›Schneider‹, ›Grunwald‹, ›Richter‹.

Wir laufen und laufen. Die Sonne brennt. Ein Blick auf den Lageplan offenbart uns, wie riesig der Friedhof ist. Als die Kinder es realisieren, schimpfen sie erneut. Aber jetzt müssen sie durch. Ans Aufgeben denke ich nicht mehr. Ich glaube, sie auch nicht.

Irgendwann fällt uns auf, dass wir die einzigen Fußgänger auf dem Friedhof sind. Hin und wieder werden wir von Autos überholt. Mitten auf dem Friedhof!

»Das hätten wir uns denken können«, kommentiert mein Mann diese Beobachtung. »Die Amerikaner fahren natürlich überall mit ihren Autos hin. Scheinbar auch auf den Friedhof, bis zu den Gräbern.« Deswegen hat vielleicht auch die Frau im Office meine Frage so eigenartig gefunden!

Endlich erreichen wir den gesuchten Standort. Leider sind die Grabreihen und -stellen nicht nummeriert. Wir teilen uns

214

auf und laufen die einzelnen Gräber ab.

Plötzlich höre ich meinen Mann rufen: »Ich habe sie gefunden! Hierher!« Wir laufen alle hin und tatsächlich stehen hier drei gleiche, weiß-graue, kleinere Grabsteine nebeneinander. ›Gustav Rubin‹, ›Rosa Rubin‹, ›Emilie Rubin‹ kann ich darauf lesen.

»Na Gott sei Dank«, meint meine große Tochter und hockt sich auf den Bordstein des Seitenweges, der wenige Meter davor verläuft.

Ich habe nur Augen für die Gräber. Irgendwann fällt mir auf, dass hier mehrere Personen mit dem Nachnamen ›Charles‹ bestattet liegen. Und dann sehe ich es. Hinter den Gräbern, die im Übrigen alle gleich aussehen, steht ein großer Gedenkstein. Nur ein Name ist darauf zu lesen: ›CHARLES‹. Es ist also ein Familiengrab. Und die Rubins liegen mitten unter den ganzen Charles. So, als würden sie zu dieser Familie gehören. Und plötzlich wird mir klar: Sie gehörten dazu! Sie waren nicht allein in dieser fremden Welt. Sie gehörten zu jemandem, auch wenn es keine Blutsverwandtschaft war.

Ein beruhigendes Gefühl breitet sich in mir aus. Ich bin mir sicher, dass sie trotz des Verlusts der Heimat und der Familie ein gutes Leben in diesem Land gehabt hatten.

Ich hole einige Steine aus meiner Tasche und lege sie auf die Grabsteine. Es sind die letzten Steine, die ich vom Hinterhof aus der Wiener Schellhammergasse habe. Es ist ein letzter Gruß aus der Heimat für Gustav, Rosa und Emilie. Für mich fühlt es sich an, als ob ich ein klitzekleines Stückchen Ordnung in die Welt bringe. Im Stillen danke ich den Charles, dass sie für die Rubins da waren, in Zeiten der Not. Dass sie ihnen geholfen haben, ein Leben in einer neuen Welt zu beginnen.

Gustav, Rosa und Emilie verspreche ich, die Geschichte der Rubins weiterzuerzählen. Genauso wie ich die Geschichte meines Uropas Berthold weitererzählen werde. Denn wir sind die einzigen, die es noch können.

Unser Bus zurück nach Manhattan ist eine halbe Stunde später direkt vom Seiteneingang des Friedhofes abgefahren, nur etwa fünfzig Meter von den Gräbern entfernt.

*** Ende ***

Kennst Du deine Wurzeln?

Weitere Informationen und Fotos zu den im Buch
erwähnten Orten findet man unter

www.familien-geheimnis.de

Stammbaum

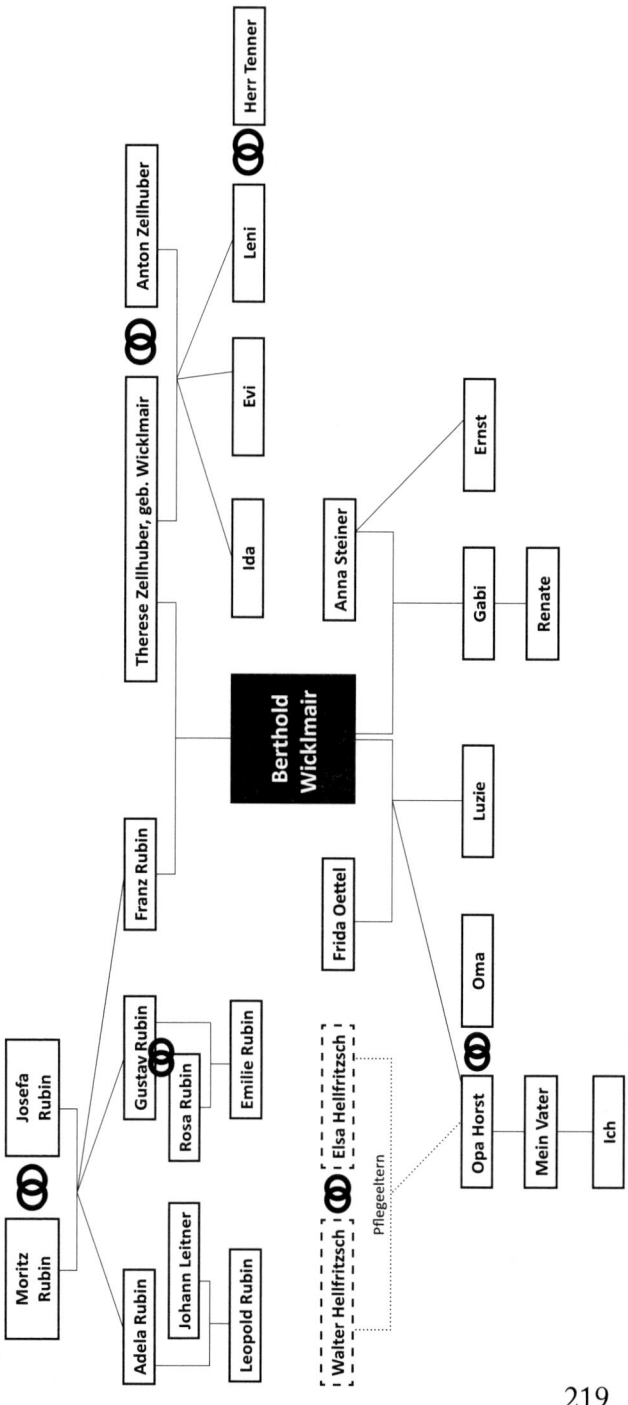

Quelle: Stadtarchiv Gera (Karte von Gera 1933/34)

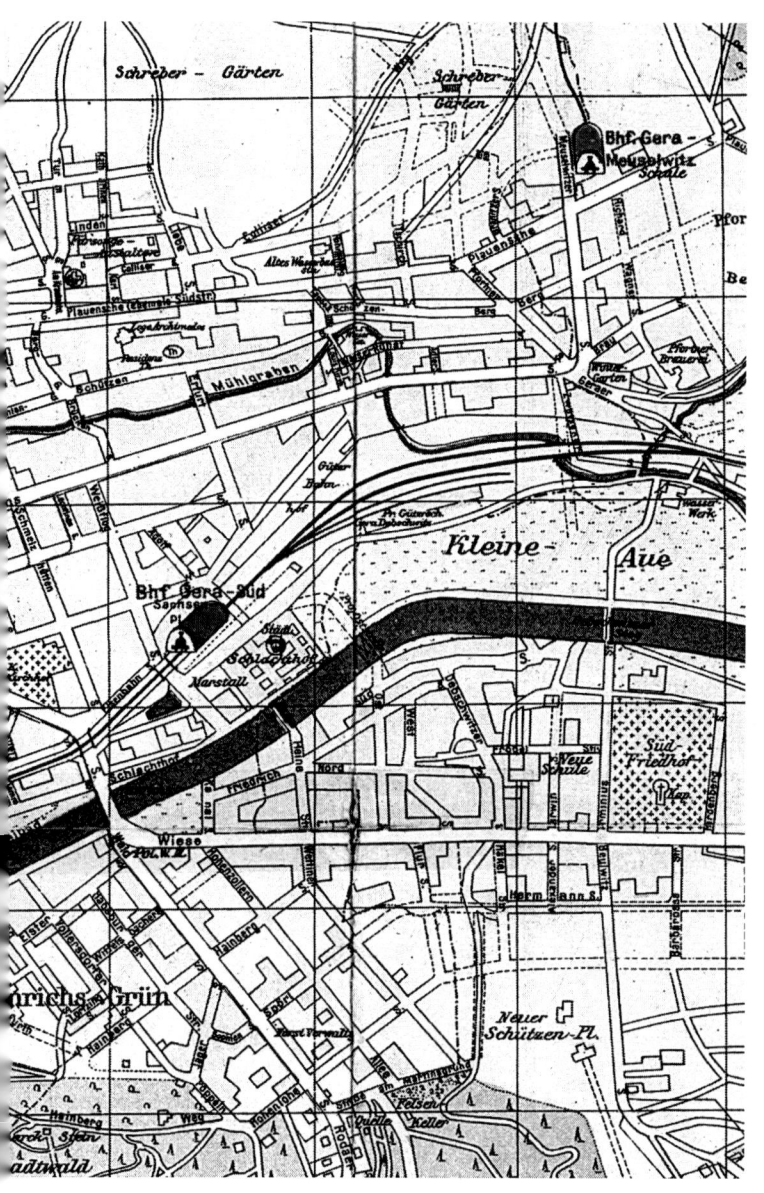

Quelle: KZ-Gedenkstätte Auschwitz, APM-O, Sammlung der erkennungsdienstlichen Photographien

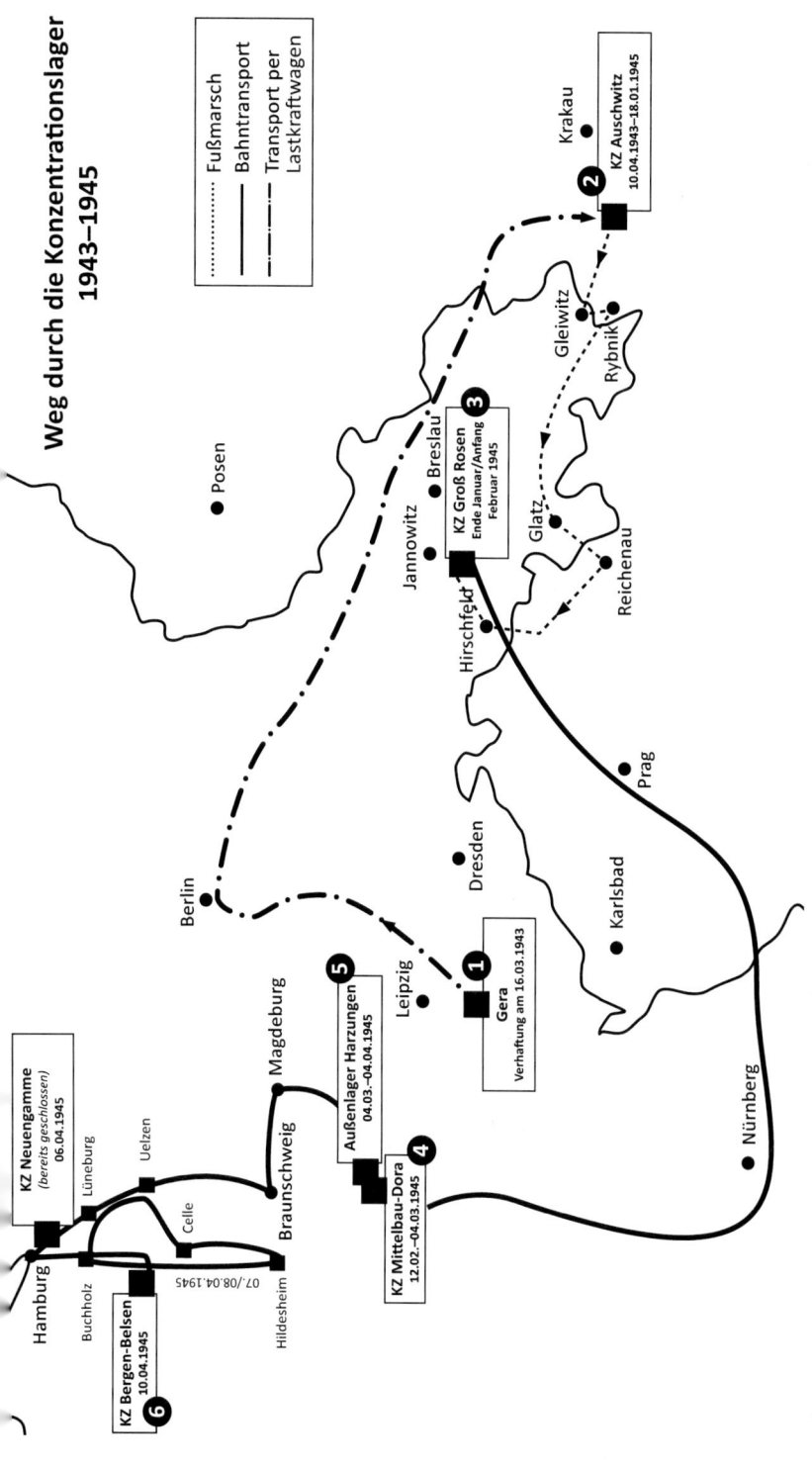

Weg durch die Konzentrationslager 1943–1945

Legende:
- .... Fußmarsch
- —— Bahntransport
- —··— Transport per Lastkraftwagen

① Gera — Verhaftung am 16.03.1943

② KZ Auschwitz — 10.04.1943–18.01.1945

③ KZ Groß Rosen — Ende Januar/Anfang Februar 1945

④ KZ Mittelbau-Dora — 12.02.–04.03.1945

⑤ Außenlager Harzungen — 04.03.–04.04.1945

⑥ KZ Bergen-Belsen — 10.04.1945

KZ Neuengamme (bereits geschlossen) — 06.04.1945

07./08.04.1945

Orte: Posen, Krakau, Breslau, Gleiwitz, Rybnik, Glatz, Reichenau, Jannowitz, Hirschfeld, Berlin, Dresden, Prag, Karlsbad, Leipzig, Magdeburg, Braunschweig, Nürnberg, Hamburg, Lüneburg, Uelzen, Celle, Buchholz, Hildesheim

INHALT

Danke ...

an all die vielen lieben Menschen, die mich bei der Entstehung dieses Buches unterstützt haben. Ganz besonders aber an meinen Mann und meine Töchter, dass ihr immer gesagt habt: „Komm, schreib das Buch!" und es Euch nicht peinlich ist, obwohl Ihr in der Geschichte auch noch mitspielen müsst. Danke auch für die gemeinsamen Ausflüge unter dem Zeichen der Familiengeschichte. Großen Dank auch an meine Eltern, dass Ihr das Projekt immer unterstützt und an meinen Traum geglaubt habt und ihr wisst schon wofür. ... Danke an meine Mutter, dass Du Dich sehr interessiert hast, obwohl es letztlich nicht Deine Familiengeschichte ist und natürlich an meinen Vater, der denselben Geschichtsfaible hat wie ich und damit zu meinem wichtigsten historischen Berater wurde. Es hat Spaß gemacht, mit Dir in unserer Geschichte zu wühlen. Wir haben so viel Neues gelernt! Danke an meine Cousine und alle anderen Probeleser für Euren „scharfen Blick" und den Mut, den Ihr mir gemacht habt. Alle Eure Anmerkungen und Hinweise waren sehr hilfreich. Danke an meine Arbeitskollegen, dass Ihr Euch so tapfer immer wieder meine neuesten Rechercheergebnisse angehört habt. Danke an die Radebeuler Rebläuse, dass Ihr mir meinen Mann so viele Stunden zum Fußball-WM-Schauen entführt und mir damit unbewusst viel Zeit zum Schreiben gelassen habt. Danke an meinen Schwager und meine Schwägerin, dass ihr dafür gesorgt habt, dass einige Impressionen unserer Recherche-Reisen auch den Weg ins Internet gefunden haben. Ich bin immer noch begeistert, wie schön ihr das umgesetzt habt. Danke auch an VNL für diese Chance ... :)

19.7.17